TRAITÉ DU PREMIER PRINCIPE

Tractatus de primo principio

À LA MÊME LIBRAIRIE
OUVRAGES DE DUNS SCOT

L'image. Introduction traduction et notes de G. Sondag, 1993, 272 pages.

La théologie comme science pratique. (Prologue de la Lectura). Introduction traduction et notes de G. Sondag, 1996, 232 pages.

Le principe d'individuation. Introduction traduction et notes de G. Sondag, 1992, 218 pages.

BIBLIOTHÈQUE DES TEXTES PHILOSOPHIQUES

Fondateur : Henri GOUHIER — Directeur : Jean-François COURTINE

DUNS SCOT

TRAITÉ DU PREMIER PRINCIPE

Tractatus de primo principio

Texte latin établi par Wolfgang KLUXEN

traduit du latin par

Jean-Daniel CAVIGIOLI, Jean-Marie MEILLAND
et François-Xavier PUTALLAZ

sous la direction de

Ruedi IMBACH

avec une introduction de

François-Xavier PUTALLAZ

PARIS
LIBRAIRIE PHILOSOPHIQUE J. VRIN
6, Place de la Sorbonne, V^e^

2001

Imprimé en France
ISSN 0249-7972
ISBN 2-7116-1478-6

AVANT-PROPOS

Il existe bien des raisons qui peuvent nous détourner de lire le traité *De primo principio*. La tradition scolastique ainsi que l'historiographie n'ont-elles pas appelé l'auteur de notre texte le « docteur subtil » ? Il suffit de lire les pages qu'Erasme consacre à la théologie scolastique dans *L'éloge de la folie* pour comprendre que la subtilité en question n'avait rien d'un compliment et qu'elle ne désignait certainement pas une qualité intellectuelle enviable. Ne prétend-il pas que l'âme de Scot est plus épineuse que le porc-épic et le hérisson ? « N'en doutons pas, les réponses des Apôtres (aux questions des scolastiques) eussent été beaucoup moins subtiles que les dissertations et définitions des Scotistes. » Erasme est convaincu que pour saisir ces subtiles niaiseries de scolastiques il faudrait « distinguer à travers les plus épaisses ténèbres ce qui n'existe pas ».

Voilà qui suffirait pour nous éloigner à tout jamais du traité de Scot. Et pourtant le grand humaniste se trompe tout simplement ! Il faut seulement s'approcher de ce texte médiéval avec un peu plus de circonspection, et savoir que sa lecture requiert un véritable exercice de patience.

Il est incontestable en effet que le traité de Scot fasse partie de ce genre de textes qui doivent être apprivoisés. Seule une lecture méticuleuse et persévérante peut le faire parler : la rigueur de la démonstration par axiomes et syllogismes, objections et réponses exige du lecteur une attention soutenue et sans faille. Néanmoins sur ce point encore, il faut nous libérer des préjugés qui nous empêchent de voir *ce qui est*.

Le texte de Scot est difficile à classer puisqu'il réunit de manière très singulière différents genres littéraires. Ce qui frappe d'abord le lecteur moderne, c'est évidemment sa rigueur démonstrative. Après une démarche préliminaire où il présente des définitions sous forme de division, le docteur subtil formule un à un des théorèmes qu'il démontre selon les meilleures règles de la théorie aristotélicienne et scolastique de l'argumentation. Toutefois, cette démarche stricte, austère et exigeante est interrompue non seulement par une foule d'objections, mais encore et surtout par des interpellations directes du lecteur : le texte reflète certes les disputes universitaires de la fin du XIIIe siècle, mais Scot choisit également d'impliquer le lecteur dans sa difficile enquête, puisqu'il s'adresse à lui à la deuxième personne.

Il y a un troisième élément remarquable dans le traité. Je veux parler des nombreuses prières qui entrecoupent l'argumentation philosophique (§ 1, 9, 48, 91, 92, 98). Quelle est la fonction de ces invocations à Dieu dans un texte d'allure scientifique ? Quelle que soit l'attitude du lecteur moderne face à cette particularité, il ne peut s'agir aux yeux de Scot d'une simple ornementation superflue due aux conventions religieuses.

A mon sens, ces prières ne peuvent pas non plus se comprendre à la manière de l'invocation du Dieu que Platon et Boèce recommandent au philosophe aussitôt qu'il entreprend une tâche ardue. Le rapport entre la démarche métaphysique et l'interpellation de Dieu est bien plus intense et plus étroit : Scot – le *sujet* qui effectue la démarche scientifique – s'adresse à Dieu, qui est l'*objet* de la preuve entreprise dans le traité, et il le fait dans une parole directe, à la seconde personne : il s'adresse à l'être que la démonstration philosophique est en train de découvrir. Le discours métaphysique (à la troisième personne) sur l'être premier se transforme de la sorte en une relation d'un intellect à un autre intellect, sans exclure d'ailleurs l'intellect du lecteur.

Lues sous cet angle, les subtilités scotistes prennent vie. Tantôt Scot dialogue avec le lecteur, tantôt il parle avec Dieu et entre deux il argumente selon une logique implacablement rigoureuse. Un des attraits du traité réside certainement dans la mise en place de cette connexion triadique entre trois intellects.

Alors faut-il encore insister sur la profonde originalité du texte ? En tant que tentative d'une preuve rigoureuse de l'existence d'un être premier dont il faut prouver non seulement l'existence mais encore la nécessité, le traité de Scot peut être placé entre les *Méditations* de Descartes (dont il partage la rigueur démonstrative) et le livre Lambda de la *Métaphysique* (proto-type de toute démonstration de l'existence de Dieu). Certaines pages, en revanche, rappellent étrangement par leur concision séduisante la démarche de saint Anselme dans le *Proslogion*.

Erasme, toujours dans *L'éloge de la folie*, avoue – faute d'avoir étudié durant trente-six ans la métaphysique d'Aristote et de Scot – ne pas comprendre les imaginations que seul l'œil de Lyncée pourrait percevoir. Il a tort, hélas ! S'il est vrai qu'il faut lire plusieurs fois les démonstrations métaphysiques du franciscain anglais, celui qui s'adonne à cette tâche ne le regrettera pas, car il comprendra que seule une rhétorique fallacieuse peut confondre subtilité et sophistique.

Ruedi IMBACH

INTRODUCTION

Il n'est pas exagéré de considérer le *Traité du premier principe* comme l'une des œuvres les plus ardues de notre tradition philosophique occidentale : sa très haute technicité surprendra en effet plus d'un au risque de décourager tout le monde. S'il convient toutefois de le lire aujourd'hui, c'est à condition de l'insérer dans un contexte plus large : celui de la redécouverte progressive de la pensée de Jean Duns Scot, laquelle s'inscrit dans une perspective à la fois historique et doctrinale.

1. UNE HISTOIRE RÉCENTE

Lorsque, en 1879, l'Encyclique *Aeterni Patris* promeut l'étude et l'enseignement de la doctrine de Thomas d'Aquin, elle ne visait pas au premier chef à donner une impulsion à l'ensemble de la pensée médiévale : nombreux furent donc les philosophes et théologiens relégués dans les marges de la grande histoire de l'Occident latin, à commencer par Duns Scot lui-même. La conséquence prévisible en fut la tentation pour ainsi dire exclusive de comprendre la pensée franciscaine à la lumière de la doctrine thomiste[1] : on décidait ainsi de positionner chaque penseur le long d'une ligne continue et progressive, d'autant plus lumineuse qu'elle se rapprochait de la synthèse thomiste, d'autant plus nébuleuse qu'elle s'en éloignait[2]. Dans le meilleur des cas, Duns Scot servait de faire-valoir à la

1. C'est au début du siècle par exemple que les milieux franciscains crurent devoir réorganiser l'ensemble de l'œuvre scotiste selon le plan, la structure, et donc l'esprit de la *Somme de théologie* (Jérôme de Montefortino, *Ven. Ion. Duns Scoti Doctoris subtilis Summa theologica*, 6 vol., Rome 1900).

2. Un excellent historien adopte par exemple dès 1951 une thèse qui marquera l'historiographie récente : « La *philosophie* de saint Bonaventure et celle de saint Thomas ne s'opposaient pas comme un système augustinien et un système aristotélicien, mais comme deux formes inégalement évoluées de l'aristotélisme néoplatonisant : plus éclectique chez le maître franciscain, il a pris, chez saint Thomas, la forme d'une synthèse robuste et sans fissures. » Fernand Van Steenberghen, *Le XIIIe siècle*, dans : A. Forest, F. Van Steenberghen,

pensée de saint Thomas, au pire il se voyait confiné au rôle ingrat d'utile repoussoir.

Il en résulta un discrédit général jeté sur le scotisme, déconsidéré tantôt comme un signe avant-coureur du nominalisme moderne, tantôt comme une concession au panthéisme dû à la doctrine de l'univocité de l'être, et parfois même comme l'origine du légalisme moderne fondé, disait-on, sur l'arbitraire décision de la volonté humaine. On chargeait par conséquent Duns Scot des pires maux de l'intelligence contemporaine. Or ce discrédit trouva un allié inespéré dans le fait que les œuvres complètes de Scot, disponibles dès 1891-1895 dans la reprise par Vivès de l'ancienne édition réalisée par Luke Wadding en 1639, contenaient une importante proportion d'œuvres inauthentiques et apocryphes, lesquelles défiguraient objectivement la pensée du franciscain : le piteux état de l'édition contraignait les meilleurs commentateurs à d'incroyables contorsions dans le but de plaquer une cohérence doctrinale sur des textes qui l'interdisaient forcément. Déjà présentes dans les vastes commentaires scotistes du XVIIe siècle, de telles acrobaties intellectuelles ne sont peut-être pas étrangères à la réputation de subtilité qui colle depuis toujours à Duns Scot. Pour juger de ce climat, il suffirait d'évoquer la mésaventure de la thèse que Martin Heidegger[1] consacrait en 1915 à la *Grammaire spéculative* (le *Tractatus de modis significandi* de Thomas d'Erfurt, autrefois attribué à Duns Scot), ou de rappeler que les œuvres complètes de Scot contenaient un traité au titre évocateur, proche du nôtre, le *Tractatus de primo rerum omnium principio*, conçu en réalité par le franciscain Vital du Four[2] : les meilleurs connaisseurs de Scot ont donc dépensé des trésors de subtilité dans le but de concilier des doctrines qui n'en demandaient pas tant.

L'un des moments décisifs de cette histoire,[3] modeste en ses apparences, consista à identifier les œuvres de Duns Scot afin de s'assurer de leur authenticité[4]. C'est la mise en chantier de l'imposante édition

M. de Gandillac, *Le mouvement doctrinal du XIe au XIIIe siècle*, dans : *Histoire de l'Église depuis les origines jusqu'à nos jours*, éd. A. Fliche et V. Martin, Paris 1951, p. 296; repris dans : Fernand Van Steenberghen, *La philosophie au XIIIe siècle*, Louvain-Paris 1966, p. 464.

1. Cf. Martin Grabmann, *Die Entwicklung der mittelalterlichen Sprachlogik (Tractatus de modis significandi)*, dans : *Archivum Franciscanum Historicum* 15 (1922), p. 273-277 ; Martin Heidegger, *Traité des catégories et de la signification chez Duns Scot*, trad. F. Gaboriau, Paris 1970.

2. Palémon Glorieux, *Pour en finir avec le De rerum principio*, dans : *Archivum Franciscanum Historicum* 31 (1938), p. 225-234.

3. Cf. Olivier Boulnois, *A la recherche d'un Duns Scot introuvable*, dans : *Saint Thomas au XXe siècle. Actes du colloque du Centenaire de la 'Revue thomiste', 25-28 mars 1993-Toulouse*, Paris 1994, p. 218-232.

4. Cf. Ludger Honnefelder, *Metaphysik und Ethik bei Johannes Duns Scotus: Forschungsergebnisse und –perspektiven. Eine Einführung*, dans : *John Duns Scotus.*

critique, dont le premier volume parut en 1950 sous la direction de C. Balić, qui inaugura la phase de reconstruction proprement dite de la doctrine scotiste. Il s'ensuivit une imposante production de monographies, d'études et de congrès scotistes, qui eurent pour résultat paradoxal de donner à Scot d'être considéré « à côté de Thomas d'Aquin, comme le plus important théologien et philosophe du Moyen Âge latin »[1], dont la pensée pouvait constituer un pendant à celle du dominicain.

Pourquoi qualifier cette situation de «paradoxale»? Parce que la nouvelle place qu'on accordait à Duns Scot jouissait d'un statut ambigu. En donnant au franciscain une place de premier ordre, on calquait son rôle sur celui qu'avait joué Thomas durant des siècles. Du coup, les lecteurs étaient sommés de choisir entre Thomas et Scot et de négliger conséquemment les innombrables penseurs médiévaux qui, eux, resteraient quelque temps encore dans les oubliettes de l'histoire. Aussi les importantes discussions qui émaillèrent cette époque ont-elles pris le tour polémique qu'on leur connaît parce que d'aucuns ont cru devoir réactiver le débat entre thomisme et scotisme, comme s'il s'agissait là d'une dispute de l'avant-veille; ils négligeaient ainsi de restituer au passé ce qui lui revenait, en oubliant que le XIIIe siècle n'avait pas connu de débat entre Thomas et Scot. Cette interprétation apologétique du scotisme par référence à Thomas d'Aquin consacrait donc paradoxalement le modèle thomaso-centriste par le geste même qui prétendait s'en défaire.

La belle monographie d'Étienne Gilson consacrée à Duns Scot en 1952 peut se lire comme une volonté de dépasser ce modèle historiographique: «Lorsqu'on les envisage de ce point de vue, écrit Gilson en parlant de l'objet de la métaphysique, la plupart des controverses entre scotistes et thomistes apparaissent vaines»[2], car ce n'est pas en l'interprétant à partir de saint Thomas que la doctrine scotiste se rendra intelligible, quelles que soient par ailleurs les préférences du philosophe, mais en restituant au mieux les intuitions décisives de sa propre pensée. Même si elle n'entre pas dans les catégories usuelles des thomistes, la conception scotiste de l'être mérite d'être appréciée pour elle-même: «Les interprètes de Duns Scot, qui parlent de sa doctrine en historiens, ont donc entièrement raison de

Metaphysics and Ethics, éd. L. Honnefelder, R. Wood, M. Dreyer, Leiden-New York-Köln 1996, p. 3-5.

1. L. Honnefelder, *Metaphysik und Ethik* (1996), p. 6. Il arrive qu'on présente encore Duns Scot de cette manière dans les ouvrages récents: « Duns Scotus is, along with Thomas Aquinas, perhaps the greatest of the medieval theologians and certainly the one who inspired the most interest in the centuries after his death. » Richard Cross, *Duns Scotus*, New York-Oxford 1999, p. 3.

2. Étienne Gilson, *Jean Duns Scot. Introduction à ses positions fondamentales*, Paris 1952, p. 114.

protester contre ceux qui attribueraient au Docteur Subtil une confusion quelconque entre le métaphysique et le logique »[1], confusion qui suppose un diagnostic thomiste. Réduire l'une des doctrines à l'autre, calquer l'interprétation de la première sur les structures intellectuelles de la seconde, c'est se condamner à un dialogue de sourds dont l'issue est décidée[2]. Tout lecteur de Duns Scot est aujourd'hui redevable à Étienne Gilson, qui reste le témoin d'une époque historiographique dont il n'émerge pourtant pas complètement si l'on y prend garde : « Voilà quelle semble bien être la conclusion dernière à laquelle conduit l'essentialisation intégrale de l'être », dont Gilson fait bien porter la responsabilité à Duns Scot : « L'existence y est si bien un simple appendice de l'essence, que l'essence de l'Être par soi lui-même n'inclut plus immédiatement dans sa notion son propre acte d'exister. »[3] Dans le champ francophone, ce fut le mérite incontestable de Camille Bérubé d'avoir proposé une analyse moins essentialiste de la pensée de Duns Scot, rompant définitivement avec une lecture thomaso-centriste du franciscain[4].

1. *Ibid.*, p. 107.

2. « Ce qui permet aux dialogues philosophiques de se prolonger, chaque partie restant contente d'elle-même mais surprise par l'obstination de l'adversaire, c'est que les interlocuteurs ne parlent pas la même langue. » *Ibid.*, p. 101.

3. Étienne Gilson, *L'être et l'essence*, Paris 1948, p. 140.

4. Camille Bérubé, *Interprétations virtualisantes de la thèse scotiste de l'objet de l'intellect*, dans : *Laurentianum* 8 (1967), p. 234-250, 380-401 ; *Jean Duns Scot : Critique de l'avicennisme augustinisant*, dans : *De doctrina Ioannis Duns Scoti. Acta congressus scotistici internationalis Oxonii et Edimburgi 11-17 sept. 1966 celebrati*, Rome 1968, p. 207-243 ; *La connaissance de l'individuel au Moyen Âge*, Montréal-Paris 1964 ; *De l'homme à Dieu selon Duns Scot, Henri de Gand et Olivi*, Rome 1983. Pour une analyse analogue dans le champ germanophone désamorçant toute critique contre le pseudo « essentialisme » de Scot, cf. Wolfgang Kluxen, *Die Originalität der skotischen Metaphysik. Eine typologische Betrachtung*, dans : *Regnum hominis et regnum Dei. Acta quarti congressus scotistici internationalis*, Rome 1978, p. 303-313 ; *Welterfahrung und Gottesbeweis. Eine Studie zum « Tractatus de primo principio » des Johannes Duns Scotus*, dans : *Deus et homo ad mentem I. Duns Scoti*, Rome 1972, p. 58-59, et les divers travaux de Ludger Honnefelder cités plus loin, auxquels on peut ajouter sa thèse programmatique : *Philosophie als eigene Dimension : die Entwürfe der Hochscholastik. Der zweite Anfang der Metaphysik. Voraussetzungen, Ansätze und Folgen der Wiederbegründung der Metaphysik im 13./14. Jahrhundert*, dans : *Philosophie im Mittelalter. Entwicklung und Paradigmen*, éd. J. Beckmann, L. Honnefelder, G. Schrimpf et G. Wieland, Hamburg 1987, p. 165-186. Les études américaines ont également largement contribué à la nouvelle image de Duns Scot; parmi les nombreux travaux entrepris notamment au Franciscan Institute de l'Université St. Bonaventure, on mentionnera d'une part l'édition actuellement en cours des œuvres philosophiques de Jean Duns Scot, et d'autre part les nombreuses études d'Allan B. Wolter partiellement restituées en un volume : *The Philosophical Theology of John Duns Scotus*, éd. M. McCord Adams, Ithaca-Londres 1990; *Duns Scotus on the Will and Morality*, Washington 1986; *Duns Scotus' Political and Economic Philosophy*, Santa Barbara 1989 ; *Duns Scotus' Early Oxford Lecture on Individuation*, Santa Barbara 1992. Les milieux italiens se sont depuis très longtemps intéressés à la pensée de Duns Scot ; on citera seulement à titre informatif les publications plus

Très vite, depuis les années 1970, on sortit donc de l'impasse, après que Paul Vignaux nous eut appris à lire Duns Scot aujourd'hui [1]. N'avait-il pas suffi de prendre Scot au sérieux lorsque, évoquant Bonaventure et Thomas qu'il savait contemporains, il considérait le premier comme un moderne parmi d'autres (*unus doctor*), auréolant au contraire le premier de l'autorité reconnue à un ancien (*doctor antiquus*) ? [2] On s'efforça donc de ne plus lire Scot par référence à Thomas, [3] mais de l'insérer dans la continuité doctrinale qui circule au travers des auteurs franciscains de la fin du XIIIe siècle ; encore fallait-il accorder à ces derniers toute la place qui leur revenait [4]. Reste que si l'on voulait entendre les adversaires réels auxquels Scot s'était opposé, on en connaissait désormais les principaux protagonistes : la compréhension historique de Duns Scot doit plus à Henri de Gand, Avicenne ou Pierre de Jean Olivi qu'à l'ensemble de la tradition thomiste.

Du même coup on remarquait, en aval cette fois, que l'influence de Duns Scot s'était exercée plus profondément qu'on l'avait cru : il était probablement l'un des plus grands artisans de la genèse de la métaphysique développée à l'époque moderne [5]. Certes les études de détail devront-elles encore éclairer les étapes historiques de ce long processus ; mais si les nuances nous manquent pour restituer l'histoire réelle de cette influence, il ne fait aucun doute que seule une perspective doctrinale est à même de rendre justice à Scot, justifiant par avance l'effort à entreprendre pour le relire aujourd'hui.

récentes : *Giovanni Duns Scoto : filosofia e teologia*, éd. Alessandro Ghisalberti, Milan 1995 ; Orlando Todisco, *Giovanni Duns Scoto, filosofo della libertà*, Padoue 1996 ; *Giovanni Duns Scoto*, éd. Giovanni Lauriola, Bari 1992 ; *Scienza, filosofia et teologia*, éd. Giovanni Lauriola, Bari 1993, sans oublier l'ouvrage ancien mais utile de Efrem Bettoni, *Duns Scoto*, Brescia 1946, traduit en anglais : *Duns Scotus : The Basic Principles of his Philosophy*, Westport 1979. Cf. aussi A. Vos, *Johannes Duns Scotus*, Leiden 1994 ; *John Duns Scotus. Renewal of Philosophy. Acts of the Third Symposium Organized by the Dutch Society for Medieval Philosophy Medium Aevum (May 23 and 24, 1996)*, éd. E. P. Bos, Amsterdam-Atlanta 1998.

1. Paul Vignaux, *Lire Duns Scot aujourd'hui*, dans : *Regnum hominis et regnum Dei*, Rome 1978, p. 33-46, repris dans : *Philosophie au Moyen Âge, précédé d'une* Introduction nouvelle *et suivi de* Lire Duns Scot aujourd'hui, Albeuve (CH) 1987, p. 241-265.

2. Cf. Jean Duns Scot, *Reportata parisiensia*, I, d. 36, q. 4, n. 20 ; I, d. 36, q. 4, n. 26 ; I, d. 36, q. 2, n. 14.

3. Cf. Ludger Honnefelder, *Ens inquantum ens. Der Begriff des Seienden als solchen nach der Lehre des Johannes Duns Scotus*, Münster 1979.

4. Cf. François-Xavier Putallaz, *Figures franciscaines. De Bonaventure à Duns Scot*, Paris 1997.

5. Ludger Honnefelder, *Scientia transcendens. Die formale Bestimmung der Seiendheit und Realität in der Metaphysik des Mittelalters und der Neuzeit, (Duns Scotus-Suárez- Wolff-Kant-Peirce)*, Hamburg 1990 ; André de Muralt, *L'enjeu de la philosophie médiévale. Études thomistes, scotistes, occamiennes et grégoriennes*, Leiden-New York-København-Köln 1991. Olivier Boulnois, *Être et représentation. Une généalogie de la métaphysique moderne à l'époque de Duns Scot (XIIIe-XIVe siècle)*, Paris 1999.

Jean Duns Scot a en effet bouleversé l'histoire de la philosophie en induisant un changement de paradigme au cœur de la métaphysique. Avec lui, la métaphysique acquiert une ampleur insoupçonnée, dans la mesure où elle s'est libérée de la contingence des choses qui risque indûment de la limiter: l'être, avec Duns Scot, loin de se réduire à « ce qui est », dit désormais le possible qui ne répugne pas à exister. De l'être factuel à l'être réel pensé dans sa possibilité, Scot a opéré un déplacement qui eut pour conséquence de dégager la métaphysique de la physique aristotélicienne qui la confinait à l'être contingent. Je voudrais brièvement souligner un seul trait de cette mutation dans la conception de la métaphysique, et comprendre pourquoi, à titre de théologien, Scot s'est mis en peine de donner à cette science une ampleur qu'on n'avait jamais soupçonnée jusque-là.

2. Conditions d'une métaphysique

A. *L'urgence de la métaphysique*

Le célèbre *Prologue* de l'*Ordinatio*[1] expose le thème d'une controverse entre philosophes et théologiens: les premiers, se réclamant de la perfection naturelle, nient tout besoin pour les hommes de recourir à une doctrine révélée; les seconds, connaissant les faiblesses de la nature humaine, rappellent au contraire la nécessité de la grâce[2]. Duns Scot tranche sans hésiter en montrant que la philosophie s'avère incapable à elle seule d'indiquer la voie et surtout d'assurer l'accès au bonheur humain dans sa plénitude; pour y atteindre, les hommes ont en effet besoin de la révélation : « Or l'homme ne peut connaître distinctement sa fin par voie naturelle; une connaissance surnaturelle lui est donc nécessaire à cet effet. »[3] Mais les conséquences qu'il en tire seront inattendues.

Fort de cette conviction, le théologien Duns Scot s'emploie donc à sonder le sens de la révélation divine, et découvre aussitôt qu'il existe différentes sortes de théologies : la *theologia in se* et la *theologia nostra*. La

1. Jean Duns Scot, *Prologue de l'« Ordinatio »*, présentation et traduction annotée de Gérard Sondag, Paris 1999.

2. « In ista quaestione videtur controversia inter philosophos et theologos. Et tenent philosophi perfectionem naturae, et negant perfectionem supernaturalem; theologi vero cognoscunt defectum naturae et necessitatem gratiae et perfectionem supernaturalem. » Jean Duns Scot, *Ordinatio*, *Prol.*, p. 1, q. un., n. 5 (éd. vat. I, p. 4).

3. « Sed homo non potest scire ex naturalibus finem suum distincte; igitur necessaria est sibi de hoc aliqua cognitio supernaturalis. » Jean Duns Scot, *Ordinatio*, *Prol.*, pars 1, q. un., n. 13 (éd. vat. I, p. 10; traduction française, p. 47).

première, comme son nom l'indique, relève de la connaissance qu'un esprit parfait pourrait prendre de Dieu en sa réalité trinitaire; cette *theologia in se* désigne la connaissance ajustée d'un esprit qui pense Dieu en sa pure singularité (*haec essentia*). Il est évident que seule la connaissance divine s'avère adéquate à cet égard, car Dieu seul lui est naturellement connu: «*Solus deus est sibi naturaliter notus.*»[1] On pourrait bien sûr évoquer la connaissance des esprits bienheureux dans la vision béatifique, où Dieu est connu *sub ratione quae est haec essentia*, mais ce qui compte, c'est que la connaissance de Dieu accessible aux hommes dans leur condition de pèlerins constitue une tout autre voie, une autre théologie, la *theologia nostra*. Duns Scot confère à cette dernière un statut original, car il s'agit pour lui de dire Dieu avec des mots humains. S'engager dans une telle quête, c'est en souligner l'ambiguïté, car il lui faut élaborer un discours sur Dieu qui utilise des propositions dont la vérité est garantie par la révélation, tout en faisant usage de termes et de concepts issus de la seule expérience naturelle[2]. Autrement dit, le sens de la théologie est révélé, mais son objet propre est assuré préalablement par une philosophie naturelle. On comprend donc que Duns Scot ait pris un soin tout particulier à élaborer une métaphysique qui puisse jouer le rôle d'irremplaçable propédeutique à la théologie: il lui accordera toute la portée requise pour la rendre à même d'assumer une si haute fonction, celle de constituer l'objet de la théologie.

La métaphysique sert donc de propédeutique à la théologie. Pour le comprendre, Scot trouvait chez Aristote, Avicenne et Averroès, un principe obligé, selon lequel aucune science ne se donne à elle-même l'objet sur lequel elle porte: c'est à une autre discipline d'assurer les fondements de celle qui en dépend; ce sera en l'occurrence le rôle de la métaphysique d'assurer l'existence de l'objet constitutif de la théologie. Cet objet, qui est Dieu, les êtres humains ne peuvent y accéder naturellement en le saisissant dans sa pure singularité de réalité trinitaire, on l'a déjà dit;[3] mais ils ne le saisissent pas non plus comme «Dieu», puisque l'esprit humain ne le peut comprendre naturellement qu'à partir d'un

1. Jean Duns Scot, *Ordinatio*, *Prol.*, p. 3, q. 3, n. 152 (éd. vat. I, p. 103; traduction française, p. 209): «Dieu seul est connu naturellement de lui seul».

2. Sur cette question, cf. Gérard Sondag, *Commentaire continu au Prologue de la «Lectura»*, dans: Duns Scot, *La théologie comme science pratique*, Paris 1996, p. 47-52.

3. «Nec cognoscimus ista eorum propria (propria scil. substantiarum separatarum) demonstratione quia et ex effectibus. Quod probatur: nam effectus vel relinquunt intellectum dubium quoad ista propria, vel abducunt illum in errorem. Quod apparet de proprietatibus primae substantiae immaterialis in se; proprietas enim eius est quod sit communicabilis tribus; sed effectus non ostendunt istam proprietatem, quia non sunt ab ipso in quantum trino. Et si ab effectibus arguatur ad causam, magis deducunt in oppositum et in errorem, quia in nullo effectu invenitur una natura nisi in uno supposito.» Jean Duns Scot, *Ordinatio*, *Prol.*, p. 1, q. un., n. 41 (éd. vat. I, p. 23-24).

concept beaucoup plus général, le concept d'« être », conçu selon sa modalité d'infini. L'intelligence humaine s'évertuera seulement à penser Dieu comme *ens infinitum*. Telle est l'issue de la métaphysique qui constitue le point de départ de la théologie accessible à l'esprit humain dans son état actuel. L'*ens infinitum* constitue donc l'objet de la théologie, laquelle se développe ensuite selon les principes révélés et les méthodes qui lui sont propres[1]. Autrement dit, l'objet propre de notre théologie est élaboré par le geste ultime d'une métaphysique qui s'exerce aux limites mêmes dont elle est capable[2].

Ne pourrait-on penser qu'une physique suffise à assumer ce rôle? Aristote, au livre VIII de la *Physique* avait en effet établi l'existence d'un premier moteur, que certains théologiens, notamment Thomas d'Aquin,[3] n'avaient pas hésité à assimiler à Dieu; cela n'est-il pas suffisant? Non, selon Duns Scot, car le premier moteur n'est pas l'être infini du théologien. Plus exactement, la physique, attachée par définition à la contingence, s'avère incapable d'affermir l'esprit humain en quête de nécessité scientifique : ce n'est pas d'un premier moteur dont a besoin la théologie, mais d'un être infini et nécessaire que l'esprit découvre selon des lois nécessaires[4]. Pour constituer l'objet de sa science, la théologie exige donc une métaphysique autonome qui surpasse la physique et s'en tienne rigoureusement à l'ordre des nécessités que réclame tout savoir humain.

Mais de quelle métaphysique s'agit-il?

1. « Par suite, Dieu est sujet dans notre théologie en tant qu'il est un être infini; or les propriétés que l'on attribue à ce sujet ne sont pas celles qui sont connaissables de nous de façon naturelle, comme par exemple être sage, être bon, etc., car ces propriétés peuvent être connues en métaphysique. Non, les propriétés de ce sujet sont d'être trine, etc. C'est pourquoi, ce que nous savons dans notre théologie, par exemple que Dieu – en tant qu'il est un être infini – est trine et un, est semblable à la connaissance de quelqu'un qui sait qu'un certain animal est le plus noble, mais ignore la nature de l'homme, animal raisonnable, ou de quelqu'un qui saurait qu'une certaine figure est première mais ignorerait la nature du triangle. » *Lectura*, *Prol.*, p. 2, q. 3, n. 88 (éd. vat. XVI, p. 32; traduction française, p. 176). Cf. Léon Veuthey, *Jean Duns Scot. Pensée théologique*, Paris 1967, p. 35.

2. Le sujet de la théologie « est d'une certaine manière compris sous le sujet de la métaphysique. » Jean Duns Scot, *Ordinatio*, *Prol.*, p. 4, q. 1-2, n. 214 (éd. vat. I, p. 146; traduction française, p. 279). Pour plus de détails, cf. O. Boulnois, *Être et représentation* (1999), p. 467-479, qui précise bien p. 472 : « Le sujet de la théologie est inclus dans la métaphysique, mais non ses principes, qui ont leur ordre propre, et ne sont pas le prolongement de la métaphysique. (...) Il y a donc recouvrement entre les deux sciences quant à leur objet, mais aucune concurrence quant à la méthode et à la manière de le concevoir. »

3. Thomas d'Aquin, *Somme de théologie* I, q. 2, a. 3.

4. On lira plus loin dans cette introduction quelques remarques plus développées sur cet aspect de la pensée scotiste.

B. *Les divers états de la nature*

On pourrait imaginer que, à l'instar des autres sciences, la métaphysique reçoive à son tour son objet d'une discipline antérieure, en l'occurrence de la physique. Mais Duns Scot est loin de l'admettre. Lorsque Aristote, en effet, suivi en cela par de multiples commentateurs, fait de la quiddité abstraite l'objet propre de l'intelligence humaine, il condamnait inexorablement la métaphysique à n'être qu'une efflorescence de la physique. Or la métaphysique, de l'aveu même du Stagirite, porte sur l'être en tant que tel; dans l'hypothèse où la physique en assurerait le fondement, cet objet se trouverait alors comme aspiré au-dessous de ce qu'il devrait être : son origine sensible lui resterait attachée de manière indélébile; dans cette hypothèse réductrice, la métaphysique se développerait à la traîne de la physique, incapable d'assurer son rôle de propédeutique pour la théologie.

Aristote lui-même n'a pas été conscient de ce fait, lui qui ne jouissait pas des lumières de la révélation : il a certes défini la métaphysique comme la science « de l'être en tant qu'être », mais quand il a voulu dire l'être, il a seulement pensé le contingent. Ainsi Aristote témoigne-t-il du paradoxe de notre condition humaine : notre nature est incapable à elle seule d'atteindre ce à quoi elle est naturellement destinée [1]. Il fallut donc la révélation pour donner à la raison l'ampleur qu'elle méritait. De quelle manière ? Il suffisait de prendre conscience que la nature humaine ne se trouve pas actuellement en son état normal. C'est du moins l'enseignement de la révélation sur l'insertion historique de la raison, quand elle distingue la nature rationnelle en fonction des différents états qui en ont marqué l'évolution [2]. En effet, l'intelligence humaine ne procède pas identiquement selon qu'on la considère dans son état adamique, avant la chute, dans son état de nature déchue puis sauvée, et dans l'état de la vie bienheureuse où elle voit Dieu face à face. La quiddité dont parle Aristote n'est l'objet propre de notre intellect qu'en l'état présent, elle n'est pas l'objet de notre intellect dans sa nature; la preuve en est qu'elle ne convient ni à l'intellect des bienheureux, ni à l'état humain antérieur à la faute originelle. Plusieurs aristotélismes se sont donc fourvoyés lorsqu'ils ont interprété notre attachement à la quiddité comme une donnée essentielle, quand elle n'est que l'expression d'un état accidentel qui asservit l'intellect humain. Une telle confusion a conduit ce genre d'aristotélisme à limiter indûment la portée de notre

1. C'est l'idée centrale du *Prologue* de l'*Ordinatio* : la révélation est indispensable pour que l'homme atteigne ce à quoi il est destiné par nature.

2. Cette insistance, très franciscaine, sur les divers états de la raison va marquer la spéculation philosophique en un sens inattendu, puisqu'elle va donner à l'intelligence humaine une audace et une autonomie insoupçonnées.

intelligence pour la river à l'être contingent donné dans l'expérience sensitive.

N'ayant pas joui des lumières de la révélation, Aristote fut donc spontanément enclin à confondre notre état et notre nature, en confinant l'intellect à la seule quiddité sensible et contingente. Mais une métaphysique qui se constituerait sur ce seul fondement ne dépasserait jamais la connaissance de l'être contingent, soumis aux lois du mouvement; malgré sa prétention à dire l'être, une telle philosophie réduirait l'être au sensible et n'en finirait plus de développer une physique. Si l'objet propre de l'intellect était la quiddité de la chose matérielle, la conséquence serait donc aussi désastreuse que si l'on se passait de métaphysique : « De là un agnosticisme métaphysique incurable, puisque cette science enseigne à la fois qu'elle porte sur 'l'être en tant qu'être' et que, le seul être accessible à notre intellect étant 'l'être du sensible', elle n'atteint jamais le premier en lui-même, mais doit se contenter d'en parler par analogie avec le second. »[1] Dépourvus d'une authentique science de l'être, nous rendrions impossible l'élaboration d'une théologie entendue comme la connaissance de l'être infini ; l'écroulement de la métaphysique entraînerait la théologie dans son sillage, puisque sans connaissance de l'être, jamais nous n'aurions une connaissance de Dieu[2].

Pour donner à la métaphysique l'ampleur qui lui revenait de droit, il fallait donc que la foi éclairât l'intelligence humaine sur le fait que sa nature, *pro statu isto*, se trouve actuellement dans un état déchu; il fallait cette lumière qui pût dégager la métaphysique d'un enracinement qui la retenait en deçà de ce dont elle est capable : désormais, son objet n'est plus l'être rivé à sa contingence factuelle, mais l'être en tant qu'être sous l'ampleur univoque la plus totale dont notre intellect soit capable. En éclairant notre condition humaine, la révélation, selon Scot, a donc libéré une place pour une métaphysique. Paradoxalement, la foi confirme la métaphysique dans ses prétentions, l'engageant sur des terres inexplorées, afin que le croyant puisse, à terme, s'approprier la découverte d'un être infini et constituer ainsi l'objet de la théologie scientifique. C'est donc en détachant davantage la métaphysique que la foi peut ensuite en utiliser la conclusion assurant l'objet de la théologie. Duns Scot distingue ainsi radicalement les deux savoirs, « mais en même temps, il les articule plus étroitement sur un concept pivot, celui de Dieu, étant infini (…) »[3].

1. É. Gilson, *Jean Duns Scot* (1952), p. 91.

2. « Wenn der menschliche Verstand (…) seiner Natur nach nur die Washeit des sinnlich Erfahrbaren zu erkennen vermag, ist eine Erkenntnis Gottes, selbst durch die Offenbarung, unmöglich. » L. Honnefelder, *Scientia transcendens* (1990), p. XIII.

3. O. Boulnois, *Être et représentation* (1999), p. 478.

Certes une doctrine de l'analogie de l'être, distinguant entre la nature et son exercice,[1] suivrait d'autres lignes doctrinales; mais la thèse de l'univocité de l'être conduit Duns Scot à penser de manière originale l'objet de la métaphysique, en le dégageant au maximum des conditions limitatives de l'être physique. Ce n'est pas la physique qui offre donc son objet à la métaphysique : pour constituer une métaphysique qui ne soit pas un simple avatar de la physique, l'intellect peut compter sur le fait qu'il atteint son objet propre par nature; à proprement parler, la métaphysique est une science première n'en présupposant aucune autre, car l'être est un concept englobant présupposé par tous les concepts, mais n'en présupposant aucun autre : « Maxime scibilia primo modo sunt communissima, ut est ens inquantum ens, et quaecumque sequuntur ens inquantum ens (...). Ex quo communissima primo intelliguntur, ut probatum est per Avicennam, sequitur, quod alia specialiora non possunt cognosci, nisi illa communia prius cognoscantur, et non potest istorum communium cognitio tradi in aliqua scientia particulari. »[2] Notre traité se fait l'écho de cette importante idée : « Ens per nihil notius explicatur. »[3]

C. *Une nouvelle brèche pour la métaphysique*

La révélation donne donc des ailes à la philosophie, lui communiquant l'impulsion requise avec une garantie suffisante pour l'inviter à constituer une métaphysique qui, partant certes des choses contingentes, n'y reste pas pour autant asservie. Par une sorte de dialectique renversante, la révélation s'efforce donc de rendre la nature humaine à elle-même, en la confirmant dans ses droits, mais en l'éclairant surtout sur ses ambitions.

Dans le *Prologue* de l'*Ordinatio*, Scot insistait en effet sur le fait que la véritable portée de la nature humaine réclamait l'éclairage de la révélation : il est impossible à la raison naturelle de montrer par elle-même que l'homme a besoin de la grâce surnaturelle pour atteindre sa perfection. La pure raison à elle seule est donc incapable de faire le poids face à Aristote, et c'est pourquoi elle exige une aide; aussi Duns Scot choisit-il de partir des vérités de foi (*ex creditis*) pour argumenter contre les philosophes qui enferment l'homme dans sa nature blessée, car il sait qu'il est impossible d'avancer une réfutation strictement philosophique : « Il est donc impossible d'utiliser ici contre Aristote la raison naturelle : si l'on argumente à partir de choses qui sont objet de foi, le raisonnement ne porte pas contre le Philosophe, puisque celui-ci n'admet pas une prémisse qui est objet de

1. Cf. A. de Muralt, *L'enjeu de la philosophie médiévale* (1991), p. 92-103.
2. Jean Duns Scot, *Quaestiones super libros Metaphysicorum Aristotelis*, *Prol.*, n. 5.
3. Jean Duns Scot, *Traité du premier principe*, chap. 4, § 78.

foi. »[1] Quand Duns Scot se réfère donc à la révélation divine, ce n'est pas seulement qu'il la croit indispensable à l'obtention de la vision béatifique, mais c'est aussi parce qu'il la sait incontournable pour déterminer ce dont la nature humaine est réellement capable; bref la foi révèle la puissance de la nature. Le raisonnement est simple: si la raison naturelle suffisait au bonheur, elle se saurait destinée à la béatitude surnaturelle; or elle ne le sait pas[2]; la nature humaine a donc besoin de la révélation pour être ce qu'elle est.

Tel est le paradoxe de la condition humaine. Pour se faire entendre, Duns Scot introduit une distinction qu'on a saluée pour sa clarté : ce qui est naturel dans l'ordre de la cause matérielle n'est pas identique à ce qui est naturel dans l'ordre de la cause efficiente: il est naturel pour la raison humaine (cause matérielle) d'être enclin à la béatitude, laquelle ne peut lui être conférée que par un agent surnaturel (cause efficiente); la nature humaine est donc la cause matérielle naturelle de la béatitude, laquelle lui est accordée surnaturellement[3]. La révélation transmet (*tradere*) à l'homme une connaissance qu'il ne peut acquérir de lui-même[4], mais cette connaissance actualise l'intelligence de l'homme dans l'axe même de sa nature : tout ce qui est reçu est reçu naturellement, fût-il donné par un agent non naturel : « J'admets que Dieu est la fin naturelle de l'homme, mais cette fin est à atteindre non pas naturellement mais surnaturellement. »[5] La révélation dévoile donc la nature à elle-même dans ses aspirations les plus intimes.

1. « Igitur impossibile est hic contra Aristotelem uti ratione naturali; si arguatur ex creditis, non est ratio contra philosophum, quia praemissam creditam non concedet. » Jean Duns Scot, *Ordinatio*, *Prol.*, p. 1, q. un., n. 12 (éd. vat. I, p. 9; traduction française, p. 43).

2. « Si ergo natura hominis est naturaliter cognoscibilis homini, naturaliter est etiam cognoscibilis illa potentia ut est talis naturae, et per consequens ordinabilitas talis naturae ad finem ad quem fides et caritas disponit. » Jean Duns Scot, *Ordinatio*, *Prol.*, p. 1, q. un., n. 22 (éd. vat. I, p. 14-15).

3. « (...) dico quod comparando intellectum possibilem ad notitiam actualem in se nulla est sibi cognitio supernaturalis, quia intellectus possibilis quacumque cognitione naturaliter perficitur et ad quamcumque cognitionem naturaliter inclinatur. Sed secundo modo loquendo, sic est supernaturalis quae generatur ab aliquo agente quod non est natum movere intellectum possibilem ad talem cognitionem naturaliter. » Jean Duns Scot, *Ordinatio*, *Prol.*, p. 1, q. un., n. 60 (éd. vat. I, p. 37). Cf. G. Sondag, *Commentaire continu au Prologue de la « Lectura »* (1996), p. 54-57.

4. En parlant des propositions indispensables au salut, Duns Scot dit qu'elles doivent être révélées « quia nullus earum notitiam potuit naturaliter invenire et eam alia docendo tradere (...). Haec autem prima traditio talis doctrinae dicitur revelatio, quae ideo est supernaturalis, quia est ab agente quod non est naturaliter motivum intellectus pro statu isto. » Jean Duns Scot, *Ordinatio*, *Prol.*, p. 1, q. un., n. 62 (éd. vat. I, p. 38).

5. « Concedo Deum esse finem naturalem hominis, sed non naturaliter adipiscendum sed supernaturaliter. » Jean Duns Scot, *Ordinatio*, *Prol.*, p. 1, q. un., n. 32 (éd. vat. I, p. 19; traduction française, p. 59).

Scot prétendait ainsi redonner à la raison humaine sa véritable portée, celle que les philosophes avaient été incapables de soupçonner ; en un mot, la révélation rend la nature à sa propre dignité [1] en la confortant dans sa prétention, et en lui donnant l'audace de découvrir l'être au-delà de ce qu'elle pouvait imaginer; c'est que la révélation met l'intelligence en mesure de s'exercer à l'extrême de ses possibilités naturelles : « De même (l'intellect possible) est de soi capable de cet assentiment causé par un tel agent (surnaturel), et il en est même naturellement capable. » [2]

D. *Un changement de paradigme dans la philosophie occidentale*

La pensée de Duns Scot a du même coup dégagé une place originale pour une métaphysique renouvelée se développant à mi-chemin entre la physique et la théologie, et constituant une science dont l'objet ne sera ni la quiddité sensible, ni l'être infini de Dieu ; science de l'être, la métaphysique ne reçoit pas son objet de la physique ni ne rêve de prendre Dieu pour objet propre : au sens strict, elle porte sur l'être en tant qu'être [3].

C'est pourquoi le *Traité du premier principe* s'ouvre sur une certitude : l'humaine raison n'a pas à rougir de prendre l'être comme point de départ de sa quête. La philosophie se trouve justement confortée dans sa démarche, puisqu'elle rejoint la crèche des mots humains dans laquelle s'est montré le Dieu d'Israël : « Seigneur notre Dieu, à Moïse ton serviteur qui cherchait à savoir de toi (...) de quel nom il devait te désigner aux fils d'Israël, sachant ce que l'intelligence des mortels pouvait concevoir de toi, tu as répondu, révélant ton nom béni : Je suis celui qui suis. » [4] En se révélant de la sorte, Dieu rendait du même coup l'homme à lui-même, lui qui connaît ce dont l'intelligence humaine est capable et jusqu'où elle peut

1. Soutenir que la raison a besoin de la révélation ne revient donc pas à l'avilir, bien au contraire, mais à lui redonner sa véritable dignité : « Et si obicitur quod istud vilificat naturam quod ipsa non possit consequi perfectionem suam ex naturalibus (...), concedo (felicitatem naturalem) posse haberi naturaliter, et ultra dico aliam eminentiorem posse recipi naturaliter. Igitur in hoc magis dignificatur natura, quam si suprema sibi possibilis poneretur illa naturalis. » Jean Duns Scot, *Ordinatio*, *Prol.*, p. 1, q. un., n. 75 (éd. vat. I, p. 45-46).

2. « Similiter, ex se est (intellectus possibilis) capax illius assensus causati a tali agente (supernaturali), etiam naturaliter capax. » Jean Duns Scot, *Ordinatio*, *Prol.*, p. 1, q. un., n. 94 (éd. vat. I, p. 57 ; traduction française, p. 125).

3. La métaphysique ne dépasse jamais les limites de son objet, et c'est pourquoi l'être infini est inclus dans l'objet de la métaphysique : la preuve de l'existence d'un être infini reste dépendante de l'étude de l'être en tant qu'être, mais cette existence de Dieu n'est pas pour autant immédiatement évidente. C'est pourquoi la métaphysique est comprise comme la science de l'être en tant qu'être, où l'existence de Dieu est prouvée de manière distincte, comme contenue à l'intérieur de l'être. C'est dans ce sens que l'objet de notre théologie est inclus en un certain sens dans celui de la métaphysique.

4. Jean Duns Scot, *Traité du premier principe*, chap. 1, § 1.

compter sur ses propres forces; le Dieu d'Abraham, d'Isaac et de Jacob s'est donc révélé comme être, [1] en donnant aux humains de l'atteindre selon les voies de la philosophie. Aussi la raison naturelle de l'homme se sent-elle encouragée à s'exercer jusqu'à l'extrême de ses aptitudes « en prenant comme point de départ l'être » que Dieu lui-même s'est attribué : l'objet de la philosophie est l'être dans sa généralité; puis, s'achevant en preuve de l'existence de l'être infini, la métaphysique donne à la théologie de se réapproprier cet objet en l'expliquant ensuite suivant l'ordre des propositions qui, elles, sont révélées. Il faut donc commencer par penser l'être et s'efforcer, au terme du processus, de saisir une réalité ultime à laquelle l'être s'attribue dans toute son ampleur. Pour ce faire, l'esprit humain élabore ce concept commun, dont l'imperfection même autorise qu'on le prédique univoquement et de Dieu et des choses dont nous avons l'expérience. Le cheminement de l'esprit dans sa démarche métaphysique consistera à penser l'être à partir des objets qui nous sont donnés, pour tenter de le penser encore à terme, mais selon le mode qui lui convient au mieux : l'infinité. Car Dieu seul est l'être véritable, seul Dieu est l'être tout entier. Cela, le frère franciscain le croit par sa foi; cela, il voudrait maintenant le savoir et le comprendre de science certaine.

Du coup, la métaphysique a pris son envol et acquis une portée insoupçonnée. Si, pour être proprement métaphysique, la raison humaine cherche l'être au-delà de la simple contingence, elle le trouvera dans sa racine d'être-possible. Qu'existe-t-il en effet au-delà de la contingence, qui soit bien réel et ne se réduise pas au simple être de raison ? Rien ! que l'être pensé dans sa réalité-possible, c'est-à-dire l'être quidditatif dont nous verrons plus loin toute la saveur se dégager du *De primo principio*. En se libérant de la contingence pour atteindre ce-qui-est dans sa possibilité réelle (*ens quidditative sumptum*), la pensée scotiste donnait à la raison humaine de construire une métaphysique où la non-contradiction suffirait pour dire les propriétés de l'être. Avec Scot s'opère bel et bien un changement de paradigme décisif pour l'histoire de la philosophie occidentale : la métaphysique conçoit dorénavant l'être comme possible,

1. Cette conception est connue sous le nom de « métaphysique de l'Exode ». L'expression, qui a fait fortune, est due à Étienne Gilson, *L'esprit de la philosophie médiévale*, 2e éd., Paris 1944, p. 50 s., lequel a montré que c'est ainsi qu'une partie du Moyen Âge philosophique interprétait le fameux passage du livre de l'*Exode 3, 13-15* dans la version issue de la Septante. On ne le lit plus de la même manière de nos jours; cf. Alain de Libera et Emilie zum Brunn, *Celui qui est. Interprétations juives et chrétiennes d'Exode 3-14*, Paris 1986; Paul Vignaux, *Métaphysique de l'Exode, philosophie de la religion* (à partir du *De primo principio* selon Duns Scot), dans : *Rivista di filosofia neo-scolastica* 70 (1978), p. 135-148; P. Vignaux, *Métaphysique de l'Exode et univocité de l'être chez Duns Scot*, dans : *Celui qui est. Interprétations juives et chrétiennes d'Exode 3-14*, Paris 1986, p. 103-126.

c'est-à-dire dégagé de la contingence. L'être n'y est pas pensé comme « ce qui a l'existence » (*quod habet esse*); il est ce qui, n'impliquant aucune contradiction, ne répugne pas à exister (*quod aptum natum est existere*)[1]. L'être, c'est donc la réalité conçue par-delà sa facticité et saisie rationnellement comme apte à exister : l'être, c'est « *hoc, cui non repugnat esse* »[2].

Science de l'être en tant que tel, la métaphysique se mue par conséquent en connaissance de l'être comme possible et pensable : l'être, c'est la réalité même dans l'exacte mesure où elle est libre de toute contradiction. D'où l'extrême rigueur logique[3] de la pensée scotiste et du *Traité du premier principe* en particulier, qui risque toujours d'apparaître comme une construction purement conceptuelle et une architecture de notions abstraites. En réalité, l'architecture rationnelle de l'être-possible se contente de révéler les structures nécessaires de l'être lui-même.

Le projet d'une telle ontologie scientifique, qui procède par la voie du possible, a engagé une partie non négligeable de la pensée moderne[4] sur une voie que d'aucuns ont volontiers traitée d'essentialiste. C'est elle certainement qui conduit jusqu'à François Suárez et son étonnante tentative de déduire analytiquement le réel à partir des essences conçues comme possibles[5]. C'est cette ligne métaphysique qui conduit à l'ontologie de Christian Wolff[6]. C'est dans ce contexte également qu'il faut enfin situer la critique que Kant a dressée contre la métaphysique[7]. Quoi qu'il en

1. *In Perihermeneias*, I, q. 8, n. 9 (Vivès, vol. 1, p. 554).

2. *Opus oxoniense* IV, d. 8, q. 1, n. 2 (Vivès, vol. 17, p. 7); cf. *Opus oxoniense* IV, d. 1, q. 2, n. 8 (Vivès, vol. 16, p. 108); *Quodl.*, q. 3, n. 2.

3. On en trouve un bon exemple dans la mise en forme logique des théorèmes du *De primo principio* proposée par Andrej Krause, *Der traditionell Johannes Duns Scotus zugeschriebene Tractatus de primo principio. Die Entwicklung seiner metaphysischen Theoreme aus dem ordo essentialis*, Halle-Saale 1997.

4. L'étude la plus complète sur cette question est celle de L. Honnefelder, *Scientia transcendens* (1990), qui fournit toutes les indications bibliographiques utiles.

5. Pour une présentation commentée des principales études sur ce point, cf. L. Honnefelder, *Scientia transcendens* (1990), p. XIX-XX. « 'Seiend' ist das, was eine reale Wesenheit hat, real aber ist jene Wesenheit, die keinen Widerspruch ihrer Bestimmungsmomente einschließt und deshalb geeignet ist, real zu existieren. » *Ibid.*, p. 436, où l'auteur montre aussi que la pensée de Suárez rejoint Scot contre toute tentative de réification des essences : « Mit Scotus und gegen Heinrich von Gent geht Suárez davon aus, daß der Wesenheit *als solcher* keinerlei eigene Realität zukommen kann. Andererseit muß sie den positiven Grund der Nichtrepugnanz ihrer Bestimmungen und damit ihre 'aptitudo essendi' *aus sich selbst* haben. » Pour Suárez, cf. les études de Jean-François Courtine, notamment *Suarez et le système de la métaphysique*, Paris 1990.

6. Sur Wolff, cf. L. Honnefelder, *Scientia transcendens* (1990), p. 295-381 ; on consultera également le recueil d'articles de l'éditeur des œuvres complètes de Christian Wolff : Jean École, *Introduction à l'opus metaphysicum de Christian Wolff*, Paris 1985.

7. Pour ce qui est de Kant, on notera à titre indicatif que la Préface de la Seconde édition de la *Critique de la raison pure* utilise le vocabulaire même de Duns Scot dans la distinction

soit de la difficile question des médiations historiques conduisant au développement de la pensée moderne et quelle que soit la valeur philosophique qu'on lui accorde ou qu'on lui refuse, c'est sur ce projet pour le moins risqué que prend appui le *Traité du premier principe*. Ce chef-d'œuvre constitue donc une pièce maîtresse dans l'histoire de la pensée occidentale, et ce n'est pas sans raison qu'on l'a salué comme un *Tractatus vere aureus*[1].

3. VIE ET ŒUVRE

Pour mieux apprécier la nouveauté scotiste dans l'histoire de la philosophie, il faudrait commencer par une micro-analyse de la genèse de cette œuvre. Or, malgré l'immense chantier ouvert par l'édition critique dans les années 1950 et malgré les innombrables travaux préparatoires qu'elle a suscités, la chronologie des œuvres de Duns Scot est encore trop dépendante des incertitudes biographiques pour autoriser autre chose que des hypothèses. Quelques dates sont néanmoins assurées, comme celles de la mort de Scot survenue à Cologne le 8 novembre 1308, et celle de son ordination sacerdotale le 17 mars 1291, autorisant à le faire naître durant l'hiver 1265-1266, dans le petit village de Duns situé aux confins de cette Écosse qui lui donnera son célèbre surnom.

Puisqu'il s'est éteint vers l'âge de 42 ans, et qu'on acquiert la maîtrise en théologie au mieux à 34 ans, son activité intellectuelle dut s'inscrire dans une durée relativement brève. Comme on ne sait pas grand-chose de sa biographie, plusieurs inconnues demeurent aussi pour qui veut retracer ce qu'on hésite à appeler une « carrière universitaire ». C'est à Oxford qu'il étudie et lit une première fois publiquement le livre des *Sentences* de Pierre Lombard, dont le commentaire original représentait en quelque sorte le chef-d'œuvre de la corporation universitaire en théologie. Il étudie donc à Oxford sous la régence probablement du franciscain Guillaume de Ware, et tient ses questions sur les *Sentences* dans les années 1300. C'est

entre « possible logique » et « possible réel » : « Um einem solchen Begriffe aber objektive Gültigkeit (reale Möglichkeit, denn die erstere war bloß die logische) beizulegen, dazu wird etwas mehr erfordert. » Immanuel Kant, *Kritik der reinen Vernunft. Vorrede zur zweiten Auflage*, Hamburg 1993, p. 26.

1. Le mot est repris de Luke Wadding qui, croyant que les *Theoremata* étaient postérieures au *De primo principio*, en parlait en ces termes : « Postquam enim in illo Tractatu vere aureo, altissima speculatione, exaltans se supra se, quantum lumine naturae, vel humano ingenio fieri potuit, de natura primi entis, ejusque perfectionibus, maximis, ac principiis circa illud observandis disputavit; hunc adjunxit (…). » L. Wadding, *Praefatio ad lectorem*, dans Joannis Duns Scoti, *Theoremata subtilissima*, éd. Vivès, vol. 5, Paris 1891, p. 2.

certainement cette leçon oxonienne qui est consignée dans la première des trois versions de son *Commentaire des Sentences*, celle qu'on connaît sous le nom de *Lectura*.

Une thèse veut qu'il traversa la Manche vers 1302 pour commenter une deuxième fois le livre du Lombard sous la régence probablement de Gonzalve d'Espagne, à Paris. C'est de cette deuxième version que serait issu cet ensemble des notes d'auditeurs édité sous le nom de *Reportata parisiensia*. Il n'achèvera pas son enseignement parisien car, prenant le parti du pape à l'encontre de Philippe le Bel qui désirait taxer les biens de l'Église pour financer une campagne militaire contre les Anglais, Duns Scot fut contraint à l'exil par le roi de France qui expulsa avec lui plusieurs dizaines de franciscains en juin 1303. Le séjour forcé en Angleterre ne s'éternisa pas, puisque Duns Scot put regagner la France l'année suivante afin d'y acquérir, enfin, ses derniers grades académiques et enseigner à titre de maître régent à l'Université de Paris en 1306-1307[1]. Est-ce durant cette période qu'il retouche une troisième et dernière fois son *Commentaire des Sentences* pour lui donner sa forme définitive, que l'on désigne sous le terme d'*Ordinatio?* Certainement avait-il déjà entrepris cette révision à Oxford dans les années 1300, rédaction qui resta du reste inachevée. Une ancienne tradition raconte qu'à l'automne 1307, une lettre adressée à frère Jean lui enjoignit, on ne sait trop pourquoi, de quitter Paris sur l'heure; il serait ainsi parti pour Cologne sans même avoir eu le temps d'emporter ses papiers. Mais peut-être s'y est-il rendu pour une raison moins spectaculaire : étant donné le nombre important de bacheliers sententiaires que l'on destinait à l'enseignement, il est certain que la durée de régence d'un maître franciscain devait être aussi courte que possible, pour permettre le renouvellement continu des étudiants et des maîtres; sitôt formés, les maîtres étaient alors appelés à d'autres fonctions, notamment dans les couvents provinciaux toujours plus nombreux, ayant besoin de professeurs qualifiés pour former la très grande majorité des frères qui ne se rendraient jamais à l'université. Voilà une raison tout à fait plausible du départ de Duns Scot qui exerça dès lors ses fonctions de lecteur principal au studium de Cologne : bien qu'il ait été maître, un professeur portait le titre de *lector* lorsqu'il enseignait dans un centre non-universitaire. C'est donc à titre de *lector coloniensis* que Duns Scot mourra en 1308 dans l'un des centres d'études franciscains les plus importants, celui de Cologne où son influence s'exerça en profondeur. L'universalité recherchée par sa pensée se trouve joliment symbolisée par l'épitaphe qui se lit aujourd'hui sur le

1. Sur ces difficiles questions biographiques, cf. William J. Courtenay, *Scotus at Paris*, dans : *Via Scoti. Methodologica ad mentem Joannis Duns Scoti, Atti del congresso scotistico internazionale, Roma 9-11 marzo 1993*, éd. L. Sileo, vol. I, Rome 1995, p. 149-163.

tombeau du bienheureux [1] Jean Duns Scot dans l'église des franciscains, à quelques pas de la cathédrale de Cologne : « L'Écosse m'a donné le jour, l'Angleterre m'a recueilli, la France m'a enseigné, et Cologne me retient » [2].

Si lointaine de nos modes actuelles, l'œuvre de Jean Duns Scot reste bien sûr la fille de son temps, structurée selon les méthodes d'enseignement usuelles, puisant aux sources les plus riches rencontrées au gré des déplacements qui assuraient la diffusion efficace des idées et des manuscrits. Voici un rapide panorama de ses œuvres considérées comme authentiques, [3] dont l'*Ordinatio* et la *Lectura* sont en cours d'édition critique, ainsi que les textes philosophiques, alors que les autres œuvres se lisent encore dans les douze volumes de l'édition de Luke Wadding (Lyon 1639, reprint Hildesheim 1968-69), reprise en 26 volumes par Vivès (Paris 1891-95).

A. Trois versions du *Commentaire des Sentences*

1. *Lectura* (éd. vaticane en cours, t. XVI-XIX)

Une *lectura* se présente comme un texte court contenant le *Commentaire des Sentences*, destiné à être enseigné à des étudiants. La *Lectura* reflète le premier état de cet ouvrage de Scot, tel qu'il l'a présenté à Oxford. Elle ne contient que les questions consacrées aux trois premiers livres des *Sentences* de Pierre Lombard, en une version relativement courte puisqu'il s'agit très certainement de notes que Scot avait sous les yeux lorsqu'il enseignait. Étant donné que la *Lectura* ne fut découverte qu'au XXe siècle, elle ne figure pas dans l'ancienne édition de Wadding-Vivès, mais la commission vaticane a judicieusement décidé de la publier en parallèle avec l'*Ordinatio*.

Le *Prologue* de la *Lectura* est actuellement disponible en traduction française, accompagné d'un commentaire continu d'autant plus utile qu'il est particulièrement clair : Duns Scot, *La théologie comme science pratique (Prologue de la « Lectura »)*, Introduction, traduction et notes par Gérard Sondag, Paris 1996.

1. Cf. Jean-Paul II, *Homélie lors de la cérémonie de béatification de Jean Duns Scot* (20 mars 1993), dans : *Acta Apostolicae Sedis* 85 (1993), p. 884-888, ou *Documentation catholique* 2071 (2 mai 1993), p. 402-404, et reconnaissance du culte de Jean Duns Scot par le *décret du 6 juillet 1991*, dans : *Acta Apostolicae Sedis* 84 (1992), p. 396-399.

2. « Scotia me genuit, Anglia me suscepit, Gallia me docuit, Colonia me tenet. »

3. Cf. C. Balić, *Disquisitio historico-critica*, dans : Ioannes Duns Scotus, *Opera omnia*, editio vaticana, vol. I, 1950, p. 141*-154*. Pour une remise en question critique de l'authenticité de l'œuvre scotiste, notamment du *De primo principio*, cf. les thèses de Vladimir Richter, *Das Werk von Johannes Duns Scotus im Lichte der Literarkritik*, dans : *Filosofický Časopis* 40 (1992), p. 639-648, 868-886.

Pour ce qui est des preuves de l'existence de Dieu, la *Lectura* présente un premier état de la question qu'on peut lire au livre I, dist. 2. On y découvre par exemple la justification de la démonstration par l'usage des possibles et de la nécessité, car du contingent suit le nécessaire, alors que l'inverse n'est pas vrai[1]. Cette version de la preuve est d'importance : « On pourrait y voir le dessein de la purger de toute contamination de la contingence et d'en faire la démonstration idéale qui va *de necessario ad necessarium.* »[2] Il n'empêche que les preuves de l'existence de Dieu semblent progresser de l'apriorisme à l'apostériorisme, et que la *Lectura* reste un jalon qui marque le début de cette évolution.

2. *Reportata parisiensia* (éd. Wadding, vol. XI ; éd. Vivès, vol. 22-24)

Une *reportatio* est un ensemble de notes de cours recueillies par des auditeurs, parfois revues par le maître. Comme son nom l'indique, proposé par Luke Wadding, cette seconde version du *Commentaire des Sentences* est l'expression de l'enseignement parisien de Duns Scot. Pour ce qui est du livre I, Wadding s'est hélas fondé sur une très courte reportation de cet enseignement, consignée par Guillaume d'Alnwick. Mais on a retrouvé plus tard cinq manuscrits d'une longue reportation (*reportatio magna*), réexaminée par Duns Scot lui-même, dont une partie a déjà été publiée en 1982 : celle qui contient les preuves de l'existence Dieu[3]. Allan B. Wolter s'apprête à éditer l'ensemble de cette reportation revue par Duns Scot lui-même, qu'on appellera dès lors *reportatio examinata*, et il envisage de compléter son édition par une traduction anglaise.

La *reportatio* brève, éditée par Wadding, consacre quelques pages aux preuves de l'existence de Dieu (I, dist. 2, q. 2) où le caractère a posteriori de notre connaissance de Dieu est expressément souligné : « (...) et ideo haec propositio, 'Deus est' non est per se

1. « (...) et ideo ex tali contingente potest ostendi aliquod necessarium, quia ex contingente sequitur necessarium, licet non e contra. » *Lectura* I, d. 2, n. 56 (éd. vat. XVI, p. 131).

2. Camille Bérubé, *Pour une histoire des preuves de l'existence de Dieu chez Duns Scot*, dans : *Deus et homo ad mentem I. Duns Scoti*, Rome 1972, p. 23.

3. Cf. Ioannes Duns Scotus, *Reportata IA*, éd. A.B Wolter, M. McCord Adams, dans : *Duns Scotus' Parisian Proof for the Existence of God*, dans : *Franciscan Studies* 42 (1982), p. 248-321, qui comprend seulement l'édition de quatre questions accompagnées d'une traduction anglaise. A. B. Wolter travaille actuellement sur l'ensemble de la *reportatio IA :* cinq manuscrits de cette reportation parisienne revue par Scot lui-même, qui contient en réalité une combinaison de deux enseignements, et qui ne doit pas être confondue avec la *reportatio I*, beaucoup plus courte, retenue dans l'édition de Wadding : maintenant qu'on sait que, au lieu d'éditer la *reportatio* longue revue par Scot, Wadding s'est appuyé sur la brève *reportatio* laissée par Guillaume d'Alnwick, A. B. Wolter cherche depuis plusieurs années à combler cette lacune en fournissant un texte fidèle de la plus authentique pensée de Scot au temps de ses deux séjours parisiens.

nota; igitur potest de Deo a nobis cognosci demonstratione 'quia' in qua sumitur praemissa ab effectu »[1]. Dans cet ouvrage, Scot explique clairement la différence entre une preuve qui part de la contingence (*de inesse*) et une preuve qui se déroule dans l'ordre de la nécessité (*de possibili*)[2]. Mais c'est la *reportatio examinata* qui présente bien sûr un meilleur développement des preuves de l'existence de Dieu. Le point le plus saillant tient certainement dans la volonté explicite de Duns Scot de présenter un ensemble organique, synthétisant des éléments encore épars dans la *Lectura :* « The most obvious difference between the Paris formulation of Scotus' proof for the existence of an infinite being and the earlier versions of the *Lectura* and 'Liber Scoti' is the closely knit way the elements of the proof are woven into an organic whole »[3]. Il est probable que c'est après avoir retouché son *Commentaire des Sentences* sur ce point, que Scot a perçu la nécessité de réorganiser l'ensemble des éléments de sa preuve. De surcroît, on trouve une explication très claire des deux manières dont on peut conduire une preuve de l'existence de Dieu *de inesse* ou *de possibili*,[4] passage très utile pour la compréhension du *De primo principio*[5].

3. *Ordinatio* (éd. vaticane en cours, vol. I-VII; *Opus oxoniense*, éd. Wadding, vol. V-X; éd. Vivès, vol. 8-21)

Une *ordinatio* est une mise en ordre définitive du *Commentaire des Sentences* que le maître assurait lui-même en le destinant à la diffusion. Il s'agit du texte le mieux à même d'assurer une ample connaissance de la pensée de Duns Scot, dont on regrette qu'il soit resté inachevé. Les versions du commentaire témoignent de l'évolution du genre littéraire, où le strict commentaire fait progressivement place à une série de questions sur les *Sentences*, qui se donnent plus de liberté à l'égard du texte du Lombard : il ne s'agit donc pas d'une glose sur les *Sentences*, mais d'un ensemble de questions qui insistent moins sur le texte à commenter que sur les sujets à traiter; d'où l'originalité des solutions apportées à des thèmes philosophiques ou théologiques de première importance, ordonnés de façon rationnelle. Le *De primo principio* reprend littéralement des passages de l'*Ordinatio*, notamment au livre I, dist. 2, q. 1 ; dist. 8, q. 1, et dist. 3, q. 2.

1. *Reportata parisiensia* I, d. 2, q. 2, n. 2 (Vivès, vol. 22, p. 63).
2. *Ibid.*, n. 7.
3. A.B Wolter, M. McCord Adams, *Duns Scotus' Parisian Proof for the Existence of God*, dans : *Franciscan Studies* 42 (1982), p. 250.
4. Jean Duns Scot, *Reportatio 1A*, n. 12, *Ibid.*, p. 266-267.
5. Cf. aussi *Reportata Parisiensia I, d. 3, q. 2* et *I, d. 2, q. 3, n. 63-68*, dans : Vladimir Richter, *Duns Scotus' Texte zum Gottesbeweis. Text- und literarkritische Untersuchung*, dans : *Zeitschrift für katholische Theologie* 110 (1988), p. 60-65.

Pour la partie de l'œuvre encore indisponible en édition critique, il faut se référer à l'ancienne édition du *Commentaire des Sentences*, appelé *Opus oxoniense*, lequel est constitué par un ensemble de textes certainement authentiques, mais d'origines diverses; le résultat en est que cet ouvrage disponible présente une œuvre qui n'a jamais écrite par Scot (éd. Wadding, vol. V-X; éd. Vivès, vol. 8-21).

Le *Prologue* de l'*Ordinatio* est désormais disponible en traduction française (édition bilingue): Jean Duns Scot, *Prologue de l'« Ordinatio »*, Présentation et traduction annotée de Gérard Sondag, Paris 1996[1].

B. *Les commentaires philosophiques*

Les œuvres philosophiques de Duns Scot, dont les commentaires de logique sont considérés comme des œuvres de jeunesse, sont en cours de publication à l'Université St. Bonaventure; certaines d'entre elles font de surcroît l'objet d'une traduction anglaise.

1. *Super universalia Porphyrii quaestiones (ou Quaestiones in Librum Porphyrii Isagoge)* (éd. Wadding, vol. I; éd. Vivès, vol. 1; éd. R. Andrews, G. Etzkorn, G. Gàl, R. Gre, T. Noone, R. Wood, St. Bonaventure 1999)

Dans cet ouvrage, Scot aborde les questions classiques. Après avoir montré que la logique est une science, il explique pour quelle raison elle est ordonnée au syllogisme comme à son but. Avec l'*Isagoge* de Porphyre, Scot est forcément contraint d'aborder la question de l'universel, en montrant que l'universel est un *ens :* du fait qu'il est impossible de comprendre quoi que ce soit sous la raison formelle de non-être, on en conclut que tout ce qui est pensé est forcément universel. Après y avoir traité du genre, de l'espèce

1. Différents extraits de l'*Ordinatio* peuvent être lus en traduction française, notamment *Ordinatio* I, d. 3, p. 1 ; *Ordinatio* I, d. 8, p. 1, ainsi que *collatio 24*, dans : Jean Duns Scot, *Sur la connaissance de Dieu et l'univocité de l'étant*, trad. O. Boulnois, Paris 1988. Jean Duns Scot, *Commentaire du premier livre des 'Sentences' d. 3, p. 3, q. 1-2*, trad. A. de Muralt, dans : *Philosophes médiévaux des XIIIe et XIVe siècles*, éd. R. Imbach-M.-H. Méléard, Paris 1986, p. 167-206. *Ordinatio* I, d. 3, p. 3, q. 1-4, dans : Jean Duns Scot, *L'Image*, trad. G. Sondag, Paris 1993. *Ordinatio* I, d. 42-44, dans : Jean Duns Scot, *Contingences et alternatives*, trad. O. Boulnois, dans : *La puissance et son ombre, de Pierre Lombard à Luther*, Paris 1994. *Ordinatio* II, d. 3, p. 1, dans : Jean Duns Scot, *Le Principe d'individuation*, trad. G. Sondag, Paris 1992. *Opus oxoniense* II, d. 12, dans : A. de Muralt, *Signification et portée de la pensée de Jean Duns Scot*, dans : *Studia philosophica* 29 (1969), p. 113-149. *Opus oxoniense* IV, d. 11, q. 3 et II, d. 16, q. un., dans : A. de Muralt, *Pluralité des formes et unité de l'être*, dans : *Studia philosophica* 34 (1974), p. 57-92. On trouvera quelques compléments d'information dans Rolf Schönberger und Brigitte Kible, *Repertorium edierter Texte des Mittelalters, aus dem Bereich der Philosophie und angrenzender Gebiete*, Berlin 1994.

et du prédicable, Scot pose par exemple la question suivante : est-il vrai de dire que Socrate vieillard est différent de Socrate enfant (q. 24) ? C'est donc la permanence de l'universel qui constitue le thème principal de ces questions de logique.

2. *In librum Praedicamentorum quaestiones* (ou *Quaestiones super Praedicamenta Aristotelis* (éd. Wadding, vol. I ; éd. Vivès, vol. 1 ; le texte a été publié récemment dans le même volume que les *Quaestiones in Librum Prophyrii Isagoge*, éd. R. Andrews, G. Etzkorn, G. Gàl, R. Gre, T. Noone, R. Wood, St. Bonaventure 1999)

Dans cet ouvrage, plusieurs discussions touchent aux fondements de la logique. En demandant par exemple à la q. 11 s'il n'existe que dix genres suprêmes (*decem generalissima*), Scot souligne qu'il n'y en a bien que dix, dont la distinction tient moins à un critère logique qu'à l'essence même des choses.

3. *Quaestiones in I et II librum Perihermeneias Aristotelis* (éd. Wadding, vol. I ; éd. Vivès, vol. 1 ; nouvelle édition en cours)

Ces questions constituent un ensemble plus court que les précédentes. On y pose par exemple la question logique classique : « *Utrum haec sit vera : 'Caesar est homo', Caesare non existente* ».

4. *In duos libros Perihermeneias, operis secundi, quod appellant quaestiones octo* (éd. Wadding, vol. I ; Vivès, vol. 1 ; nouvelle édition en cours)

L'ouvrage est très bref, mais, parlant du *Perihermeneias*, il mentionne par exemple à la q. 7 la difficile question des futurs contingents : « *An propositio de futuro sit determinata vera, vel falsa* ».

5. *In libros Elenchorum quaestiones* (éd. Wadding, vol. I ; Vivès, vol. 2 ; nouvelle édition en cours)

Ce texte un peu plus long constitue une étude sur l'art sophistique, le sens des termes équivoques ou la structure de certains paralogismes. On y trouve les questions type de la logique qui préoccupera la pensée et la logique modale du XIVe siècle, par exemple les q. 27-28 : « *Utrum haec propositio : 'sedentem ambulare est possibile', sit vera in sensu divisionis* » ou « *Utrum sit vera in sensu compositionis.* » Un intéressant problème logique est soulevé à la q. 53 : « *Utrum incipiens sic loqui : 'Ego dico falsum' sit simpliciter verus in dicendo* ».

6. *Quaestiones super libros Aristotelis De anima* (éd. Wadding, vol. II; Vivès, vol. 3)

On ne sait exactement juger de l'authenticité de ces vingt-trois questions, dont la rédaction porte la marque du scotiste Antoine Andrée. Les thèmes abordés sont variés. On y trouve une étude soignée du sens du toucher, et une discussion des affirmations célèbres du *Traité de l'âme*, comme à la q. 5 qui demande si le sens est le réceptacle des *species* sans la matière, ou à la q. 6 qui s'interroge sur la nécessité de poser un sens commun. Les réponses sont souvent classiques, comme à la q. 11 où Scot demande si les corps célestes peuvent agir sur notre intellect ou notre volonté : il répond bien sûr qu'il n'est pas possible que des corps matériels influent directement sur des facultés spirituelles, mais qu'ils peuvent le faire par le truchement des images (*mediante phantasmate*). Scot ne peut faire l'économie des grandes discussions sur le livre III du *Traité de l'âme*, comme à la q. 13 : « *Utrum de intentione Philosophi fuerit ponere intellectum agentem aliquid animae nostrae, vel potius substantiam separatam* »; Scot insistera sur le fait que l'intellect agent et l'intellect patient ne sont pas distincts réellement. On y trouve aussi la preuve de l'immatérialité de l'intellect (q. 15), et la question de la connaissance intellectuelle du singulier (q. 22). Quand il demande à la q. 21 quel est l'objet de notre intellect, Scot montre que ce n'est ni Dieu, ni la substance, ni le vrai qui en sont l'objet, mais l'*ens* univoquement attribuable à la substance et aux accidents.

7. *Quaestiones [subtilissimae] super libros Metaphysicorum Aristotelis* (éd. Wadding, vol. IV; Vivès, vol. 7; nouvelle édition en deux volumes par R. Andrews, G. Etzkorn, G. Gàl, R. Gre, F. Kelley, G. Marcil, T. Noone, R. Wood, St Bonaventure 1997)

Ce commentaire constitue une œuvre très vaste que Duns Scot a divisée en questions tout en suivant les douze livres de la *Métaphysique* d'Aristote; il y manque les questions sur le livre XI. Comme dans le *Commentaire des Sentences*, le genre littéraire des questions permet à l'auteur de se détacher du simple commentaire littéral et de faire œuvre plus originale.

Dans l'importante q. 1 du livre I, Scot récuse la position d'Averroès qui soutenait que l'objet de la métaphysique, ce sont les substances séparées, Dieu et les intelligences, et il montre que Dieu ne peut être connu *a priori*. Scot se rattache donc, avec bien des nuances, à la position d'Avicenne, pour qui l'objet de la métaphysique est constitué par l'être en tant que tel : « *Alia est opinio Avicennae, 1. Met. c. 1. quod primum subjectum hujus scientiae est ens inquantum ens*»[1].

Il est probable que les livres I-IV aient été écrits avant l'*Ordinatio*. Quant aux livres V-IX, ils pourraient peut-être constituer la dernière œuvre de Scot. Il existe désormais une traduction anglaise de cet important ouvrage: *Questions on the Metaphysics of Aristotle by John Duns Scotus*, trad. G. Etzkorn et A. Wolter, (2 vol.), St. Bonaventure 1997-1998.

C. *Divers*

1. *Collationes seu disputationes subtilissimae* (éd. Wadding, vol. III; Vivès, vol. 5)

Les *collationes* sont en général des conférences qui entraient dans les attributions d'un maître régent, lequel devait enseigner (c'est la *lectio*), débattre (*disputatio*) et prêcher (voilà l'origine de la *collatio*). Dans notre cas, les *collationes* ne sont pas des sermons, mais des sortes de questions disputées, qu'il faut probablement rattacher au temps où Scot était régent à Paris.

Les trente-neuf *collationes* n'ont guère été utilisées dans le passé, notamment parce que leur leçon était gravement défectueuse, comme le rappelle L. Wadding. Elles mériteraient aujourd'hui plus d'attention de la part des médiévistes, du fait que de nombreux thèmes de grande actualité y sont abordés, comme la question du mode d'opération de notre intellect.

En particulier, la question consacrée à la volonté et à son mode d'exercice y est largement débattue, où la thèse si traditionnellement franciscaine de l'activité par soi de la volonté impose à l'auteur de présenter d'une nouvelle manière le mode d'amour librement consenti dans la vision béatifique: « *Utrum voluntas informata charitate possit non velle Deum visum per essentiam in patria* » (q. 15), « *Utrum voluntas per aliquid aliud a se, ut per habitum gratiae et gloriae, possit necessitari, ut possit non velle finem ultimum sibi ostensum* » (q. 18). Suivent des questions proprement théologiques, sur les Personnes de la Trinité, la connaissance divine ou, bien sûr, le statut de la théologie: « *Utrum theologia sit practica vel speculativa* » (q. 30).

1. *In Met.*, I, q. 1, n. 21 (Vivès, vol. 7, p. 21). Duns Scot insiste sur l'idée que la métaphysique ne reçoit son objet d'aucune autre science, et qu'elle est en ce sens une science première: «(…) sciendum, quod Avicenna et Averroes habent hanc propositionem communem, nulla scientia probat suum subjectum esse. (…) Contra primum istorum arguitur sic: Scientia *quia*, demonstrat suum subjectum esse, quia per effectum demonstratur aliquid de causa sic; ex hoc enim quod effectus non potest esse sine tali conditione in causa, effectus non potest esse sine causa causae; ergo causa est.» *In Met.*, I, q. 1, n. 34 (Vivès, vol. 7, p. 28).

2. *Quaestio quodlibetalis* (éd. Wadding, vol. XII; Vivès, vol. 25-26; *Cuestiones cuodlibetales*, éd. F. Alluntis, Madrid 1968)

Les questions quodlibétales constituent par excellence l'acte réservé au maître, lequel s'engageait deux fois par année à débattre d'un sujet quelconque (*de quolibet*) proposé par n'importe qui (*a quolibet*). On imagine que Scot a tenu une question quodlibétale à Paris durant sa régence. Les différentes questions théologiques qui composent ce quodlibet sont forcément variées : elles portent par exemple sur la relation d'origine dans la Trinité, sur l'ange (q. 9), l'eucharistie (q. 10), le Christ (q. 19), sur l'impossibilité pour l'âme de connaître naturellement la Trinité des Personnes (q. 14) ou la liberté de la volonté et la nécessité naturelle (q. 16). La q. 7 demande si la raison humaine est capable par elle-même de démontrer la toute-puissance divine; on sait que c'est là une question plusieurs fois évoquée par Scot qui répond qu'on ne peut le démontrer ni par une démonstration *propter quid* ni par une démonstration *quia*, et que les philosophes ont même tenu la thèse contraire[1].

3. *Theoremata*[2] (éd. Wadding, vol. III; Vivès vol. 5; nouvelle édition en cours)

Les *Theoremata* se présentent comme un traité dont les commentateurs assurent qu'il est extrêmement utile (*utilissimus*) pour qui veut acquérir quelque science spéculative que ce soit. Le traité contient en effet les règles principales ou les principes indispensables à l'acquisition de la vérité, dont Duns Scot fait explicitement ou implicitement usage dans ses œuvres. L'authenticité de cette systématisation de plusieurs thèmes sous forme de traité a été âprement discutée, notamment parce qu'aucun manuscrit n'attribue cet écrit à Scot. Il est néanmoins généralement considéré comme représentant l'authentique pensée du maître, même s'il devait ne pas être de sa main.

Chacun des « théorèmes » se réduit en général à l'énoncé d'une thèse suivie d'une brève explicitation. Le *theorema primum* se contente de dire par exemple que l'intelligible précède par nature l'intellection, car la passion présuppose l'agent. Le *theorema III* affirme que nous pensons en premier lieu l'universel. L'argumentation en faveur de cette thèse est assez inattendue : considérons les enfants, dit Scot; ils appellent 'père' tous les hommes, qu'ils distinguent évidemment des animaux. Ce n'est que par après

1. Il existe notamment une traduction anglaise de cet ouvrage : F. Alluntis – A. Wolter, *God and creatures. The quodlibetal questions*, Princeton 1975.

2. Le titre complet est le suivant : *Theoremata subtilissima ad omnes scientias speculativas, physicam et theologiam maxime necessaria*. Le texte édité par Wadding est accompagné d'un commentaire de Maurice du Port.

qu'ils distingueront tel homme, le reconnaissant comme leur père, et ne le confondant pas avec tel autre; l'enfant conçoit donc 'homme' avant de penser 'cet homme-ci'.

Le *theorema IV* souligne le réalisme scotiste pour lequel à chaque concept universel correspond dans la chose même une certaine entité. D'autres « théorèmes » analysent plus en détail la question difficile de l'universel (t. V, VI, VII) et de l'ordre des concepts, dont certains sont réductibles à d'autres concepts eux-mêmes irréductibles (*simpliciter simplices*). Tous ces « théorèmes » sont agencés de manière telle que les suivants s'appuient sur les précédents et les présupposent.

Les *theoremata XIV-XVI*, dont on avait cru à tort qu'ils constituaient le traité *De creditis*, montrent par le même type d'affirmations rapides et peu développées, que certains attributs de Dieu ne sauraient être démontrés. On ne peut prouver par exemple que Dieu veut ou connaît autre chose que lui-même (*theorema XIV, prop. 5*). Suit une liste de thèses que la raison humaine est incapable de prouver par elle-même : la production des Personnes divines, la circumincession des Personnes, la naissance de l'homme entachée par la transmission du péché originel, la nécessité de l'Incarnation, les sacrements, l'importance du baptême etc. De façon très surprenante, Scot affirme qu'on ne peut prouver l'immortalité de l'âme (« *Non potest probari animam rationalem esse immortalem* »), ni que Dieu soit doté d'intelligence et de volonté (ce que le *De primo principio* soutient pourtant).

Le *theorema XV* souligne, sans développement, qu'il existe un ordre essentiel entre tous les genres de causes, et qu'on peut dès lors remonter jusqu'à l'existence d'une première cause efficiente. Sans aucun doute, seul le *De primo principio* et les trois versions du *Commentaire des Sentences* peuvent donner l'intelligence de telles affirmations, mais le *theorema XVI* indique que ces thèses ne sont pas rigoureusement démontrables. Il semblerait, aux dires du commentateur Maurice du Port qui se trouve emprunté face à de telles affirmations, que Scot n'ait pas pour autant voulu exclure toute démonstration.

Les dernières propositions (*theoremata XVII-XXII*) traitent de divers objets : des causes, de l'agent principal ou instrumental, de la fin, de la matière, de la forme, du rapport entre la cause et l'effet, des agents naturels ou volontaires, de la nécessité et de la contingence dans les causes, comme le *theorema XXII*, § 11 : « *Agens non necessarium simpliciter, etiam quando agit, non necessario agit nisi in sensu composito* ».

On a pu penser que ces *Theoremata* furent écrits après le *De primo principio*, mais avant les *Questions sur la Métaphysique*, et l'on a imaginé que le *Tractatus de creditis*, annoncé par Scot dans le *De primo principio*[1] se référait à ces *Theoremata XIV-XVI*. Or une simple lecture du texte montre clairement qu'il n'en est rien ; c'est pourquoi on considère aujourd'hui que l'ouvrage est antérieur au *Tractatus de primo principio*.

4. *Tractatus de primo principio*

Si la métaphysique joue un rôle décisif dans l'élaboration de la théologie, c'est que la première établit l'existence de l'objet de la seconde. Aussi le *Traité du premier principe* se présente-t-il comme une entité autonome. Certes, les preuves de l'existence de Dieu qu'on y découvre dans les chapitres 3 et 4 sont reprises littéralement des divers *Commentaires des Sentences*, notamment des distinctions 2, 3 et 8 du premier livre de l'*Ordinatio*[2]. Plus exactement, le *Traité* s'inspire directement de l'*Ordinatio* et donc indirectement de la *Lectura* qui en est l'origine. Si l'on y regarde de plus près encore, on constatera que le 50% du traité est une production originale qui ne se lit nulle part ailleurs, que le 7% est constitué par des prières dont la fonction exacte n'a pas encore été clairement établie[3], mais que le 43% de l'ouvrage se lit déjà dans l'*Ordinatio :* 33% du traité est en effet repris littéralement de *Ord. I, dist. 2, p. 1, q. 1*, dont Scot a seulement laissé tomber les arguments *pro et contra*, les 10% restant étant empruntés pour ainsi dire littéralement à *Ord. I, dist. 8, p. 1, q. 1* et *Ord. I, dist. 3, p. 1, q. 2*.

Ce n'est donc pas dans l'argumentation que réside l'intérêt ou l'originalité du *Traité*. Voici seulement que Duns Scot, avec l'aide d'un scribe probablement, entreprend de ramasser ses premières preuves présentées à Oxford, celles mêmes qu'il venait de mettre au clair dans l'*Ordinatio*, et qu'il décide de les faire tenir en un traité indépendant : elles y trouveront dès lors un cadre original et nouveau, puisque Scot les fait précéder de deux chapitres indispensables à l'unité de l'ensemble. Ces chapitres 1 et 2 du traité sont en effet tout à fait originaux et ne se lisent nulle part ailleurs. C'est donc bien dans cette mise en forme nouvelle que réside l'intérêt majeur du traité : en les insérant dans un ensemble original et un traité organique, Scot donne une signification inédite à ses preuves.

La question consiste donc moins à déterminer ce qui a varié dans le détail de l'argumentation au long de la vie de Scot[4], qu'à interroger le cadre dans lequel elles s'insèrent : pourquoi donc Scot

1. *De primo principio*, chap. 4, § 23.
2. Cf. C. Balić, *Disquisitio historico-critica*, editio vaticana, vol. I, 1950, p. 161*-162*.
3. Cf. les remarques prospectives de Ruedi Imbach dans l'Avant-propos.
4. Cf. C. Bérubé, *Pour une histoire des preuves de l'existence de Dieu* (1972), p. 17-46.

harmonise-t-il de façon si concise l'essentiel de sa métaphysique en ces deux chapitres introductifs de si magistrale facture que l'on peut aisément y découvrir les axes majeurs de sa « métaphysique quidditative » ?[1] C'est probablement qu'il a décidé de faire tenir en un petit volume[2] les intuitions de sa métaphysique et assurer de la sorte les conditions de possibilité d'une théologie scientifique : du point de départ, constitué par une analyse de l'être, jusqu'au point d'arrivée où se trouve assurée la preuve de l'existence d'un être infini,[3] Duns Scot compose un traité selon un ordre rigoureux et une perspective exclusivement rationnelle. Son option métaphysique trouve ainsi sa justification,[4] puisqu'elle s'achève avec la connaissance d'un être infini, concept pivot introduisant à la théologie. On pense que Scot avait envisagé un second traité de même facture, qu'il annonce, mais n'a vraisemblablement jamais écrit, un *Tractatus de creditis* qui aurait dû constituer le pendant théologique de notre traité philosophique : « Outre ce qui a été dit précédemment et qui a été affirmé de toi par les philosophes, souvent les catholiques te louent comme tout-puissant, incommensurable, partout présent, juste et miséricordieux, pourvoyant à toutes les créatures et spécialement aux créatures intellectuelles, tout cela est renvoyé à un prochain traité. Dans ce premier traité en effet, j'ai tenté de voir comment, par la raison naturelle, on conclut d'une certaine manière des propositions métaphysiques à ton sujet. Dans le suivant, on posera les articles de foi, devant lesquels la raison est enchaînée, mais qui sont d'autant plus certains aux catholiques qu'ils ne le sont pas pour notre intellect qui voit trouble et qui chancelle fréquemment, mais qui s'appuient fermement sur ta vérité très solide »[5].

1. Cf. Robert P. Prentice, *The Basic Quidditative Metaphysics of John Duns Scotus as Seen in his « De Primo Principio »*, Rome 1970.

2. Sur l'unité du *Traité*, cf. W. Kluxen, *Welterfahrung und Gottesbeweis* (1972), p. 51-53.

3. « Damit ist der Grundbegriff der eigentlichen Theologie erreicht, von dem her diese ihre Gotteslehre aufbaut. So wird in *einem* Zuge die metaphysische Gotteslehre von ihrer Basis bis hin zu dem höchsten Punkte geführt, an dem sie an die Theologie anrührt. » Wolfgang Kluxen, *Einleitung*, dans : Johannes Duns Scotus, *Abhandlung über das erste Prinzip*, Darmstadt 1974, p. XVI.

4. Selon L. Honnefelder, les déterminations modales de l'être (c'est-à-dire les couples disjonctifs : possibilité-réalité, contingence-nécessité, fini-infini) explicitent le sens ultime de l'être. Mais Scot n'a jamais systématisé sa métaphysique. En revanche le *De primo principio* serait le seul traité qui tente une telle systématisation au travers des preuves de l'existence de Dieu : « Bestätigt wird dieser Zusammenhang durch den Gottesbeweis, den Scotus als einziges Stück seiner Metaphysik in einer eigenen Abhandlung – dem dargelegten Verständnis der Metaphysik entsprechend – die Systematik der gesammten Metaphysik zum Ausdruck kommt. » L. Honnefelder, *Scientia transcendens* (1990), p. XIX ; cf. p. 158-189.

5. Jean Duns Scot, *Traité du premier principe*, chap. 4, § 93.

Si l'on songe qu'on ne connaît guère que les livres VII-IX des *Questions sur la Métaphysique* qui portent la trace de révisions postérieures à *l'Ordinatio*, on ne se trompe donc pas en disant que le *De primo principio* constitue l'une des dernières œuvres de Scot,[1] dont le peaufinage n'aurait pas pu être mené à terme. Reste que l'étalonnage de l'ensemble des écrits scotistes s'avère toujours un exercice périlleux, et qu'on ne sait rien des conditions ni des buts avoués de la rédaction du traité. Ne pourrait-on soupçonner néanmoins que, *lector principalis* au couvent franciscain de Cologne qui comptait alors quelque trois cents frères, Duns Scot y ait conçu une synthèse qui fasse l'économie des trop longs et fastidieux *Commentaires des Sentences* qu'un tel studium n'avait pas pour tâche première de produire ? Tout se passe comme si l'on se fatiguait peu à peu des vastes commentaires, et que le besoin de plus courts traités se faisait sentir un peu partout. Les auteurs contemporains, tels Thierry de Freiberg ou François de Meyronnes, ne témoignent-ils pas eux aussi de ce goût naissant pour le genre littéraire du *Tractatus ?*

4. Orientation des preuves scotistes de l'existence de Dieu

Les différentes preuves de l'existence de Dieu au Moyen Âge ont oscillé entre deux extrêmes. D'une part la preuve anselmienne, dévoilant l'existence de Dieu a priori, par voie de nécessité à partir de la simple analyse conceptuelle de « ce dont on ne peut rien penser de plus grand » ; d'autre part, la preuve physique, telle qu'on en trouve une première ébauche au livre VIII de la *Physique* d'Aristote, preuve a posteriori qui utilise le principe de causalité pour remonter des choses en mouvement jusqu'au premier moteur immobile. Jean Duns Scot s'emploie à concilier les atouts de chacune des deux voies : sa démonstration se développera suivant la nécessité des propositions scientifiques d'une part, tout en conservant d'autre part le point d'ancrage réaliste assuré par les choses données dans l'expérience. Il évitera du même coup le défaut d'une voie anselmienne vidée de toute réalité, et celui d'une preuve physique, trop empirique pour élever l'esprit jusqu'à l'existence d'un être nécessaire.

Qu'il soit clair une nouvelle fois que la singularité de Dieu, dans sa réalité trinitaire, cette essence-là (*haec essentia*) n'est pas connue par nos forces naturelles, car une telle essence singulière n'est immédiatement

1. Cf. les arguments convaincants de W. Kluxen, *Einleitung* (1974), p. XVI-XVII.

connaissable que pour un esprit qui lui serait totalement adéquat, à savoir Dieu lui-même : « Dieu seul est connu naturellement de lui seul »[1]. Nous autres humains devons nous contenter d'un concept commun, celui d'être infini, qui « est le concept le plus parfait que nous pouvons avoir de ce qui est en soi le sujet premier de la théologie »[2]. Autrement dit, Dieu ne sera vu ou saisi par un intellect créé qu'à condition qu'il veuille bien se révéler à lui de façon libre et volontaire (*mere voluntarie*) ; tel est l'ordre de la grâce et de la gratuité qui, parce qu'il échappe à la considération de la philosophie naturelle, ne nous concerne pas ici.

Si donc l'être humain possédait un concept de Dieu qui soit sujet de la proposition « Dieu est », cette dernière serait évidente par soi, puisqu'une proposition est évidente sitôt ses termes connus. Mais pour qu'une telle proposition soit immédiatement connue dans sa vérité, il faudrait que ses termes le soient pour nous, notamment « l'essence divine en tant que singulière ». Or nous ne pouvons penser ce terme « Dieu », puisque seul celui d'« être infini » nous est accessible, qui n'autorise pas à poser aussitôt que « l'être infini est ». Loin d'être évidente, cette dernière proposition doit au contraire faire l'objet d'une démonstration, celle qui compose le *Traité du premier principe*. La preuve anselmienne sera ainsi écartée par Duns Scot, car même si la proposition « Dieu est » est évidente en elle-même, notre esprit ne parvient aucunement à se hisser à la hauteur d'une telle évidence : une démonstration s'avère un pis-aller indispensable : « La proposition 'Dieu est' est connue par soi mais nous est inaccessible tandis que la proposition 'l'être infini est' est accessible mais a besoin d'être prouvée. »[3] Aussi l'argument de saint Anselme ne sera-t-il d'aucun secours pour conduire l'esprit humain jusqu'à l'existence de l'être premier.

Nous voilà donc acculés à démontrer l'existence de Dieu en partant du monde qui nous entoure afin de gravir l'ordre des causes jusqu'à nous arrêter à l'existence d'un être premier. Est-ce à dire qu'Aristote avait raison, et avec lui Thomas d'Aquin dans la première des cinq voies prouvant l'existence d'un premier moteur ?[4] Le refus de la preuve anselmienne nous renvoie-t-il à la preuve physique qui constitue l'autre

1. « Solus Deus est sibi soli naturaliter notus. » Jean Duns Scot, *Ordinatio*, *Prol.*, p. 3, q. 3, n. 152 (éd. vat. I, p. 103 ; traduction française, p. 209).

2. Jean Duns Scot, *Ordinatio*, *Prol.*, p. 3, q. 3, n. 168 (éd. vat. I, p. 111 ; traduction française, p. 221).

3. Olivier Boulnois, *Preuve de Dieu et structure de la métaphysique selon Duns Scot*, dans : *Jean Duns Scot et la métaphysique classique*, dans : *Revue des sciences philosophiques et théologiques* 83 (1999), p. 44-45. Cf. Allan B. Wolter, *Duns Scotus and the Existence and Nature of God*, dans : *The Philosophical Theology of John Duns Scotus* (1990), p. 255-277.

4. Cf. Aristote, *Physique* VIII, 4-5, 254b7-256a31 ; Thomas d'Aquin, *Somme de théologie* I, q. 2, a. 3.

extrême de l'oscillation des démonstrations de l'existence de Dieu? Plus que Thomas d'Aquin, c'est Averroès[1] que Duns Scot considère comme le représentant de cette voie par le mouvement. En effet, le philosophe arabe avait suivi un principe méthodologique aristotélicien selon lequel jamais une science ne peut prouver l'existence de son objet. La métaphysique, entendue comme théologie philosophique qui traite des substances séparées, voit donc l'existence de son objet établie par une autre science : la physique[2]. Pour Averroès il est en effet « impossible de montrer l'existence de quelque chose de séparé autrement que par le mouvement, et toutes les voies que l'on prétend conduire à l'existence du premier moteur hors de la voie du mouvement sont pareillement insuffisantes »[3].

Jean Duns Scot n'opposera aucun refus catégorique à une telle démonstration, mais celle-ci lui paraît trop factuelle et contingente pour satisfaire aux exigences de nécessité dont se nourrit l'esprit humain. Il aurait certes pu lui aussi conduire ses preuves en partant de l'observation du mouvement des choses contingentes, puis remonter dans l'ordre de l'efficience jusqu'à un premier moteur immobile; cette démarche n'est pas sans valeur, elle est même « très manifeste » et plus immédiatement accessible que d'autres, mais n'étant pas « nécessaire », elle ne satisfait pas à la visée métaphysique : une preuve physique ne permet pas d'atteindre par voie de nécessité celui qui est nécessairement. Sans être rejetée par Scot, elle se voit relativisée et laissée à ceux qui en veulent bien. Lui, préfère la voie métaphysique.

Ce faisant, Duns Scot se rattache explicitement à une troisième tradition, renvoyant dos à dos saint Anselme et Averroès. Comme souvent dans sa philosophie, c'est Avicenne qui en dessine les grandes avenues[4]. Pour assurer la réalité du premier principe, dit Avicenne, « nous suivons un cheminement, non par la voie qui part de l'expérience des choses sensibles,

1. Sur les difficultés à donner une forme historique à la pensée d'Averroès, cf. Alain de Libera, *Introduction*, dans : Averroès, *L'intelligence et la pensée. Grand Commentaire du 'De anima', Livre III*, Paris 1998.

2. Cf. Jean Duns Scot, *Ordinatio*, *Prol.*, p. 3, q. 2, n. 136.

3. Averroès, *In Aristotelis metaphysicam* XII, comm. 5, Venise 1560, p. 317CD; traduit dans O. Boulnois, *Être et représentation* (1999), p. 331.

4. Cf. É. Gilson, *Jean Duns Scot* (1952), *passim*. On a relevé que Duns Scot modifiera progressivement la conception de l'essence reçue d'Avicenne, pour lui donner une tournure plus existentielle; cf. C. Bérubé, *Pour une histoire des preuves de l'existence de Dieu* (1972), p. 25-27, et p. 44-45 : « Le fait dominant, dans l'histoire des preuves de l'existence de Dieu chez Duns Scot, c'est l'admission, au point de départ et sous l'influence conjuguée d'Henri de Gand et d'Avicenne, de la puissance réelle métaphysique de l'essence du possible (...). » Cette option sera mise en question puis récusée dès la *Lectura*. Reste que la question de l'évolution de la pensée de Scot dépend de l'état de notre connaissance de la chronologie des œuvres authentiques.

mais par la voie de propositions universelles et intelligibles, connues par soi, laquelle voie rend nécessaire que l'être ait un principe – l'être nécessaire –, interdit d'en faire un être changeant et en quelque manière multiple, et implique qu'il soit le principe de toute chose »[1]. Contre saint Anselme et contre Averroès, refusant à la fois un argument purement a priori et une preuve physique fragilisée parce qu'elle ne quitte pas la simple contingence, Jean Duns Scot suivra Avicenne dans une démonstration proprement métaphysique susceptible d'atteindre, au-delà d'un premier moteur, le principe absolument premier et origine de toute chose.

Dans cet exercice périlleux, Duns Scot pouvait compter aussi sur des penseurs chrétiens ayant eux-mêmes pratiqué cette troisième voie. L'historiographie récente[2] a en effet montré que, pour comprendre Duns Scot, ce n'est pas à Thomas d'Aquin qu'il fallait le mesurer, mais au grand théologien séculier de l'Université de Paris, maître régent de 1276 à 1293 : Henri de Gand. Pour Henri de Gand également il n'existe pas de preuve valable de l'existence de Dieu qui ne parte des créatures[3]. Mais une telle démonstration ne doit pas se satisfaire du fait brut de la simple constatation empirique, incapable à jamais de se dégager de la contingence; elle doit certes partir des créatures, mais s'efforcer néanmoins de les saisir dans leur essence intelligible, seule à même de fonder un ensemble de propositions universelles et nécessaires. En dévoilant la substance des créatures, la métaphysique supplante ainsi la physique et saisit l'être des choses par-delà toutes les circonstances qui en conditionnent l'existence contingente. Si la physique conduit à un Dieu conçu comme premier moteur, la métaphysique quant à elle atteint Dieu comme être; c'est le prix à payer pour éviter que le premier principe ne se réduise à un objet parmi d'autres, et c'est à ce projet que se rattache explicitement le *Traité du premier principe*.

1. Avicenna, *Liber de philosophia prima, sive scientia divina* I, 3, éd. S. Van Riet, Leiden 1977, p. 23.

2. Quelques éléments d'historiographie sont proposés par Olivier Boulnois, *Duns Scot. La rigueur de la charité*, Paris 1998, p. 17-21.

3. Cf. Raymond Macken, *L'illumination divine chez Henri de Gand*, dans : *Recherches de théologie ancienne et médiévale* 39 (1972), p. 82-112; *The Metaphysical Proof for the Existence of God in the Philosophy of Henry of Ghent*, dans : *Franziskanische Studien* 68 (1986), p. 247-260; *Henri de Gand et la pénétration d'Avicenne en Occident*, dans : *Philosophie et Culture*, éd. V. Cauchy, vol. III, Montréal 1988, p. 845-850. On trouvera d'autres indications bibliographiques dans : Pasquale Porro, *Enrico di Gand. La via delle proposizioni universali*, Bari 1990; Matthias Laarman, *Deus, primum cognitum. Die Lehre von Gott als dem Ersterkannten des menschlichen Intellekts bei Heinrich von Gent († 1293)*, Münster 1999.

5. UNE MÉTAPHYSIQUE QUIDDITATIVE

Les preuves de l'existence de Dieu ont donc oscillé de saint Anselme à Averroès, chacun d'eux ayant souligné une exigence différente : d'un côté la nécessité que devait comporter une véritable démonstration, de l'autre le réalisme des propositions quand elles partent de l'observation du monde. La gageure consistait donc à concilier la nécessité des propositions universelles et la contingence du monde dont elles étaient issues. N'était-ce pas reformuler un problème épineux qui avait traversé tout le XIIIe siècle soucieux d'articuler rationnellement la nécessité en Dieu avec la contingence du monde créé ? [1] Comme on devait atteindre le premier principe des choses grâce à des propositions nécessaires, il restait à Duns Scot de tenter une conciliation apparemment impossible entre la contingence du monde et les exigences scientifiques. Dans la lignée d'Avicenne et Henri de Gand, Duns Scot se démarque à la fois d'un empirisme scientifiquement stérile et d'un savoir purement analytique, stérile également car ne portant sur aucun objet réel. En recherchant inlassablement cet équilibre à mi-chemin entre l'être en acte contingent et la schématisation rationnelle du pur possible logique, le *Traité du premier principe* développe dès lors une métaphysique originale construite par-delà l'opposition de l'être et du possible ; cette métaphysique quidditative a pour objet ce que Scot appelle le « réel-possible », c'est-à-dire la réalité même de l'être-possible des choses qui existent. De quoi s'agit-il ?

A. *La quiddité*

Le concept d'être, univoque selon Duns Scot, n'a de valeur opératoire que s'il signifie une réalité et non simplement un être de raison ; c'est à cette condition qu'il pourra servir de « point de départ » dans la connaissance de l'être véritable de Dieu. Comment cette réalité émerge-t-elle dans le *De primo principio ?* Une remarque incidente mérite d'être relevée au chapitre 3, où Scot démontre qu'il « existe une nature une absolument première. Voici pourquoi (il) parle d'une nature une, car dans ce troisième

1. Cette difficile question renvoie bien sûr à la condamnation de 1277, en particulier à la thèse 102 (21) selon laquelle « rien n'arrive par hasard, mais tout se produit par nécessité ». Cf. Roland Hissette, *Enquête sur les 219 articles condamnés à Paris le 7 mars 1277*, Louvain-Paris 1977 ; Luca Bianchi, *Il vescovo e i filosofi. La condanna parigina del 1277 e l'evoluzione dell'aristotelismo scolastico*, Bergame 1990, p. 63-105 ; David Piché, *La condamnation parisienne de 1277*, Paris 1999. Pour une première approche historique et doctrinale très utile, cf. Serge-Thomas Bonino, *Éclaircissement sur les divers types de nécessité*, dans : Thomas d'Aquin, *De la vérité, Question 2 (La science en Dieu)*, Fribourg-Paris 1996, p. 586-594.

chapitre, les trois primautés déjà citées [1] ne seront pas montrées d'un unique singulier ou singulier selon nombre[2], mais d'une quiddité ou nature unique» (§ 24). La distinction ici postulée entre unité numérique et unité selon la quiddité, montre que l'unité numérique de tel individu d'une part et l'unité logique d'un simple concept d'autre part sont incapables à elles seules d'expliquer le lien qui unit l'existant à la pensée abstraite; il y faut un troisième type d'unité, réelle mais moindre que l'unité numérique: Scot l'appelle « unité quidditative ».

Que peut bien être cette unité quidditative à mi-chemin entre le réel en acte et l'être de raison, différente de l'unité selon le nombre, mais plus réelle que la simple prédicabilité logique? Scot parle clairement ici d'une « nature » [3] unique. Ce terme de « nature » permet de cibler la métaphysique qui se déploie dans le *Traité*. La nature, dont le concept renvoie à la *natura communis* d'Avicenne, est une sorte d'intermédiaire, distinct de la réalité étudiée par la physique et de la généralité logique produite par la raison. Cette nature ou pure essence des choses constitue l'objet de notre intelligence qui, sans la produire, découvre l'universalité au cœur de la réalité. Même quand elles existent en acte, les choses restent possibles; mieux encore : puisqu'elles existent en acte, elles sont forcément possibles et ne perdent jamais ce caractère essentiel. La nature reste donc à la fois *possible*, c'est-à-dire apte à exister, et *réelle*, car elle n'est pas une production de l'esprit à la manière d'une possibilité logique; elle n'est pas du pur réalisable, mais du possible «en pleine réalité»: la nature essentiellement possible de l'être déjà réalisé[4].

La démarche scotiste se maintiendra sans faiblir sur ce troisième plan, celui de l'être-possible,[5] domaine porteur d'une réalité irréductible à la seule facticité des choses contingentes. Le *Traité du premier principe* utilise un certain nombre de néologismes qui rendent attentif à la réalité originale d'une telle nature à la fois réelle et possible. Si l'on appelle par exemple «effectué» ce qui est produit en acte par une cause efficiente,

1. Au moment où il fait cette remarque, Scot vient en effet de montrer qu'il existe une cause efficiente première, une fin ultime et un être souverainement éminent, donc une entité première dans chacun des trois ordres suivis.

2. L'unité numérique du premier principe sera prouvée tout à la fin du traité: il n'y a qu'un seul Dieu (§ 94).

3. Cf. W. Kluxen, *Welterfahrung und Gottesbeweis* (1972), p. 56-57.

4. « Der Begriff ergreift in (der *natura communis*) das Seiende selbst, – im Modus der Möglichkeit. » Wolfgang Kluxen, *Bedeutung und Funktion der Allgemeinbegriffe in thomistischem und skotistischem Denken*, dans: *De doctrina Ioannis Duns Scoti* (1968), p. 237.

5. L'être, c'est « hoc, cui non repugnat esse. » *Opus oxoniense* IV, d. 8, q. 1, n. 2 (Vivès, vol. 17, p. 7); cf. *Opus oxoniense* IV, d. 1, q. 2, n. 8 (Vivès, vol. 16, p. 108); ou encore : « quod aptum natum est existere » *In Perihermeneias* I, q. 8, n. 9 (Vivès, vol. 1, p. 554).

lorsqu'on l'envisage dans l'ordre quidditatif de la nature, l'effectué devient de l'« effectible ». Il en va de même pour les autres causes aristotéliciennes : le « finible » désigne la nature réellement susceptible d'être visée comme fin, et ainsi du « formable » ou du « matériable ». Voilà pour les effets. Il en va de même pour les causes : la cause efficiente devient de l'« effectif » sitôt qu'on la considère dans son essence de cause ou dans sa réalité toujours possible même lorsqu'elle s'exerce en acte. Si l'on veut, une cause efficiente qui agit reste structurellement marquée par sa faculté essentielle d'agir, sa nature de cause réelle possible; elle reste toujours « *effectivum* ». Ce point est décisif car il constitue le porche d'entrée qui donne accès au *De primo principio*. Le point de départ de la preuve scotiste ne se découvre pas « dans l'*existant* comme tel, mais formellement dans l'*essentiel* donné en lui de fait. Le fait est contingent, mais l'essentiel contient le nécessaire qui assure la nécessité de l'argumentation. »[1] Comme les preuves de l'existence de Dieu se doivent de dépasser les données contingentes pour suivre un discours démonstratif, elles partiront de la nécessité interne d'une nature réelle considérée dans sa pure possibilité : c'est à partir du réalisable, et non du simple réalisé, que se construit la démonstration scotiste.

Pour illustrer cela, considérons la proposition initiale de la preuve par l'efficience : « Quelque nature est effectible » (§ 25). Une telle proposition universelle n'est pas simplement pensée, elle ne se réduit pas à une pure affirmation logique. La « nature effectible » qui sert ici de prémisse n'est pas réductible à un être de raison, car elle présuppose implicitement l'existence en acte d'êtres concrets et de rapports de causalité. Seulement Duns Scot décide de se distancer d'un point d'ancrage exclusivement physique : l'esprit ne se satisfait pas de la production contingente, constatable mais réformable, de l'être concret[2]; il se nourrit de la « productibilité » de l'« effectibilité », bref de ce qui est nécessaire dans ce qui est. Le néologisme « effectible » désigne donc la nuance scotiste de possibilité propre à l'efficience réelle, sans que cette possibilité s'évapore dans la simple logique.

Voilà Duns Scot en équilibre sur une ligne de crête, avec d'un côté les choses individuelles et concrètes, de l'autre les concepts ; entre deux, l'être possible pleinement réel, à mi-chemin entre le réel en acte et le possible logique : « Je dis que le possible logique diffère du réel-possible (...). Le possible logique est un mode de composition produite par l'intellect, dont les termes n'incluent aucune contradiction; ainsi sont dites possibles les

1. Paul Vignaux, *Lire Duns Scot aujourd'hui* (1987), p. 264.

2. La simple constatation empirique du changement est certes un préliminaire de la preuve, mais elle n'est pas encore la prémisse de la démonstration constituée par la proposition : 'quelque nature est effectible'.

propositions suivantes : 'Dieu est' (…). Mais le réel-possible est ce qui est reçu par une puissance réelle (…) »[1]. Le *De primo principio* s'en tient tout au long à l'être quidditatif, appréhendé mais non construit par l'intellect. Il est certes difficile de maintenir cette doctrine d'un être-possible en plein réel, situé par-delà l'ordre logique mais en-deçà du contingent, car l'esprit humain, enclin à tout réifier, risque à tout moment de réduire cette réalité à une chose[2]; si Duns Scot a tellement été considéré comme un philosophe des essences, n'est-ce pas que sa quiddité semble recouvrir très exactement l'essence avicénienne? Même si la parenté est indéniable[3], Duns Scot donne à cette quiddité un statut original : celui d'un être possible en pleine réalité, fondateur du discours scientifique. Autrement dit, c'est la réalité existante qui est à la racine de la possibilité, et non l'inverse : l'intelligible « est productible parce que produit et non produit parce que productible »[4].

B. *L'être et l'ordre essentiel*

Comme tout savoir à prétention scientifique, la métaphysique ne saurait emprunter que des chemins praticables. Son idéal de science consiste à comprendre les réalités par la cause qui les produit, de manière la plus parfaite qui soit, car les causes, selon Aristote, jouent le double rôle de principe d'être et de principe d'explication : « La connaissance par la cause, rappelle Duns Scot, est plus parfaite que la connaissance de la chose en elle-même sans la cause » (§ 71). Hélas, puisqu'une cause ne se donne jamais immédiatement, il faut la rechercher inductivement à partir de l'effet. L'idéal aristotélicien d'une science par les causes n'est possible qu'à condition que l'effet lui-même soit connu auparavant. Comme personne ne jouit d'une expérience immédiate de Dieu, le *Traité du premier principe* suivra forcément l'ordre de la démonstration, en considérant d'abord le monde qui nous entoure pour penser ensuite la cause qui le produit.

Ce qui est donné est donc un effet. Tel est le point d'ancrage réaliste de la riche analyse des rapports de causalité que Duns Scot développe dans le deuxième chapitre du *De primo principio*. Considérant d'emblée le monde en métaphysicien, Scot le pense comme être et s'intéresse aussitôt aux

1. Jean Duns Scot, *Ordinatio*, I, d. 2, p. 2, q. 4, n. 262 (éd. vat. II, p. 282).

2. Duns Scot reconnaît explicitement la difficulté qu'il y a à saisir cette entité *in essentia possibilis*, qu'il réfère à la toute puissance-divine : « Sed de fundamento ejus, qualem entitatem habet antequam existat, difficultas est magna (…). » *In Met.*, IX, q. 2, n. 6 (Vivès, vol. 7, p. 534); cf. L. Honnefelder, *Scientia transcendens* (1990), p. 18.

3. Il faudrait également reconsidérer la position avicénienne souvent présentée comme simple faire-valoir de la pensée scotiste. Pour une nouvelle approche de l'universel chez Avicenne, cf. Alain de Libera, *L'art des généralités. Théories de l'abstraction*, Paris 1999, p. 499-607.

4. C. Bérubé, *Pour une histoire des preuves de l'existence de Dieu* (1972), p. 26.

propriétés de l'être en tant que tel (*passiones entis*), qu'on appelle communément les transcendantaux. Parmi ces propriétés qui s'attribuent à tout être, Duns Scot relègue les transcendantaux traditionnels, tel que le vrai ou le bien, pour mettre l'accent sur les transcendantaux qu'il appelle disjonctifs : si tout ce qui est est vrai ou bon, tout être existe également soit en acte, soit en puissance; dans ce cas, l'acte et la puissance recouvrent la totalité de l'être. Parmi les transcendantaux disjonctifs, Duns Scot en choisit un : l'ordre essentiel (*ordo essentialis*) qui divise l'être en ce sens que toute chose est forcément soit antérieure soit postérieure à une autre [1]. La cause, par exemple, n'est qu'une forme de l'antériorité, et l'effet une forme privilégiée de la postériorité. En simplifiant, on dira que toute chose est nécessairement soit une cause soit un effet. Cet ordre d'antériorité et de postériorité entre les essences, qu'on appelle « ordre essentiel », servira de moyen terme de la démonstration, car il est à la fois une propriété transcatégoriale de l'être et une propriété relative du premier principe lui-même : il consiste en un ordre de relation réciproque entre les essences, entre les noyaux intelligibles des choses mêmes, et il suspend la totalité des choses à une réalité absolument première dont le *De primo principio* va prouver l'existence. L'ordre essentiel représente ainsi l'ensemble des connexions possibles entre ce qui est antérieur et ce qui est postérieur; ordre privilégié entre les essences intelligibles, il soutient la scientificité des preuves; ordre réel, il assure la dose de réalisme indispensable aux preuves de l'existence de Dieu.

Cet ordre essentiel, propriété transcendantale de l'être comme tel, concerne donc pareillement l'être des choses et l'être de Dieu. En effet, les hommes ne jouissent d'aucun concept propre et distinct de Dieu; c'est dire que, étant donné son imperfection, la raison doit s'astreindre à montrer par un discours démonstratif qu'il existe un être premier. Ce sont les effets de Dieu, les créatures, qui permettront de conclure à l'existence de leur auteur, et de le faire grâce aux seules propriétés de l'être suprême qui s'établissent en référence aux créatures. Dans un premier temps, les preuves scotistes prouveront donc l'existence d'un être premier, absolument antérieur, mais dont rien ne dit encore qu'il est infini. Telle est la signification de l'analyse des termes corrélatifs au deuxième chapitre. Si l'on écarte en effet l'infinité de Dieu, quelles sont les propriétés du premier principe relatives aux créatures? Il en est de deux sortes : d'une part les propriétés de causalité, efficiente et finale, puisque Dieu est cause productrice et fin de toute chose, d'autre part les propriétés de l'éminence, car Dieu est la perfection suprême

1. Pour une bonne présentation très claire de ce qu'est l'*ordo essentialis*, cf. A. Krause, *Der traditionell Johannes Duns Scotus zugeschriebene Tractatus de primo principio* (1997), p. 21-26.

par rapport à tout le reste : causalité efficiente, causalité finale et éminence, telles sont les trois voies qui conduiront l'esprit jusqu'à Dieu.

Dans l'*Ordinatio*, Duns Scot avait exprimé plus explicitement encore les raisons de son recours à la causalité. Sa preuve, dit-il, est une démonstration «*quia*», c'est-à-dire une démonstration qui ne dit pas pourquoi (*propter quid*) quelque chose est, mais seulement qu'il est (*quia*). Bref, il s'agit d'une démonstration qui part des effets pour découvrir l'existence de leur cause première, une démonstration a posteriori mais par l'ordre du possible, puisque ce sont les créatures qui serviront à la démonstration. Étant donné que les propriétés absolues de l'être infini sont trop éloignées de notre expérience, il sera plus commode d'atteindre cet être à partir des propriétés qui relient les créatures à Dieu, en l'occurrence l'ordre essentiel qui structure toute chose et permet d'ouvrir, confiants, les premiers chapitres du traité : au début, la philosophie n'atteint Dieu, ni comme Dieu, ni d'abord comme être infini, mais seulement comme être premier.

C. *Justification de la métaphysique scotiste*

Si les démonstrations de Duns Scot partent des créatures, elles se distinguent néanmoins des cinq voies de Thomas d'Aquin, et surtout de la preuve par le mouvement. Nous sommes assurés de bien interpréter la quiddité comme un être possible en pleine réalité grâce à un texte suffisamment important pour justifier de manière critique la portée que Duns Scot veut donner à ses preuves de l'existence de Dieu : « Dans cette conclusion et dans certaines qui suivent, dit-il, je pourrais exposer le point de vue de l'acte comme suit: 'Une nature est efficiente, parce qu'une nature est effectuée, parce qu'une nature commence à être, parce qu'une nature est terme du mouvement et contingente'. Mais je préfère exposer conclusions et prémisses au sujet du possible. Car si on les admet pour l'acte, on les admet pour le possible, non inversement. De plus celles admises pour l'acte sont contingentes, bien qu'assez manifestes, mais celles admises pour le possible sont nécessaires. Les premières peuvent convenir proprement à l'être existant, les secondes peuvent aussi convenir à l'être pris quidditativement. Et l'existence de cette quiddité, dont on montre maintenant l'efficience, sera montrée plus bas » (§ 26)[1].

1. C'est pourtant par le contingent que semble d'abord procéder la *reportatio examinata* de Paris : « Aliquod ens est effectum, quia productum; aut igitur producitur a se (…). » Jean Duns Scot, *Reportatio 1A*, n. 12, éd. A. Wolter, M. McCord Adams, *Franciscan Studies* 42 (1982), p. 258. Or Scot explique ici mieux qu'ailleurs qu'il existe deux points de départ différents, l'un contingent (*de inesse*), l'autre nécessaire (*de possibili*) : « Ad secundam instantiam quae dicit quod non demonstro, quia procedo ex contingentibus, cum dico : aliqua natura est producta vel effecta, ergo aliquid est producens vel efficiens, etc., respondeo quod

Duns Scot justifie ici le choix de sa métaphysique. Il aurait certes pu conduire une démarche philosophique qui, à l'instar de la preuve physique, aurait considéré le point de vue de la réalité en acte, contingente et observable. On parviendrait très bien à prouver de la sorte l'existence d'un premier moteur ou d'une cause efficiente première. Cette méthode est légitime, d'autant que les voies qu'elle emprunte sont « assez manifestes ». Scot le concède, mais il décide de suivre un autre chemin. En effet, il y a de nombreux avantages à raisonner du point de vue du possible plutôt que par l'acte.

Premièrement, le passage de l'acte au possible est évident, car si l'on observe une chose existant en acte, on admet forcément qu'elle est possible. L'inverse n'est pas vrai.

Malgré la difficulté conceptuelle induite par cette méthode, le fait de raisonner en termes de possibilité comporte un deuxième avantage certain : celui qui raisonne du point de vue de l'acte n'échappe jamais à la contingence et à la facticité. Les propositions qui en résultent sont à coup sûr très claires, mais elles ne contentent pas l'esprit en quête de nécessité [1]. Or les propositions concernant l'être-possible sont justement des propositions nécessaires : elles permettent de raisonner en prenant le principe de non-contradiction pour seul guide, [2] puisqu'elles sont par avance ancrées dans la réalité. La raison se trouve satisfaite par ce qu'aucune preuve physique, rivée à la contingence, ne pourra jamais lui obtenir [3].

in demonstratione quia possum accipere praemissam de inesse vel de possibili. Si accipitur de inesse, est demonstratio contingens et non ex necessariis : 'Aliquid est productum, ergo aliquid est producens' ; ostensum enim est ad sensum. Si autem accipiatur praemissa pro possibile esse sic : 'Aliqua natura est possibilis fieri, sive effectibilis vel productibilis, ergo aliqua natura est effectiva vel productiva', est demonstratio ex necessariis. Nam antecedens est necessarium et consequens similiter (...). Et concludit probatio istis rebus de esse quidditativo vel de esse possibili sic : 'Aliquid potest fieri, ergo aliquid est productivum et causativum eius ; et si aliquid simpliciter primum effectivum, erit actu existens.' » Jean Duns Scot, *Reportatio IA*, n. 12, *ibid.*, p. 267-268.

1. « Item dico quod licet alia a Deo actualiter contingentia [sunt] respectu esse actualis, non tamen respectu esse potentialis, unde illa quae sunt contingentia respectu esse actualis existentiae, respectu possibilis sunt necessaria. » Jean Duns Scot, *Lectura prima*, Vienne, cod. 1449, f. 8b ; cité par A. Wolter, *The Philosophical Theology of John Duns Scotus* (1990), p. 261, n. 23.

2. « (...) ut licet hominem esse sit contingens, tamen ipsum possibile esse est necessarium, quia non includit contradictionem ad esse aliquid. » *Ibid.*

3. Ces deux premiers avantages sont thématisés par Duns Scot : « Et ideo ex tali contingenti potest ostendi aliquid necessarium, quia ex contingenti sequitur aliquod necessarium, licet non econverso. » *Ibid.* W. Kluxen explicite très clairement et synthétiquement la signification du lien qui unit le possible au nécessaire : « In einer Welt, die 'wirklich' aus Individuen besteht, ergreift so der Verstand wesentlich eine Fülle von Naturen, die zwar *faktisch* individuiert, formal jedoch – d. h. in der ihnen je eigenen Sachbestimmtheit, die sich im Hinblick des Verstandes ausweist – von der Faktizität der Individuation und auch

Troisièmement, le raisonnement par le possible comporte un autre atout. Les preuves physiques ne portent que sur l'existant. Le raisonnement sur le possible donne à l'esprit d'embrasser un triple domaine : celui du possible logique, puisqu'il s'agit d'un raisonnement sur le possible ; celui de l'être possible réel, c'est-à-dire l'être quidditatif ; celui des existants, car la raison se contente de manifester les conditions réelles de la possibilité des existants.

Mais l'avantage le plus manifeste du choix de cette métaphysique reste quatrièmement le but du traité : atteindre par la raison naturelle l'existence de l'être infini et nécessairement être. Pour se prétendre scientifiques, les preuves doivent utiliser au mieux la nécessité inhérente aux propositions universelles. Le point de départ étant assuré empiriquement (c'est la seule mais inévitable concession à l'expérience immédiate), Duns Scot s'engage aussitôt dans l'ordre du possible afin d'atteindre nécessairement un être nécessaire, et l'atteindre dans sa nature, par-delà toute contingence. La nécessité inhérente à l'ordre quidditatif déteint sur le résultat : l'esprit humain finira par toucher Dieu dans son essence, qui est infinie.

En fin de compte, et cinquièmement, il faudra bien revenir à l'acte et montrer que la quiddité découverte à l'aide des propositions nécessaires existe en acte. Cette question sera réservée au chapitre 3 (§ 33), mais on peut d'ores et déjà affirmer que le passage de l'être-possible, c'est-à-dire de l'essence de Dieu à son être en acte, ne pourra d'aucune manière être considéré comme un « argument ontologique », puisque le point de départ, le cheminement et le point d'arrivée, irréductibles à un simple concept, n'ont pas quitté le réel quidditatif[1]. Il n'y aura pas à revenir à la réalité, du fait qu'à aucun moment celle-ci n'aura été abandonnée.

En conclusion, et avant d'exposer brièvement ces preuves scotistes, nous tenons la raison de la sévère technicité du *Traité du premier principe* qui permet à Scot de développer avec originalité une ligne métaphysique dont il trouvait les meilleures cautions chez Avicenne et Henri de Gand dont il se démarque néanmoins. Duns Scot exige-t-il trop de l'esprit humain ? Celui-ci n'est-il pas plus naturellement à l'aise dans une métaphysique de l'analogie de l'être couronnée par les voies préconisées

des Seins als Wirklichkeit nicht betroffen werden. Das Faktische ist in unserer Welt stets durch eine Ursache, nicht von sich selbst her wirklich. Das Mögliche jedoch, als aus sich selbst, aus seinem Sachgehalt allein ausgewiesen, ist *von sich selbst her möglich* und nie unmöglich ; es ist daher *notwendig möglich*. Indem der Begriff auf das Mögliche verwiesen ist, gewinnt er Notwendigkeit. » W. Kluxen, *Bedeutung und Funktion der Allgemeinbegriffe* (1968), p. 237.

1. En interprétant la quiddité scotiste dans le sens de la réalité possible, on se distancie de la réduction de la preuve à la logique modale, laquelle peut difficilement échapper à « l'argument ontologique » ; comparer avec R. Cross, *Duns Scotus* (1999), p. 19-23.

par Thomas d'Aquin? Ce n'est pas le lieu de rappeler les enjeux d'un tel débat. Je soulignerai seulement que la rigueur logique d'une démonstration par voie de nécessité a contraint Duns Scot à avancer des conclusions qui se tiennent sans compromis dans l'ordre du possible, ce qui l'a conduit à un changement de paradigme affectant l'ensemble de la métaphysique : avec lui, la possibilité réelle définit le cadre métaphysique dans son ensemble. Mais il s'agissait aussi pour lui d'un choix méthodologique : en se concentrant sur l'être quidditatif, Duns Scot ne pensait aucunement à une « essentialisation de la métaphysique », puisque l'essence n'est pas à ses yeux l'ultime pointe de ce qui est : l'existence dépasse en un sens le possible par sa richesse. Il en va de même du terme de l'enquête : ce n'est que parce qu'il *est*, que Dieu *peut* être. La voie par le possible répond seulement à une exigence de méthode : on ne peut se contenter de faits contingents et de propositions trop particulières. Telle a été, selon Duns Scot, la démarche d'Averroès et celle de Thomas d'Aquin. Telle ne sera pas la sienne.

6. Les preuves de l'existence d'un être premier (§ 24-48)

Pour parvenir à ses fins, Duns Scot s'autorise de l'ordre essentiel qui relie la totalité des essences entre elles ; il va donc commencer par articuler l'ensemble de ces relations et montrer de façon exhaustive qu'aucun être n'échappe à l'un ou l'autre membre de cette division. Néanmoins, certaines de ses branches seront aussitôt négligées parce que totalement infructueuses pour le but poursuivi. Scot écarte notamment toutes les formes de causalité qui ne permettraient pas de remonter jusqu'à Dieu, à commencer par la causalité matérielle évidemment, ou la causalité formelle. À titre de causes intrinsèques, forme et matière comportent en effet une imperfection inhérente interdisant de procéder jusqu'au premier principe (§ 14-15) : à l'évidence, il serait par exemple impossible de penser Dieu comme cause matérielle première. Pareillement Scot écarte l'ordre de la causalité indirecte (§ 5-6), puisqu'un ordre entre de simples effets ne permet pas de remonter jusqu'à la cause première.

Il ne reste plus en fin de compte que deux ordres de causalité, la *fin* et l'*efficience*, ainsi que l'ordre d'*éminence*[1]. Ces trois voies et elles seules seront pratiquées pour parcourir de bas en haut toutes les étapes menant chaque fois jusqu'à un terme premier : une fin dernière, une cause efficiente première ou un être souverainement éminent. Or l'argumentation de Duns

1. Sur la tendance de la fin du XIIIe siècle à la réduction du nombre de preuves, cf. O. Boulnois, *Être et représentation* (1999), p. 374-375 et 380-381.

Scot n'est explicitée qu'en ce qui concerne la preuve par l'efficience : c'est elle qui servira de jalon pour les deux autres qui s'y réfèrent comme à un modèle. La raison en est que notre intelligence saisit plus facilement la causalité efficiente et que, toujours fascinée par l'imagerie physique, elle a comme une propension à privilégier l'efficience : le langage philosophique et le langage ordinaire n'ont-il pas naturellement tendance à donner au terme « cause » la signification réduite de simple « cause efficiente » [1]? Quoi qu'il en soit, à l'instar de Duns Scot, et pour des raisons de brièveté, je réduirai ici les deux autres voies à la seule preuve par l'efficience, plus accessible.

A. *Le point de départ : l'effectibilité (§ 25)*

« Quelque nature est effectible », tel est le point d'ancrage de la preuve. Une telle proposition, qui porte sur une quiddité, n'est pas tout à fait première. Elle suppose en effet un certain nombre de transpositions préalables, exigées par l'inévidence de la proposition « quelque nature est effectible ». Pour ce faire Duns Scot montre que la réalité des essences ou du possible s'enracine dans l'existence, de sorte qu'il induit la quiddité à partir de l'être contingent. Il est en effet légitime de substituer une essence à un existant particulier (§ 25-26), c'est-à-dire de considérer une chose contingente sous l'angle de sa condition de possibilité réelle[2]. Les deux preuves de la première conclusion (§ 25) ne sont qu'une adaptation de cette manière de procéder.

a) *Preuve par la contingence.* Il est évident qu'il existe une nature contingente, et tout le monde le sait. Si quelqu'un s'avisait de le nier, on se chargerait bien de lui faire voir que recevoir un coup de bâton n'est pas identique à ne pas le recevoir, bref qu'il existe quelque chose de contingent. C'est là un fait qui permet à Duns Scot de transposer la proposition dans l'ordre de la possibilité : si quelque chose possède un caractère contingent, c'est qu'il peut réellement commencer d'être. Or ce pouvoir réel de la nature qui suit le non-être ne peut provenir ni de cette nature elle-même, puisque aucune chose ne s'engendre soi-même à partir de rien, ni du non-être, car ce qui n'est rien n'est cause de rien. Donc cette nature reçoit son

1. Cf. François-Xavier Putallaz, *Efficience et finalité dans le « Traité du premier principe » de Jean Duns Scot*, dans : *Revue de théologie et de philosophie* 116 (1984), p. 131-146.

2. La logique modale autorise de passer de l'existence actuelle à sa possibilité : « Ab esse ad posse valet illatio. » On peut donc transformer les propositions contingentes *de inesse* en propositions nécessaires *de possibili*; cf. A. Wolter, *The Philosophical Theology of John Duns Scotus* (1990), p. 262.

pouvoir-être réel d'autre chose. C'est pourquoi on la dit *effectible* par un autre. Tel est le point de départ qui nous autorise à formuler un fait évident en termes quidditatifs : « Quelque nature est effectible ».

b) *Preuve par le mouvement.* L'autre moment de la preuve prend comme point de départ le fait que des choses sont soumises au mouvement. Voilà une constatation banale. Or si une chose change, c'est qu'elle a la possibilité d'obtenir une perfection réellement possible qui lui faisait défaut. Cette perfection, terme du mouvement, peut donc réellement commencer d'être. À nouveau, cette fin du changement n'est possible que par le biais d'autre chose; autrement dit, cette nature peut être réalisée (*potest effici*) ; elle est donc une nature *effectible.* Nous avons une nouvelle fois glissé des choses en mouvement à la réalité possible d'une nature : en observant empiriquement une chose dans sa contingence et sa facticité, l'esprit est aussitôt habilité à en induire sa possibilité. Sans conteste, le point de départ des preuves scotistes est fondé sur l'expérience, laquelle se voit métaphysiquement transposée dans l'ordre des quiddités. Nous ne quitterons plus ce monde jusqu'à l'achèvement de la preuve.

B. *Le corrélatif : l'effectivité (§ 25)*

L'inférence de l'effet à la cause, très exactement de l'effectibilité à l'effectivité, ne pose pas de problème : la nature de ces termes corrélatifs est telle qu'on ne peut penser l'un sans l'autre, puisque le corrélatif implique une relation réciproque. Si par conséquent il existe quelque chose d'effectible par un autre, la loi des corrélatifs contraint de poser cet autre : l'*effectif.* La question qui surgit est alors la suivante : cet effectif est-il absolument premier, ou bien est-il lui-même effectible par un autre? « Quelque chose est effectif; soit A. S'il est premier, au sens donné plus haut, notre propos est aussitôt atteint. S'il ne l'est pas, il est donc un effectif postérieur, parce qu'il est effectible par un autre ou effectif en vertu d'un autre » (§ 27). La question, très familière, se réduit à ceci : peut-on procéder à l'infini dans l'ordre de l'effectivité ?

C. *Le principe de non-régression à l'infini (§ 27-31)*

Dans toutes les preuves utilisant la causalité, le principe de non-régression à l'infini constitue certainement le point névralgique le plus délicat. S'il faut argumenter à cet égard, c'est que certains philosophes avaient admis comme possible de remonter à l'infini dans l'ordre des choses contingentes. On se souvient par exemple de Thomas d'Aquin qui admettait ainsi la possibilité de remonter à l'infini dans les causes agentes accidentellement unies entre elles[1] : « Ainsi un artisan agit accidentellement au moyen de plusieurs marteaux, pour cette raison que l'un après l'autre se brise ; aussi est-ce un fait purement accidentel, pour l'un des marteaux, qu'il agisse après l'action de l'autre »[2]. Rien n'interdit donc de penser une infinité de marteaux.

Duns Scot ne peut esquiver une telle difficulté, et c'est pourquoi il adopte une distinction entre des causes essentiellement ordonnées, et des causes accidentellement ordonnées[3]. Il lui suffira de démontrer d'abord que la remontée à l'infini est impossible dans la série des causes essentiellement ordonnées, puis que l'ordre des causes accidentellement ordonnées se réduit en dernière analyse au premier type de série causale, et il aura prouvé l'impossibilité absolue de toute régression à l'infini.

Il est impossible de remonter à l'infini dans l'ordre des causes essentiellement ordonnées. Scot avance cinq arguments (§ 29), dont le premier se réduit à ceci : si l'on affirmait qu'il est possible de remonter à l'infini dans la série des causes essentiellement ordonnées, il s'ensuivrait que tous les éléments de cette série seraient des effets. Or si l'on refuse de s'arrêter à une cause première, il faut poser que la totalité des effets forme une série circulaire ; un tel cercle est impossible, comme l'a démontré le chapitre 2 (§ 9). On ne peut donc poser une infinité de causes de ce type.

Il semblerait en revanche possible d'aller à l'infini dans la série des causes accidentellement ordonnées. C'était l'idée des philosophes exemplifiée par l'image des marteaux et de l'artisan de Thomas d'Aquin ; pour le dominicain, l'infinité des causes accidentellement ordonnées ne suppose pas l'existence actuelle simultanée de toute la série causale ; au contraire, les éléments d'une telle série se succèdent, comme un marteau brisé cède sa place à un nouvel outil, de sorte qu'un élément de la série ne possède aucun lien essentiel avec le suivant. Duns Scot va montrer que la série accidentelle des causes repose en fait sur un ordre essentiel, et que le principe de non-régression à l'infini s'y applique donc également[4]. En

1. Cf. Thomas d'Aquin, *Somme contre les Gentils* II, 38, n. 12.

2. Thomas d'Aquin, *Somme de théologie* I, 46, 2, ad 7.

3. Cette distinction ne recouvre pas la distinction classique entre causes par soi et causes par accident, laquelle concerne l'être même : les parents sont seulement la cause *per se* des enfants, mais il n'y a pas entre eux un ordre de causalité essentiellement ordonnée, car les enfants peuvent à leur tour procréer, même si leurs parents ont disparu. En revanche, la distinction entre causes essentiellement et accidentellement ordonnées concernent non pas l'être, mais la causalité : « Toute cause qui a besoin de la co-causalité d'une seconde cause pour exercer sa causalité, dépend essentiellement de cette seconde cause et non accidentellement. » A. Wolter, *The Philosophical Theology of John Duns Scotus* (1990), p. 264.

4. En arrière-fond de ce débat métaphysique se profile bien sûr l'épineux problème de l'éternité du monde : la distinction opérée par Thomas d'Aquin lui permettait de tenir qu'il n'est pas contradictoire que le monde soit créé et pourtant éternel. On devine que Duns Scot,

effet, des causes accidentellement ordonnées sont des causes de même ordre, distinctes seulement numériquement. Or une distinction n'est possible que sur un fond commun qui constitue un élément permanent se trouvant par définition en dehors de cette succession. Dans la métaphore citée plus haut, chaque marteau est distinct des autres, mais la succession des outils dépend en fait d'un élément existant hors de la série, à savoir l'artisan. Cet élément permanent, échappant à la série, ne saurait lui être accidentellement extérieur : son antériorité est donc bien une antériorité essentielle. Par conséquent, un ordre de causes accidentellement ordonnées suppose toujours un ordre essentiel qui rattache toute la série à un terme extérieur à elle. Si donc l'on admettait, comme l'imaginent les philosophes, une série infinie de causes se succédant à travers le temps, toute cette série horizontale et chacun de ses éléments dépendraient verticalement d'un élément externe à la série, auquel chaque partie serait unie dans l'ordre de la causalité : chacun des marteaux, dont le nombre est réputé infini, dépendrait ainsi essentiellement de l'artisan dans sa causalité. En fin de compte, la série des causes accidentellement ordonnées dépend d'une série de causes essentiellement ordonnées, dans l'ordre desquelles il est impossible de remonter à l'infini. Il est donc impossible de remonter à l'infini dans n'importe quelle série de causes efficientes.

D. *Le premier effectif est incausable (§ 32)*

Le principe de non-régression à l'infini contraint donc à poser une réalité première dans l'ordre du pouvoir-être propre aux causes efficientes, c'est-à-dire un effectif absolument premier, qui ne soit ni productible, ni susceptible de produire par la seule vertu d'autre chose. Cette essence, dont on ne sait pas encore si elle existe, peut être cernée plus rigoureusement : le premier effectif est en effet absolument incausable.

Pour démontrer cette conclusion, Scot met en œuvre tout l'appareil dialectique élaboré dans le deuxième chapitre du *Traité*, consacré aux rapports de corrélation entre les différents types de causalité. D'abord le premier effectif est incausable selon la causalité efficiente, comme on vient de le démontrer. Ensuite, il est incausable dans quelque ordre de causalité que ce soit : causalité selon la fin, la matière, la forme ou le composé de matière et de forme. En effet, le chapitre 2 avait démontré que les

en opposition avec la tradition des penseurs de son ordre, ne refuserait pas une telle vision thomiste. Mais, une nouvelle fois, ce n'est pas Thomas qu'il a en vue, mais bien les philosophes, dont Avicenne, qu'il mentionne explicitement; ce qui le chagrine, c'est leur tentative de trouver des raisons nécessaires à une production libre et contingente par Dieu. Sur cette question, cf. Luca Bianchi, *L'errore di Aristotele. La polemica contro l'eternità del mondo nel XIII secolo*, Florence 1984.

différentes contextures de la causalité selon la forme, la matière ou la fin impliquent nécessairement la causalité efficiente; comme cette dernière est impossible pour le premier effectif, les autres genres de causalité le sont également; puisqu'il n'est pas productible selon l'efficience, l'être premier ne peut pas davantage être finalisé par autre chose. Si l'être premier est incausable selon l'efficience, il l'est par conséquent selon quelque genre de cause que ce soit : en un mot, l'être premier est absolument incausable.

E. *Existence actuelle de la nature efficiente première (§ 33)*

Voici le moment ultime de la preuve : il s'agit de montrer que l'effectif absolument premier et incausable existe en acte; il faut donc conclure de la réelle possibilité d'un effectif absolument premier à son existence en acte.

Le premier moment de la preuve est, grosso modo, déjà établi : dans l'ordre de la réalité possible, il est évident que l'effectif absolument premier est possible. En outre, puisque cette réalité première est absolument incausable, elle ne saurait être produite par autre chose, ce qui serait contradictoire. Par conséquent, du fait qu'il est possible, l'être effectif absolument premier ne peut être que par soi (*a se*).

Le second moment de la preuve, plus décisif, est celui-ci : si cette nature effective absolument première *peut être* par soi, c'est qu'elle *est* par soi. Pour quelle raison? Si ce qui *peut* être par soi *n'était pas* mais pouvait seulement être réalisé, il pourrait alors passer par lui-même d'un état de non-existence à l'existence; ce qui aurait pour conséquence qu'un non-être produirait quelque chose; voilà qui est absurde. Si donc une nature de ce type pouvait être par soi sans exister de fait, cette hypothèse serait contradictoire. Il n'y a d'autre moyen d'échapper à la contradiction que de poser que cette nature *existe*. Une telle nature existante ne perd pas pour autant son caractère quidditatif d'une nature qui *peut* être par soi : seulement elle ne peut être par soi qu'à la seule condition qu'elle soit déjà.

Scot renchérit sa démonstration. Si cette nature première n'existait pas en acte, non seulement elle serait produite dans l'être par rien, mais même si par impossible elle pouvait se produire elle-même à partir du néant, elle serait contradictoire. En effet le § 32 a démontré que la nature effective première était absolument incausable; supposer qu'elle se produise elle-même, impliquerait qu'elle soit cause d'elle-même (*causa sui*); elle ne serait donc pas incausable à tout point de vue. Or elle est incausable et ne peut être cause de soi. Nous voilà devant la même contradiction que tout à l'heure : ou bien cette cause serait causable parce que possible, ou non-possible parce que incausable. Si elle peut être, c'est donc bien qu'elle existe par soi.

Seul le second moment de la preuve présente une certaine ambiguïté, puisqu'il paraît conclure de la possibilité à l'existence, de la pensée à l'être. N'est-ce pas le défaut classique de tout argument ontologique? Ne retrouve-t-on pas par la bande la preuve anselmienne qui prétend a priori déduire l'existence à partir de l'idée et de la possibilité logique? Duns Scot s'en est toujours défendu. Le possible dont il parle concerne en effet au premier chef la structure interne de ce qui existe et non le seul plan de l'idéalité logique : il relève de la nature essentielle dans ce qui est produit en acte. Au terme, Scot conclut donc de la possibilité ontologique à l'existence, et non de la possibilité logique à l'existence. La démonstration n'a pas quitté l'ordre de la réalité; elle s'est seulement développée à partir des créatures saisies quidditativement. La démonstration n'est donc pas comparable à celle de saint Anselme; en effet, l'existence n'est pas déduite à partir du possible, puisque les propriétés de l'ordre essentiel de causalité, telles l'effectibilité ou l'effectivité, sont des propriétés de l'être réel donné dans l'expérience, saisies dans l'ordre métaphysique du possible. Au terme de la démonstration, la pensée de Duns Scot n'a pas varié: l'existence actuelle d'un premier effectif doit être posée pour rendre compte sans contradiction de sa possibilité réelle et de son caractère incausable. La seule façon pour cette nature première d'être possible, c'est d'exister par soi.

F. *Conséquences (§ 34-37, 40-47)*

L'être premier dont l'existence a été prouvée dans l'ordre de l'efficience peut être cerné de plus près grâce à certaines propriétés. En voici trois.

a) *Nécessité d'être de soi.* « Cet être incausable est un être nécessaire de soi » (§ 34). Jusqu'ici Duns Scot a montré comment on conclut *nécessairement* à l'existence d'un être premier grâce aux démonstrations par le possible. Il faut maintenant montrer que cet être premier existe *nécessairement*[1]. Nous savions dès le début que le but des preuves était de prouver nécessairement l'existence d'un être lui-même nécessaire. Le possible nous a conduits à une première nature possible, et celle-ci, à une première nature existant en acte; voici qu'il faut prouver que cet être possible qui existe, existe de surcroît nécessairement.

La preuve développée par Duns Scot est un chef-d'œuvre de précision, et la suivre pas à pas donnera une idée exemplaire de sa démarche. Le but à ne pas perdre de vue consiste à montrer que l'être incausable *ne peut pas ne*

1. On retrouve la progression même qu'avait proposée Anselme dans son *Proslogion* du chapitre II au chapitre III.

pas être. La démonstration procède par réduction à l'impossible : pour prouver que l'être incausable existe nécessairement, on montre qu'il ne peut pas ne pas être.

Imaginons que l'être incausable *puisse ne pas être*, et nous serons très vite convaincus du contraire. En effet, où chercher pour un tel être l'hypothétique possibilité de ne pas exister ? La raison de sa contingence supposée ne peut se trouver dans une cause extrinsèque, puisque la nature première n'en a pas, ni dans une cause intrinsèque, pour la même raison, ni en lui-même, car il serait alors *causa sui*, ce qui est impossible comme on l'a dit. Il faut donc chercher ailleurs. Le seul moyen dont dispose celui qui voudrait prouver la contingence de l'être premier, c'est de trouver un autre terme qui soit incompossible avec cet être incausable mais qui puisse néanmoins exister.

Deux termes sont dits incompossibles lorsque la possibilité de l'un implique l'impossibilité de l'autre, l'impossibilité de l'un impliquant la possibilité de l'autre. Des termes incompossibles sont donc des termes contradictoires, dont l'un est vrai et l'autre faux ; mais l'un des deux est toujours vrai et doit être tel. Ensuite, un terme incompossible avec l'être premier incausable doit *pouvoir être*, c'est-à-dire qu'il doit pouvoir exister soit positivement, à la façon d'une entité positive, soit privativement, comme dans le cas du mal ; l'existence privative suffirait dans notre démonstration, car la présence d'une qualité (comme la vision) est incompossible avec la privation de cette détermination (par exemple la cécité).

Ces notions étant assurées, Duns Scot va montrer *l'impossibilité* d'un être qui serait incompossible avec l'être incausable. En effet si un terme, incompossible avec l'incausable, pouvait exister, il y aurait deux possibilités : ou bien il serait de soi (*ex se*), ou bien il serait par un autre (*ab alio*). Montrer que chacune de ces deux hypothèses débouche sur des contradictions suffit pour prouver définitivement qu'un terme incompossible avec l'être incausable ne peut pas être, donc que cet être incausable ne peut pas ne pas être, et donc qu'il existe nécessairement de soi. Voici la preuve : un terme incompossible avec l'être incausable ne peut pas exister de soi (*ex se*). S'il était de soi, nous aurions alors deux termes incompossibles existant de soi, en fait et simultanément, ce qui est en contradiction avec la notion même de termes incompossibles. Voici l'argument sous une autre forme : si le terme incompossible avec l'être incausable était de soi, par la définition même de l'incompossibilité, le terme incausable n'existerait pas. Inversement, si l'être incausable était de soi, l'autre incompossible n'existerait pas ; donc ni l'un ni l'autre terme n'existerait ; ce qui est en totale contradiction avec ce qui a été démontré.

Un terme incompossible avec l'être incausable ne peut pas davantage être par un autre (*ab alio*). Pour qu'un tel terme existe, il faudrait par définition que l'autre terme, l'être incausable, n'existe pas. Or l'être incausable existe, Scot l'a prouvé. S'il voulait prendre la place de l'être incausable existant, il faudrait que ce terme possède un être plus puissant ou plus intense que celui de l'être incausable. Mais pour qu'un tel être plus puissant existe, il faudrait que celui-ci reçoive son être plus puissant de sa cause, puisque par hypothèse il existerait par un autre et serait donc un effet. Or aucun effet ne peut posséder un être plus puissant et intense que celui de l'être incausable, et cela pour deux raisons. Premièrement, l'effet est par définition un être dépendant d'un autre, ce qui n'est pas le cas de l'être incausable; or un être dépendant ne saurait être plus puissant qu'un être indépendant. Deuxièmement, la possibilité même de l'être incausable nous avait contraints de poser son être en acte. Une telle nécessité ne se retrouve aucunement dans le cas d'une nature qui peut être amenée à l'existence et produite par un autre.

Cette preuve, que j'ai choisi de détailler à titre d'exemple, montre comment Duns Scot entend assurer que l'être premier incausable, dont on a démontré l'existence, est un être nécessaire de soi.

b) *Unité quidditative.* La raison a désormais atteint son but: démontrer par les voies du possible qu'il existe nécessairement un être nécessaire de soi. Elle peut davantage. Duns Scot va en effet démontrer qu'il ne peut exister deux *natures*[1] nécessaires de soi. Si l'on prend deux espèces appartenant à un même genre, comme l'homme et le chien appartiennent au genre animal, ces deux espèces ne sont pas égales ni exactement pareilles. De même, les deux hypothétiques natures incausables et nécessaires seraient regroupées sous un troisième terme récapitulant leur nature commune; elles seraient donc inégales ou de degré différent, l'une possédant un être plus parfait que l'autre. Mais puisque ces deux natures sont par hypothèse des êtres nécessaires de soi, l'une ne saurait être plus parfaite que l'autre. Il est donc absolument impossible d'affirmer qu'il y a deux natures premières distinctes: l'être efficient premier appartient forcément à un seul type de nature.

c) *Unité de la nature première selon les trois ordres.* En réalité, Duns Scot prouve non seulement qu'il existe un être premier dans cet ordre de l'efficience que nous avons suivi, mais il prouve aussi l'existence d'un être premier selon la fin et selon l'éminence. Ne risque-t-on pas dès lors de

1. Scot parle ici de l'unité *quidditative* de l'être premier. Son unité numérique sera démontrée au terme de l'étude, après que le chapitre 4 aura prouvé son infinité: nous apprendrons alors seulement qu'il n'existe qu'un seul Dieu.

rencontrer trois êtres premiers ? Duns Scot démontre que la nature première que nous avons découverte dans l'ordre de l'efficience n'est autre que la fin dernière et en même temps la nature suprême dans l'ordre de l'éminence : « C'est à une unique nature existant en acte qu'appartient la triple primauté dans le triple ordre essentiel précité, c'est-à-dire dans l'ordre de l'efficience, de la fin, et de l'éminence » (§ 40). Ayant en effet prouvé l'existence d'un être effectif premier, si l'on supposait que la fin dernière et la nature suprême différaient de ce premier être effectif, on soutiendrait l'existence de plusieurs natures nécessaires de soi. Comme on vient de démontrer l'impossibilité d'une telle conclusion, on a prouvé du même coup qu'il n'y a qu'une seule et unique nature première.

Au terme du chapitre 3, Duns Scot a donc prouvé qu'il existe une nature première, cause efficiente première, cause finale ultime et nature suréminente. Mais ce n'est pas encore ce qu'il veut atteindre.

7. Les preuves de l'infinité de l'être premier (§ 55-93)

En effet, l'être premier n'a pour l'instant été défini que par sa relation aux effets ou aux créatures : il est premier dans un ordre qui le relie à quelque chose de postérieur qui en dépend. Ce n'est pas rien, mais ce n'est pas suffisant. Par-delà les corrélations de l'ordre essentiel qui rattache l'être premier au reste des créatures, l'intelligence humaine exige davantage : elle voudrait conclure à *l'infinité* de cet être, c'est-à-dire atteindre l'être de Dieu en soi, et non dans sa seule relation aux créatures. L'entreprise paraît difficile, peut-être impossible, mais elle vaut la peine d'être tentée.

A. *Compossibilité de l'être et de l'infini (§ 78)*

D'une part nous savons ce que « être » veut dire, et d'autre part nous pouvons savoir ce qu'il faut entendre par « infini » comme négation du fini. Il est plausible que le couple fini-infini soit lui aussi un transcendantal disjonctif, mais on ne le saura qu'une fois achevées les démonstrations de l'infinité de l'être premier. Avant de montrer que l'infinité est un mode intrinsèque de l'être, il faut donc au préalable en démontrer la possibilité : l'être et l'infini sont-ils des termes compossibles entre eux ? Est-il seulement possible qu'il y ait un être infini ? Duns Scot avance cinq arguments qui, à défaut d'être des preuves strictes, sont des incitations à accepter la thèse de la compossibilité. En voici trois, pour le moins originaux.

a) *Argument par la non-incompossibilité*. Les deux notions d'être et d'infini ne sont pas incompatibles, car la notion d'être n'inclut d'aucune manière la notion de fini. S'il est de règle de « ne pas multiplier les êtres sans nécessité », il faut par contre poser le possible lorsque n'apparaît aucune impossibilité. Il faut par conséquent affirmer que l'être et l'infini sont compatibles.

b) *Argument par la quantité de masse*. L'infini n'est pas forcément incompatible avec la quantité. La « quantité de masse » dont parle Duns Scot n'est autre que ce qu'on nommait la « quantité concrète », c'est-à-dire le continu, lequel est divisible en une infinité de parties successives. Ce continu suppose une « quantité de puissance » proportionnelle qui en soit la cause efficiente et qui, par là, soit plus parfaite. Par conséquent, si le continu infini est possible, la quantité de puissance l'est aussi. Or une telle quantité de puissance ne peut avoir d'autre cause qu'elle-même; si donc elle est possible, c'est qu'elle existe en acte.

c) *Argument par le désaccord*. Sans être le plus probant, cet argument est certainement le plus élégant que le Docteur Subtil utilise. Dans les premiers arguments en faveur de la non-incompatibilité de l'être et de l'infini, Scot s'est contenté de montrer que la compossibilité des deux notions était pensable; il fait un pas de plus en faisant entendre le remarquable accord qui existe entre elles. S'il y avait en effet désaccord entre ces notions, l'intelligence le percevrait immédiatement, car l'être est son objet premier, exactement comme l'oreille perçoit immédiatement une dissonance : « Si, dis-je, ce qui ne convient pas est aussitôt perçu et choque, pourquoi aucun intellect ne fuit-il naturellement l'être infini, comme quelque chose ne lui convenant pas parce que détruisant ainsi son premier objet » (§ 78) ?

Reste à prouver maintenant que l'être premier est infini. Scot commence par quelques préambules.

B. *Note sur les préambules (§ 55-66)*

En guise de préambules à la preuve de l'infinité du premier principe, Duns Scot se propose d'en évoquer deux attributs essentiels : l'intellect et la volonté. Sans mentionner la totalité des conclusions présentées ni tous les détails de l'argumentation, on doit noter l'insistance avec laquelle Duns Scot parle de la *volonté libre* de l'être premier, volonté formellement distincte de l'intellect et de la nature de cet être premier.

La première conclusion s'exprime comme suit : « Le premier efficient est intelligent et volontaire » (§ 55). Formulée en termes d'efficience, et non par rapport à la fin ou l'éminence, cette proposition relève d'une intention précise. En effet, la volonté divine, assortie de sagesse et d'intelligence, joue un rôle de premier plan dans la conception même de l'être humain ; l'enjeu est de taille, puisqu'il s'agit d'assurer la contingence du monde et donc la liberté de l'homme, avec sa responsabilité[1]. Même si ce n'est pas le lieu d'en parler ici, on ne saurait exagérer l'importance de cette thèse fondatrice de la liberté divine[2]. Il est en effet primordial de ne point poser de nécessité au début de la série causale, car une telle nécessité se répercuterait tout au long de la série, de sorte qu'aucune causalité contingente jamais ne s'avérerait possible. En effet, toute cause seconde est essentiellement ordonnée à la cause première et s'exerce sous sa dépendance[3]. Une détermination de la cause première se prolongeant dans la cause seconde, celle-ci, notamment la volonté humaine, ne comporterait donc aucune liberté si la volonté divine n'était pas elle-même libre et volontaire : « Toute cause seconde cause en tant qu'elle est mue par la première ; donc si la première meut nécessairement, toute cause sera mue nécessairement et tout effet sera causé nécessairement » (§ 56), ce qui serait catastrophique.

Un autre argument en faveur de l'existence de la volonté dans la nature première renverse certaines perspectives que l'on croyait évidentes. L'argument repose sur la constatation de l'existence du mal dans le monde. Que le mal en question soit un mal moral ou naturel n'y change rien : le mal est un certain défaut de perfection, une privation de ce qui devrait être par nature. Si l'on considère un ordre naturel, chaque agent agit nécessairement selon la totalité de sa capacité, c'est-à-dire selon la totalité de son pouvoir, car il agit selon son être, sans degré ; par conséquent, il produit dans sa totalité toute la perfection qu'il est capable de produire. On se souvient à cet égard de l'exemple de la vision qu'Aristote évoque au livre X de l'*Éthique à Nicomaque (1174a14) :* l'acte de voir ne se réalise pas progressivement, mais il est achevé dès qu'on ouvre les yeux. Si donc le premier efficient agissait par nature et nécessité, toutes les autres causes agiraient également de façon nécessaire, et tous les agents naturels produiraient dans l'univers la totalité de l'effet qu'ils sont capables de produire. L'univers ne manquerait d'aucune perfection que les causes efficientes pourraient produire et par conséquent posséderait toutes les perfections dont il serait

1. Parmi les innombrables études consacrées à la question de la volonté chez Scot, cf. Hannes Möhle, *Ethik als scientia practica nach Johannes Duns Scotus. Eine philosophische Grundlegung*, Münster 1995.

2. Mary Elizabeth Ingham, *Ethics and Freedom. An Historical-Critical Examination of Scotist Ethical Thought*, New York 1989.

3. Sur l'analyse complexe des relations entre causalité première et causalité seconde, cf. A. de Muralt, *L'enjeu de la philosophie médiévale* (1991), p. 256-351.

capable; l'univers ne souffrirait d'aucun défaut ni d'aucun mal, ce qui est évidemment faux. Il faut donc affirmer que le premier efficient agit de manière contingente et qu'il est par conséquent doté de volonté, condition de possibilité de la présence du mal.

D'une manière générale, on retiendra que c'est dans la volonté et donc dans la liberté du premier efficient que réside la source unique et radicale de la contingence de l'univers : sans une telle forme d'agir libre dans la cause première, toute contingence dans l'univers se verrait totalement bannie. Cette thèse s'était imposée durant le XIIIe siècle, notamment par le biais de nombreuses propositions condamnées le 7 mars 1277, dont celle-ci : « Rien n'arrive par hasard, mais tout se produit par nécessité (...) ; si l'on considère l'ensemble des causes, rien n'advient de façon contingente » (art. 102/21). Dans l'ordre franciscain lui-même, un penseur comme Pierre de Jean Olivi s'était farouchement battu en insistant sur le fait que la contingence du monde s'enracinait dans la libre volonté divine[1]. La thèse était donc acquise. Mais le tour de force de Duns Scot consiste à introduire la contingence au sein même d'une certaine nécessité. En effet, la cause efficiente première ne s'aime-t-elle pas elle-même nécessairement comme une fin ? Car si l'amour de l'être premier pour lui-même est identique à sa propre nature, cet amour s'avère nécessaire (§ 60) ! Comment concilier cet amour de soi nécessaire et la production contingente du monde ? C'est que le rapport de la volonté de l'être premier à lui-même comme fin n'est pas identique au rapport de sa volonté à tout ce qui est différent de lui. La fin que l'être premier aime n'est autre que lui-même, et cet amour rend possible l'existence de tout ce qui est différent de lui. En effet l'être premier peut vouloir tout ce qui n'est pas lui en vue de lui-même, mais il ne le veut pas nécessairement, sans quoi il dépendrait lui-même de l'objet de sa production : Dieu dépendrait de sa créature pour être Dieu. Il faut donc tenir que l'être premier se veut nécessairement lui-même, mais tout ce qui est différent de lui, il ne le veut pas nécessairement et le produit de manière contingente.

Les objections avancées contre cette preuve dans le *De primo principio* reflètent bien sûr la sérieuse difficulté du problème. Reste que Scot vise à rendre compte des événements contingents du monde, tout en tenant que l'amour du premier principe pour lui-même est nécessaire du fait que la volonté désire nécessairement son objet propre. Nécessité et volonté ne sont donc pas totalement incompatibles. La tradition aristotélicienne n'a cessé de buter contre cette difficulté, car « le principe premier d'un univers tel que le nôtre doit être à la fois *nécessaire de soi* et *libre à l'égard du reste* :

1. Cf. par exemple Pierre de Jean Olivi, *Quaestiones in Secundum librum Sententiarum*, q. 5, éd. B. Jansen, vol. I, Quaracchi 1922, p. 96-97.

problème insoluble du point de vue d'Aristote »[1]. Problème apparemment insoluble dont Scot mesure l'ampleur, en indiquant que ce n'est pas ici le lieu de s'y arrêter trop longuement pour en donner une solution satisfaisante : « Ces problèmes sont difficiles ; leur pleine et claire solution réclame bien des développements et éclaircissements. Qu'on les cherche dans la question que j'ai disputée sur la science qu'a Dieu des futurs contingents » (§ 59)[2]. À l'évidence, ces remarques que Duns Scot nomme pudiquement des préambules à la preuve de l'infinité (§ 55) dépassent largement la seule fonction de préliminaires, puisqu'elles recèlent une vaste vision du monde clairement impliquée dans les démonstrations, mais dont l'explicitation réclamerait à elle seule une présentation compréhensive très large de la pensée scotiste.

C. *Première voie de l'intellect (§ 68-69)*

Duns Scot propose maintenant six voies qui prouvent l'infinité de l'être premier, dont les trois premières jouent un rôle décisif, tandis que les trois dernières sont présentées comme des adjonctions[3]. La première se réduit au raisonnement suivant :

M : Les intelligibles sont en nombre infini.

m : Ces intelligibles sont en acte dans un intellect qui comprend tout en acte.

C_1 : Un tel intellect est infini.

C_2 : La nature identique à cet intellect est infinie.

Seule la mineure et la première conclusion posent un problème, que Scot prend soin de clarifier. Pour prouver la mineure, il faut montrer que tous les intelligibles, en nombre infini, sont en acte dans un intellect qui comprend tout actuellement. En quoi et de quelle manière les intelligibles sont-ils infinis ? Ils ne sont pas finis en puissance : c'est pour un intellect comme le nôtre inapte à les saisir autrement que l'un après l'autre, que la série n'aura pas de fin; pour notre intellect, les intelligibles forment une série potentiellement infinie. Si nous supposons au contraire un intellect susceptible de saisir tout intelligible simultanément en acte et

1. Étienne Gilson, *Jean Duns Scot* (1952), p. 259.

2. La littérature ne manque pas, qu'on a consacrée à la difficile question des futurs contingents. Pour ce qui est de la pensée post-scotiste sur ce point, cf. notamment Jean-François Genest, *Prédétermination et liberté créée à Oxford au XIVe siècle. Buckingham contre Bradwardine*, Paris 1992.

3. « Si tu l'accordes, je m'efforcerai donc tout d'abord d'inférer ton infinité à partir de ce qui a été dit de ton intellect; ensuite j'apporterai au cours de ma recherche certains autres arguments, qu'ils soient ou non valables pour atteindre notre propos. » Jean Duns Scot, *Traité du premier principe*, chap. 4, § 67.

distinctement, la série potentiellement infinie se résoudra en acte dans cet intellect. Or un tel intellect est réel et il existe, Duns Scot l'a démontré : c'est celui du premier principe qui saisit tout intelligible en acte et distinctement. Un nombre infini d'intelligibles se trouve donc en acte dans l'intellect du premier principe.

La deuxième difficulté du syllogisme réside dans le passage à la conclusion : ayant établi que l'infinité des intelligibles existe en acte dans l'intellect du premier principe, peut-on immédiatement induire que cet intellect est infini ou de perfection infinie ? Le point délicat de l'argumentation réside dans la relation qui s'établit entre un nombre et la perfection. Dans ce sens, la perfection d'un être est proportionnelle à la quantité d'unités qu'elle supporte ; par exemple, un être qui peut déplacer une charge de 5 kg, si on considère sa force de déplacement, est moins parfait qu'un être qui peut déplacer une charge de 10 kg ; pareillement un intellect qui ne saisit qu'un seul intelligible est moins parfait qu'un intellect qui en saisit deux. Or l'intellect humain ne peut saisir qu'un seul intelligible à la fois, ce qui exige déjà une attention et une concentration de toutes les forces intellectuelles ; d'où la limitation d'un tel intellect. Supposons un intellect plus parfait susceptible d'en saisir deux : aucun de ces deux intelligibles ne le limiterait. Supposons enfin un intellect susceptible d'en saisir simultanément une infinité : cet intellect illimité sera donc, proportionnellement, de perfection infinie.

Voici une autre manière de montrer le rapport entre l'infinité des intelligibles et la perfection infinie de l'intellect qui les saisit tous simultanément en acte. Scot précise qu'il ne parle pas en fait de l'intellect, mais de l'acte d'intellection. L'argumentation revient à affirmer que l'acte d'intellection d'un intelligible constitue une perfection ; or il existe un intellect qui saisit distinctement et actuellement une infinité d'intelligibles ; l'acte d'intellection de cet intellect sera donc infiniment parfait. L'intellect le sera lui aussi.

D. *Deuxième voie de l'intellect (§ 70-74)*

Non seulement Dieu connaît les choses, mais il se connaît lui-même. La deuxième voie prouvant l'infinité de l'être premier partira justement de l'intelligibilité de l'essence du premier principe et du rôle de la causalité qu'il exerce. Pour le démontrer, Scot opère un petit détour et pose un principe général avec une si remarquable clarté, qu'il suffit d'en reproduire le texte. Le seul présupposé, classique dans la discussion médiévale sur l'infini, c'est qu'une réalité finie quelconque qui s'ajouterait à un être infini ne procurerait à ce dernier aucune perfection supplémentaire. « Il est impossible d'ajouter quelque chose à l'infini », disait déjà Bonaventure. « Une cause première à qui, selon le maximum de sa causalité, une cause seconde ajoute un peu de perfection dans l'ordre de la causalité, ne semble pas pouvoir causer toute seule un effet aussi parfaitement que si elle le cause avec la cause seconde, parce que la causalité de la première cause est moindre par rapport à la causalité des deux ensemble. Donc si ce qui est fait pour être causé par la seconde et la première cause ensemble est produit bien plus parfaitement par la seule première cause, la seconde n'ajoute rien à la première en fait de perfection. Mais pour tout fini, quelque chose d'autre qui lui est ajouté ajoute une perfection. Donc une première cause de cette sorte est infinie » (§ 70).

En appliquant ce principe au problème de l'intellect, on touchera vite au but. Un acte d'intellect en effet dépend toujours d'une cause qui en est la cause prochaine. Or, pour l'intellect du premier principe, son essence est la cause unique et suffisante de sa connaissance des objets ; et cette connaissance parfaite se réalise par mode d'intuition. Autrement dit, aucun intelligible n'ajoute quoi que ce soit à l'intelligibilité procurée à l'intellect divin par l'essence du premier principe. Comme on vient de rappeler l'infinité d'une cause qu'une addition quelconque ne perfectionne pas, l'essence du premier principe, cause de son intellection, est infinie dans l'ordre de l'intelligibilité.

E. *Troisième voie de l'intellect (§ 75-76)*

« Troisièmement je montre notre conclusion de cette manière : aucune perfection finie de même raison qu'une perfection accidentelle n'est substantielle ; notre acte d'intellection est un accident, car il est essentiellement une qualité ; donc aucun acte d'intellection fini n'est une substance. Mais l'acte d'intellection du premier est une substance (…) » (§ 75). Quels sont en effet les actes intellectuels dont nous avons une expérience ? Ce sont des actes qui constituent des espèces à l'intérieur d'un genre supérieur, le genre « qualité ». Or toute qualité est forcément un accident et jamais une substance, tout acte d'intellection fini est donc une qualité qui ne saurait être substantielle. Si l'acte d'intellection de l'être premier est au contraire une substance, il ne saurait se réduire à une perfection finie. Il est par conséquent de perfection infinie.

F. *La voie de l'éminence (§ 78-79)*

Laissant là les preuves par l'intellect, les trois dernières voies prouvant l'infinité du premier principe empruntent les trois ordres qui sont familiers au lecteur de Duns Scot : celui de l'éminence, de la finalité et de l'efficience.

L'argument par la voie de l'éminence ne pose aucun problème : s'il n'est pas contradictoire que quelque chose soit plus parfait que du fini, il l'est que quelque chose soit plus parfait que l'être suprême qui est l'être le plus éminent. Or si l'infini est plus grand et éminent que le fini, et que l'infini est compatible avec la nature suprême, celle-ci est forcément infinie.

Lorsqu'une démonstration emprunte une telle voie, elle rencontre forcément l'argument du *Proslogion* de saint Anselme. Duns Scot s'était refusé jusqu'ici à utiliser cet argument, qu'il jugeait inapte à prouver l'existence d'un être suprême. L'argument refait pourtant surface, mais dans un contexte différent et dans un autre but : celui de montrer que l'être premier, dont l'existence est déjà fermement établie, est infini. Utiliser l'argument anselmien dans un contexte si différent exige certaines retouches ou, comme le dit Duns Scot, une coloration : « Par là, l'argument d'Anselme sur le suprêmement pensable peut être coloré » (§ 79). Il ne s'agit plus de démontrer l'existence d'un être infini, mais de prouver que l'être premier dont l'existence est établie, existe comme suprêmement pensable, c'est-à-dire comme infini. Il n'est pas opportun de détailler ici le sens de cette profonde transformation [1].

G. *La voie de la finalité (§ 80)*

Notre volonté libre qui agit de soi sans aucune disposition acquise, peut tendre vers une fin qui dépasse toute finitude, donc vers une fin infinie présentée comme le terme de la visée volontaire. C'est en ce bien infini que notre volonté trouve son accomplissement et son repos. Si donc notre volonté tend par nature vers un tel bien, c'est que son objet est infini. Une nouvelle fois, Scot ne déduit pas l'existence d'un être infini à partir de notre désir naturel, car l'argument prouve seulement que l'être premier existant est visé par notre volonté comme un bien infini. Voilà une nouvelle preuve de la compatibilité entre l'être et l'infini : la volonté naturelle est attirée par le bien infini; son objet adéquat est bien l'être dont on montre qu'il est infini : « Comment la volonté ne haïrait-elle pas naturellement l'infini s'il était opposé à son objet, comme elle hait naturellement le non-être » (§ 80)?

H. *La voie de l'efficience (§ 81-87)*

Se référant immédiatement à Aristote, la voie de l'efficience affirme que la substance première qui meut dans un temps infini est forcément de puissance infinie; à l'évidence, le premier efficient est infini. Cet argument

1. Sur ce point, cf. O. Boulnois, *Preuve de Dieu et structure de la métaphysique selon Duns Scot* (1999), p. 44-52; O. Boulnois, *Être et représentation* (1999), p. 391-401.

néanmoins ne peut être utilisé tel quel par Duns Scot, lequel se voit acculé à une nouvelle « coloration ». Car pourquoi transformer un tel argument? Aristote avait atteint un premier moteur qui meut dans un temps infini et qui, par conséquent, est de puissance infinie. Or cet infini-là n'est pas la réalité insondable que Duns Scot veut atteindre. Quelle est en effet la prémisse d'Aristote? Que le premier moteur meut d'un mouvement infini. Une telle affirmation n'est possible que dans le contexte d'une cosmologie qui soutient l'éternité du monde. Mais pour Duns Scot, le monde est créé dans le temps, ou au moins avec le temps, car on ne peut dissocier la création de son début temporel. De plus le mode de causalité de l'être premier est contingent, ce qui nous éloigne de la conception grecque ou néoplatonicienne de l'émanation nécessaire. Toutes ces raisons contraignent de modifier profondément la prémisse d'Aristote. Scot le fait en abandonnant le domaine de la seule physique qui a pour objet le mouvement en acte, pour se tenir en stricte métaphysique. Il s'intéresse moins au mouvement produit par l'être premier qu'à son pouvoir de mettre quelque chose en mouvement. Aussi le premier principe *peut-il* produire un mouvement infini. Cette possibilité réelle rend compte de l'acte, alors que l'inverse n'est pas vrai. En nous transportant ainsi dans l'ordre du possible qui nous est familier, nous atteignons davantage que l'acte du premier principe; nous touchons à l'une de ses déterminations quidditatives : son pouvoir de produire un mouvement infini.

La conclusion subit une modification analogue à la prémisse. Le premier principe est une cause efficience première absolument; cela signifie qu'il met en mouvement, le fait par soi-même et sans l'intervention de quelque autre cause que ce soit. Or le premier principe a le pouvoir de produire un mouvement infini; à titre de cause indépendante de toute autre cause, il possède en lui, en sa puissance, la totalité de l'effet qu'il produit; il la possède même de façon simultanée, puisque l'effet préexiste dans sa cause, au moins éminemment. La cause ne pouvant en aucun cas être moindre que l'effet, si ce dernier est infini, la cause qui le produit et le contient totalement l'est aussi. Donc le premier principe jouit d'une puissance infinie.

Ici, le *De primo principio* fait place à une série d'arguments qui s'appellent et se répondent pour atteindre au mieux le nœud de la question. D'où cette prolifération d'objections et de questions soulevées qui sembleraient d'inutiles arguties à un esprit peu rompu à la technique de la *disputatio*. Laissons-en les détails, en notant que le *Traité du premier principe* s'achève sur la preuve de la simplicité de Dieu et de son unité numérique : « Tu es un seul Dieu, hors duquel il n'en est pas un autre » (§ 94).

8. CONCLUSION

Avec ces preuves, l'esprit a atteint l'être premier sous le concept le plus parfait, ou le moins imparfait auquel il puisse prétendre : celui d'être infini. L'esprit humain prétend donc à un concept d'être dont la modalité propre est l'infinité. De cet infini, nous n'avons qu'un concept immédiatement négatif. Néanmoins, les démonstrations précédentes montrent que ce qui est atteint dans l'infinité ne se réduit pas à sa dimension négative : il se présente au contraire comme une réalité d'une richesse positive telle que l'entendement ne puisse en avoir un concept distinct suffisant, ce qui assure qu'il échappera à toute objectivation et à toute instrumentalisation. La définition même de Scot le suggère : « L'infini est ce qui dépasse un fini donné non seulement hors de toute mesure précise, finie, mais encore au-delà de toute proportion assignable » (§ 78).

Cette conviction est partagée par tous ceux qui se sont jamais aventurés dans une preuve de l'existence de Dieu. Mais, avec Scot, le changement de paradigme en métaphysique rejaillit sur la signification générale de sa preuve. Ce qui frappe en effet immédiatement le lecteur du *Traité du premier principe*, c'est son ampleur. Il n'est qu'à le comparer à d'autres démarches pour s'en convaincre aussitôt.

Aux livres VII et VIII de la *Physique*, Aristote démontre l'existence d'un premier moteur ainsi que son immobilité. Sa preuve, physique, conduit à un premier moteur immobile. Indépendamment des deux principes qui servent de nerf à l'argumentation (le principe de causalité et le principe de non-régression à l'infini), on constate que le point de départ reste rivé à la contingence : la constatation du mouvement et sa définition. Corrélativement le point d'aboutissement n'échappe pas à la contingence : on y découvre certes un premier moteur mais, l'identiferait-on à Dieu, il n'est pas encore l'objet qui servirait à la théologie. Duns Scot, d'ailleurs, conteste l'immédiate identification entre Dieu et ce premier moteur[1] : non seulement une telle identification reste problématique, mais une métaphysique qui se constituerait ainsi dans la dépendance de la physique perdrait son statut de science première.

1. « 'C'est ce que tous appellent Dieu', dit Thomas d'Aquin avec une sobriété remarquable, à la fin de chacune des cinq voies qui atteignent son existence : il se place sur le plan du langage courant, et non celui du concept; il admet une identité immédiate entre les signifiés des termes employés pour les cinq voies et ce que vise le croyant lorsqu'il nomme Dieu, présupposant une interprétation métaphysique implicite, mais sans produire de concept préalable, de représentation à laquelle Dieu devrait correspondre. Cette sobriété est rejetée par Henri (de Gand) et Scot, qui veulent détacher la démonstration métaphysique de toute présupposition extérieure. » O. Boulnois, *Être et représentation* (1999), p. 338.

Ce qui surprend également, c'est la différence d'ampleur entre les preuves de Thomas d'Aquin et celles de Scot, qui s'explique par la différence fonction qu'elles exercent dans chacune des deux pensées. La *Somme de théologie*[1] les fait tenir sur quelques lignes seulement, et le *Contra Gentiles*[2] se contente d'une synthèse rapide et d'une présentation raisonnée des preuves aristotéliciennes du premier moteur. C'est que pour Thomas les preuves philosophiques officient comme une propédeutique à la théologie, laquelle se charge de purifier la métaphysique. Scot demande au contraire à la métaphysique elle-même d'effectuer cet acte de critique envers elle-même : il y faut forcément plus de place et plus de temps. On peut le dire autrement : si c'est une exigence fondamentale de la théologie d'exister comme critique de la métaphysique[3], Thomas et Scot ne l'ont pas pensée de la même manière. Si, pour Thomas, la métaphysique s'achève dans la connaissance de l'acte d'être (*esse*), la preuve de l'existence de Dieu peut corrélativement s'achever dans la connaissance d'un premier moteur, aussitôt assimilé à Dieu lui-même. Scot au contraire, qui pense l'être non pas au sens de « ce qui a l'existence » (*quod habet esse*), mais au sens « ce à quoi l'existence ne répugne pas », c'est-à-dire au sens de l'être-possible (*hoc, cui non repugnat esse*), constitue une métaphysique qui, transcendant les données sensorielles, ne doit rien à la physique. Elle part donc de l'être, et s'achève dans la découverte de la modalité infinie qui dit l'être dans sa totalité. La preuve de l'existence de Dieu acquiert donc un nouveau statut dans une telle ontologie : même si elle doit jouer son rôle de propédeutique à la théologie, elle ne se réduit d'aucune manière à cette fonction ; aussi la preuve de l'être infini se présente-t-elle comme l'aboutissement final et obligé de la systématisation métaphysique, qui y trouve son achèvement nécessaire. Au théologien ensuite, d'utiliser ce concept ultime pour en faire l'objet propre de sa discipline. D'où l'ampleur inédite de cette preuve métaphysique de l'être infini que Scot se garde bien d'instrumentaliser en vue de la théologie : avec lui, la propédeutique se constitue en science propre. La fonction de la preuve est donc différente de celle que lui donnait Thomas d'Aquin, mais sa signification aussi, puisque si le *quia est* du premier moteur est le terme le plus haut accessible par la pensée philosophique selon Thomas, le seul fait d'être de la cause efficiente première, atteint déjà au chapitre 3 du *Traité*, réclame davantage chez Duns Scot : elle exige qu'on en découvre l'infinité. Aux yeux de Scot, la métaphysique peut donc viser plus loin que le pensait Thomas d'Aquin ; c'est pourquoi le franciscain développe de façon plus ample et inédite le

1. Thomas d'Aquin, *Somme de théologie*, I, q. 2, a. 3.
2. Thomas d'Aquin, *Somme contre les Gentils*, I, chap. 13.
3. Cf. L. Honnefelder, *Der zweite Anfang der Metaphysik* (1987), p. 168.

chemin de la « métaphysique de l'Exode » emprunté par le dominicain. Le *Traité du premier principe* en constitue l'une des plus riches réalisations historiques[1].

Si la métaphysique de Thomas d'Aquin manque d'audace aux yeux de Scot, celui-ci n'admet pas pour autant les prétentions de la démarche de S. Anselme. Jamais, pour les êtres humains, l'existence de Dieu ne sera conclue de son concept. La démonstration de l'existence de Dieu ne peut donc se construire *a priori*, puisque l'unité des concepts d'*ens* et d'infini ne saurait être prouvée par simple analyse conceptuelle[2]. La preuve anselmienne, non valide dans sa visée explicite, se trouvera néanmoins réinterprétée par Duns Scot qui lui donnera un autre sens. C'est une fois démontrée l'existence d'une cause première qu'il peut réutiliser l'argument d'Anselme et découvrir par là l'infinité de cet être. La mise en perspective nouvelle de l'argument anselmien dans l'économie générale de la preuve lui donne une nouvelle signification : c'est ce que Scot appelle « colorer » l'argument d'Anselme,[3] lequel lui permet de conclure que « l'infini est ce qui dépasse un fini donné non seulement hors de toute mesure précise, finie, mais encore au-delà de toute proportion assignable » (§ 78).

Avec l'infinité de Scot, nous balbutions à la limite du dicible. L'esprit atteint en effet l'être infini lui-même, dont l'essence est d'être infini et, en fin de compte, d'être. Nous voilà au terme de la dialectique des essences, au point que seul le « qui est » de l'*Exode* peut dire la profondeur abyssale ou la richesse inexprimable de la nature première, essence qui *est* et qui est *infinie*. La pensée philosophique a fini par atteindre l'ineffable réalité divine : l'être infini que l'on sait plus grand que ce qu'on peut penser de plus grand échappe en droit à toute objectivation, puisque Dieu n'est ni une abstraction, ni un concept logique, ni un objet réifié et manipulable dans le champ de notre expérience, fût-ce une expérience religieuse authentique : il est une vivante et infinie liberté que l'on aime. Aussi la rigueur de la démonstration que déroule lentement le *Traité du premier principe* conduit-elle avec assurance jusqu'au seuil où l'esprit découvre qu'il y a infiniment plus à aimer en Dieu que ce qu'il aime en fait. La sévère

1. Une simple comparaison entre le *De primo principio* et les *Méditations cartésiennes* montre à quel point Scot s'emploie à éviter toute instrumentalisation des preuves de l'existence de Dieu, défaut dont Descartes ne s'est certainement pas entièrement gardé.

2. Cf. *Lectura* I, d. 2, n. 35 (éd. vat. XVI, p. 123); cf. C. Bérubé, *Pour une histoire des preuves de l'existence de Dieu* (1972), p. 28-29.

3. « Par là, l'argument d'Anselme sur le suprêmement pensable peut être coloré. » *Traité du premier principe*, chap. 4, § 79. Cf. O. Boulnois, *Être et représentation* (1999), p. 391-401 ; O. Boulnois, *Preuve de Dieu et structure de la métaphysique selon Duns Scot* (1999), p. 44-52; Allan B. Wolter, *Is Existence a Perfection, a Predicate, or what?*, dans : *The Philosophical Theology of John Duns Scotus* (1990), p. 278-284.

technicité de la démonstration de l'existence du premier principe vise donc en dernier lieu à accroître l'amour de Dieu. Aussi, malgré les apparences, Jean Duns Scot pense-t-il dans le droit fil de la tradition de son ordre religieux : celui de saint François pour qui la science, toujours, reste ordonnée à l'amour [1]. Celui-ci, pour être droit, peut compter sur une pensée réfractaire à toute facilité. C'est à juste titre qu'on peut dans ce sens parler de la « rigueur de la charité » [2] et y chercher le meilleur de la pensée de Duns Scot, dont le *Traité du premier principe* constitue peut-être l'une des expressions majeures.

François-Xavier PUTALLAZ

1. Cf. F.-X. Putallaz, *Figures franciscaines* (1996).
2. O. Boulnois, *Duns Scot. La rigueur de la charité* (1998).

DUNS SCOT

TRAITÉ DU PREMIER PRINCIPE

Texte latin et traduction

LISTE DES ABRÉVIATIONS ET DES ÉDITIONS CITÉES DANS LES NOTES

ARISTOTE

– *Anal. post.* = *Les seconds analytiques*, traduction et notes J. Tricot, Paris, Vrin, 1979.

– *De la génération et de la corruption* = *De la génération et de la corruption*, traduction et notes J. Tricot, Paris, Vrin, 1934.

– *Du ciel* = *Traité du ciel*, traduction et notes J. Tricot, Paris, Vrin, 1949.

– *Eth. Nic.* = *Ethique à Nicomaque*, traduction, introduction, notes et index J. Tricot, Paris, Vrin, 1990.

– *Mét.* = *Métaphysique*, traduction et commentaire J. Tricot, 2 vol., Paris, Vrin, 1953.

– *Phys.* = *Physique*, traduction H. Carteron, 2 vol., Paris, Les Belles Lettres, 1926-31.

ANSELME DE CANTORBERY

– *Monologion* = *Monologion*, vol. 1 : Anselme de Cantorbéry, *L'œuvre*, 5 vol., traduction et notes M. Corbin, Paris, Ed. du Cerf, 1986.

– *Proslogion* = *Proslogion*, vol. 1 : Anselme de Cantorbéry, *L'œuvre*, 5 vol., traduction et notes M. Corbin, Paris, Ed. du Cerf, 1986.

AUGUSTIN

– *Conf.* = *Confessions*, traduction P. de Labriolle, 2 vol., Paris, Les Belles Lettres, 1969-77.

– *De civ. Dei* = *La cité de Dieu*, traduction G. Combès, 5 vol., Paris, Desclée de Brouwer [puis] Etudes augustiniennes, 1959-1981.

– *De trin.* = *La Trinité*, 2 vol., traduction et notes M. Mellet / Th. Camelot (vol. 1), P. Agaësse / J. Moingt (vol. 2), Paris, Desclée de Brouwer [puis] Etudes augustiniennes, 1955.

AVICENNE

– *Mét.* = *Métaphysique* ; AVICENNA LATINUS, *Liber de philosophia prima sive scientia divina*, éd. S. Van Riet; introduction et lexiques G. Verbeke; 3 vol., Louvain, Ed. Orientalistes [puis] E. Peeters; Leiden, E.J. Brill, 1977-83.

PIERRE D'ESPAGNE
– *Tractatus*: PETER OF SPAIN, *Tractatus called afterwards "Summule logicales"*, éd. L.M. De Rijk, Assen, Van Gorcum, 1972.

THOMAS D'AQUIN
– *De fallaciis*: SANCTI THOMAE AQUINATIS *Opera Omnia*, Ed. Leonina, t. XLIII, Roma, 1976.
– *Somme théologique* = *Somme théologique*, traduction A.-M. Roguet, 4 vol., Paris, Ed. du Cerf, 1984-86.

NOTE SUR LE TEXTE LATIN ET LA TRADUCTION

La première édition contemporaine du traité *De primo principio*, élaborée à partir de l'ensemble des manuscrits connus à l'époque, a été réalisée par Marianus Müller, *Joannis Duns Scoti Tractatus de Primo Principio*, Freiburg 1941 ; la situation politique allemande a hélas précipité l'achèvement de cette édition trop lacunaire.

Deux traductions anglaises du traité, avec un texte latin amélioré, ont ensuite vu le jour : Evan Roche, *The De Primo Principio of John Duns Scotus. A revised Text and a Translation*, S. Bonaventure-Louvain 1949, qui a corrigé le texte de Müller sur quelques points importants, et Allan B. Wolter, *John Duns Scotus : A Treatise on God as First Principle*, Chicago 1966, dont l'intérêt majeur réside dans la nouvelle traduction anglaise.

La meilleure édition actuellement disponible, celle qui est ici reproduite avec l'utile division en paragraphes numérotés, reste celle de Wolfgang Kluxen, *Johannes Duns Scotus, Abhandlung über das erste Prinzip*, Darmstadt 1974 ; le texte latin y est accompagné d'une traduction allemande et surtout d'un long commentaire littéral du traité ; le travail de Kluxen constitue l'une des plus utiles introductions à la pensée de Duns Scot.

On signalera également les traductions italienne, hollandaise, espagnole et polonaise : Pietro Scapin, *Il Primo Principio degli esseri*, Padoue 1973 ; W. A. M. Peters, *Het eerste beginsel*, Baarn 1985 ; Felix Alluntis, *Obras del Doctor Sutil Juan Duns Escoto, Dios uno y trino*, (avec le texte de E. Roche) Madrid 1960, p. 595-710 ; Jan Duns Szkot, *Traktat o Pierwszej Zasadzie ; przelozyl, wstepem i komentarzem opatrzyl*, Tadeusz Wlodarczyk, Varsovie 1988. Il faut finalement encore mentionner l'édition nouvelle de Felix Alluntis avec une ample introduction : *Tratado acerca del Primer Principio*, Madrid 1989.

Une première édition de la traduction française a paru dans les *Cahiers de la Revue de théologie et de philosophie 10*, Genève, Lausanne, Neuchâtel 1983. Pour cette nouvelle édition les notes ont été révisées et corrigées.

TRACTATUS DE PRIMO PRINCIPIO

CAPITULUM PRIMUM

[1] Primum rerum principium mihi ea credere, sapere ac proferre concedat, quae ipsius placeant maiestati et ad eius contemplationem elevent mentes nostras.

Domine deus noster, Moysi servo tuo de tuo nomine filiis Israel proponendo a te doctore verissimo sciscitanti, sciens quid posset de te concipere intellectus mortalium, nomen tuum benedictum reserans respondisti : *Ego sum qui sum.* Tu es verum esse, tu es totum esse. Hoc <credo, hoc> si mihi esset possibile, scire vellem. Adiuva me, domine, inquirentem ad quantam cognitionem de vero esse, quod tu es, possit pertingere nostra ratio naturalis ab ente, quod de te praedicasti, inchoando.

[2] Quamvis entis sint plurimae passiones quarum consideratio valeret ad propositum prosequendum, tamen de ordine essentiali tamquam de medio fecundiori primo prosequar isto modo : In hoc primo capitulo divisiones quatuor ordinis praemittam, ex quibus colligetur quot sunt ordines essentiales.

Manifestatio vero divisionis tot requirit : primo, ut dividentia notificentur et sic ostendantur contineri sub diviso ; secundo, ut dividentium repugnantia declaretur ; et tertio, ut probetur dividentia evacuare divisum. Primum fiet in hoc capitulo, alia in secundo. Hic igitur divisiones narrando ponam et rationes dividentium assignabo.

[3] Accipio autem ordinem essentialem non stricte – ut quidam loquuntur, dicentes posterius ordinari, sed prius vel primum esse

TRAITÉ DU PREMIER PRINCIPE

CHAPITRE PREMIER

1. Que le premier principe des choses m'accorde de croire, de comprendre et de faire connaître, ce qui plaît à sa majesté et élève nos esprits à sa contemplation.

Seigneur, notre Dieu, à Moïse ton serviteur qui cherchait à savoir de toi, le maître le plus vrai, de quel nom il devait te désigner aux fils d'Israël, sachant ce que l'intelligence des mortels pouvait concevoir de toi, tu as répondu, révélant ton nom béni : Je suis celui qui suis[1]. Tu es l'être véritable, tu es l'être tout entier. Cela je le crois, cela, si je le pouvais, je voudrais le savoir. Aide-moi, Seigneur, quand je cherche à savoir quelle connaissance de l'être véritable que tu es, peut atteindre notre raison naturelle en prenant comme point de départ l'être que tu t'es attribué.

2. Bien que la plus grande partie des transcendantaux puisse valoir pour le propos qui va suivre, c'est néanmoins de l'ordre essentiel comme d'un moyen plus fécond que je traiterai d'abord de la manière suivante : dans ce premier chapitre j'avancerai quatre divisions de l'ordre d'où sera tiré le nombre des ordres essentiels.

Mais l'exposition claire de la division exige, d'abord, qu'on fasse connaître les divisants et qu'on montre ainsi qu'ils sont contenus dans le divisé ; deuxièmement, qu'on indique l'exclusion mutuelle des divisants ; troisièmement, qu'on prouve que les divisants expriment entièrement le divisé. On traitera du premier point dans ce chapitre, des autres dans le second. Ici donc je poserai simplement les divisions et j'assignerai aux divisants leur signification.

3. Mais je n'entends pas 'ordre essentiel' au sens strict – comme certains lorsqu'ils disent que le postérieur est ordonné, mais que l'antérieur

1. *Exode* 3,14.

supra ordinem – sed communiter, prout ordo est relatio aequiparantiae dicta de priori respectu posterioris et e converso, prout scilicet ordinatum sufficienter dividitur per prius et posterius. Sic igitur quandoque de ordine, quandoque de prioritate vel posteritate fiet sermo.

[4] PRIMA DIVISIO. Dico ergo primo quod ordo essentialis videtur primaria divisione dividi, sicut aequivocum in aequivocata, in ordinem eminentiae et in ordinem dependentiae.

Primo modo prius dicitur eminens et posterius quod est excessum. Ut breviter dicatur : quidquid est perfectius et nobilius secundum essentiam, est sic prius. Hoc modo prioritatis probat Aristoteles 9° *Metaphysicae* actum esse priorem potentia, ubi istud prius vocat secundum substantiam et speciem : Quae, inquit, generatione sunt posteriora, specie et substantia sunt priora.

Secundo modo prius dicitur, a quo aliquid dependet, et posterius, quod dependet. Huius prioris hanc intelligo rationem quam et Aristoteles 5° *Metaphysicae* testimonio Platonis ostendit : Prius secundum naturam et essentiam est quod contingit esse sine posteriori, non e converso. Quod ita intelligo quod, licet prius necessario causet posterius et ideo sine ipso esse non possit, hoc tamen non est quia ad esse suum egeat posteriori, sed e converso ; quia si ponatur posterius non esse, nihilominus prius erit sine inclusione contradictionis ; non sic e converso, quia posterius eget priore. Quam indigentiam possumus dependentiam appellare, ut dicamus omne posterius essentialiter a priore necessario dependere, non e converso, licet quandoque necessario posterius consequatur. Istud prius et posterius possunt dici secundum substantiam et speciem sicut alia dicta sunt ; tamen ad distincte loquendum dicantur prius et posterius secundum dependentiam.

ou le premier est au-dessus de l'ordre – mais au sens large en tant que l'ordre est une relation de comparaison réciproque qui se dit d'un antérieur à l'égard d'un postérieur et inversement, en tant bien sûr que l'ordonné est suffisamment divisé en antérieur et postérieur. Ainsi donc il sera question tantôt de l'ordre, tantôt de la priorité ou de la postériorité.

4. *Première division*

Je dis d'abord que l'ordre essentiel semble fondamentalement se diviser, comme l'équivoque en ses équivoqués, en ordre d'éminence et en ordre de dépendance.

Selon le premier mode, l'antérieur est appelé 'éminent', et le postérieur 'ce qui est dépassé'. Pour parler brièvement : tout ce qui est plus parfait et plus noble selon l'essence est antérieur selon cette acception. C'est par ce mode d'antériorité qu'Aristote prouve que l'acte est antérieur à la puissance, au neuvième livre de la *Métaphysique*, où il appelle cet antérieur 'antérieur selon la substance et l'espèce' ; et il dit que 'ce qui est postérieur selon la génération est antérieur selon l'espèce et la substance' [1].

Selon le second mode, est appelé antérieur ce dont quelque chose dépend, et postérieur ce qui dépend. Je comprends la signification de cet antérieur ainsi qu'Aristote le montre dans le cinquième livre de la *Métaphysique* [2] en recourant au témoignage de Platon : est antérieur selon la nature et l'essence ce qui peut être sans postérieur, mais non inversement. Je le comprends ainsi : même si l'antérieur cause nécessairement le postérieur et donc ne peut être sans ce dernier, ceci cependant n'est pas dû au fait qu'il ait besoin du postérieur pour son être, mais inversement; car si l'on suppose que le postérieur n'est pas, néanmoins l'antérieur peut être sans inclure de contradiction; l'inverse n'est pas vrai, parce que le postérieur a besoin de l'antérieur. C'est ce besoin que nous pouvons appeler dépendance; ainsi disons-nous que tout ce qui est postérieur essentiellement dépend nécessairement de l'antérieur, non inversement, même si parfois le postérieur suit nécessairement. L'antérieur et le postérieur dont il est ici question peuvent être dits tels selon la substance et l'espèce, comme ils l'ont été plus haut; cependant, pour parler avec précision, appelons-les antérieur et postérieur selon la dépendance.

1. Aristote, *Mét.* IX, 8, 1050 a 1-5 (Tricot, p. 510) : « Mais, alors, il est par là même évident que, en ce sens aussi, c'est-à-dire selon la génération et le temps, l'acte est antérieur à la puissance. Mais l'acte est aussi assurément antérieur à la puissance sous le rapport de la substance : d'abord, parce que ce qui est postérieur dans l'ordre de la génération est antérieur dans l'ordre de la forme et de la substance ».

2. Aristote, *Mét.* V, 11, 1019 a 1-4 (Tricot, p. 282) : « Il y a aussi l'Antérieur et le Postérieur selon la nature et la substance : sont, en ce sens, antérieures les choses qui peuvent exister indépendamment d'autres choses, tandis que les autres choses ne peuvent exister sans elles, selon la distinction usitée par Platon ».

[5] SECUNDA DIVISIO. Ordine secundum eminentiam indiviso manente subdivido ordinem dependentiae : quia dependens aut est causatum et illud a quo dependet est eius causa ; aut dependens est causatum remotius alicuius causae et illud a quo dependet est causatum propinquius eiusdem causae.

Huius divisionis secundae ratio primi membri satis nota est, et quod illud continetur sub diviso. Patet enim quid causa et quid causatum et quod causatum essentialiter dependet a causa et quod causa est a qua dependet, secundum rationem suprapositam prioris hic divisi.

Sed secundum membrum huius secundae divisionis nec in se patet nec qualiter sub diviso continetur.

Primum declaratur sic : Si eiusdem causae sint duo effectus, quorum unus prius et immediatius natus est causari ab illa causa, alius autem non nisi illo immediatiore iam causato, dico illum alium esse posterius causatum respectu eiusdem causae et immediatiorem esse prius causatum. Haec est ratio huius membri.

Ex hoc secundo ostendo quod continetur sub diviso, quod scilicet effectus remotior dependet essentialiter a propinquiore : Tum quia non potest esse illo non existente. Tum quia causalitas causae respicit illa ordinate; igitur; et e converso : ista habent ordinem essentialem inter se, ut comparantur ad tertium quod est causa amborum ; igitur et inter se absolute. Tum tertio quia causa talis non intelligitur ex se nisi causa propinqua solius proximi, et illo non causato intelligitur quasi remota respectu aliorum ; sed illo iam causato intelligitur ut proxima respectu secundi, a causa autem remota sola inquantum remota non est causatum ; ergo secundum dependet a causa ut quae posuit propinquius in esse ; igitur et ab esse propinquiore.

[6] TERTIA DIVISIO. Istius secundae divisionis utrumque membrum subdividitur ; subdivido primo secundum quia consonat iam praedictis. Nam prius quod est causatum propinquius causae non tantum dicitur quod est propinquius causae proximae utriusque, sed etiam remotae ; puta si proxima causa unius – sit A – non est aliquo

5. *Deuxième division*

L'ordre selon l'éminence ne se divisant pas, je subdivise l'ordre de dépendance : *(a)* ou le dépendant est un effet et ce dont il dépend est sa cause ; *(b)* ou le dépendant est un effet plus éloigné d'une cause et ce dont il dépend est l'effet plus proche de cette même cause.

(a) La signification du premier membre de cette seconde division est suffisamment connue, de même le fait qu'il est contenu dans le divisé. En effet, on sait assez ce qu'est une cause et ce qu'est un effet, et aussi que l'effet dépend essentiellement de la cause et que la cause est ce dont il dépend, selon la signification proposée plus haut de l'antérieur ici divisé.

(b) Mais le second membre de cette seconde division n'est pas clair en soi et (n'est pas claire) non plus la manière dont il est contenu dans le divisé.

La première (difficulté) s'éclaire de la manière suivante : si une même cause a deux effets, dont l'un est apte à être causé antérieurement et plus immédiatement par cette cause, tandis que l'autre (ne peut l'être) à moins que (cet effet) plus immédiat ne soit déjà causé, (alors) je dis que cet autre (effet) est un effet postérieur par rapport à la même cause et que le plus immédiat est l'effet antérieur. Telle est la signification de ce membre.

De là je montre deuxièmement que (ce second membre) est contenu dans le divisé, c'est-à-dire que l'effet plus éloigné dépend essentiellement du plus proche :

– parce qu'il ne peut pas être si ce dernier n'existe pas ;

– ensuite parce que la causalité de la cause se rapporte (aux effets) de manière ordonnée ; donc... ; et inversement : ils ont un ordre essentiel entre eux, étant rapportés à un troisième qui est leur cause ; (ils ont) donc aussi (un ordre essentiel) entre eux indépendamment (de la cause) ;

– troisièmement parce qu'une telle cause ne se comprend de soi que comme cause proche seulement de (l'effet) le plus proche et si ce dernier n'est pas causé, elle se comprend comme cause éloignée à l'égard des autres ; mais s'il est déjà causé, elle se comprend comme la cause la plus proche à l'égard du second (effet) ; mais celui-ci n'est pas causé par une cause éloignée seulement en tant qu'éloignée : le second (effet) dépend donc de la cause, en tant qu'elle a amené à l'être celui qui est plus proche ; donc (il dépend aussi) de l'être qui est plus proche.

6. *Troisième division*

Chaque membre de cette deuxième division est à nouveau divisé : je divise d'abord le second parce qu'il s'accorde avec ce qui a été dit précédemment. Car on appelle antérieur – qui est l'effet plus proche de la cause – non seulement ce qui est plus proche de la cause la plus proche des deux, mais aussi (ce qui est plus proche de la cause) éloignée : par exemple, si la cause la plus proche d'un (effet) – soit A – n'est d'une

modo causa alterius – sit B –, sed aliqua alia causa prior est causa eius B proxima et est causa remota illius cuius alia est causa proxima : adhuc inter ista causata erit ordo essentialis ut causati prioris ad posterius causatum, et hoc si causalitas causae communis amborum secundum essentialem ordinem illa respiciat ut causata.

Secundum membrum huius divisionis minus videtur esse sub diviso. Hoc autem sic probatur : nam et tunc respectu tertii, quod est causa ipsorum, essentialiter ordinantur, igitur et inter se ; tunc etiam causa communis quasi remota causa intelligitur respectu posterioris priore non causato ; tunc etiam posterius non potest esse sine priore.

[7] QUARTA DIVISIO. Primum membrum secundae divisionis, quod est causa, famose subdividitur in quatuor causas satis notas : finalem et efficientem, materialem et formalem ; et posterius sibi oppositum dividitur in quatuor sibi correspondentia, scilicet in ordinatum ad finem quod, ut breviter loquar, dicatur finitum ; et in effectum ; et in causatum ex materia quod dicatur materiatum ; et in causatum per formam quod dicatur formatum. Huius divisionis dividentium rationes hic transeo, quia alibi diffusius haec tractavi et inferius quandoque tangentur quando materia id requiret.

[8] Huius capituli fructum summatim colligo : Ordo essentialis per sex ordines dividentes evacuatur, videlicet per quatuor ordines causae ad causatum, et per unum causati ad causatum comprehendendo hic sub eodem duo membra tertiae divisionis, et per unum eminentis ad excessum.

Harum divisionum ostensio duo adhuc ostendi requirit, scilicet quod membra cuiuslibet inter se repugnent, et quod evacuent rationem divisi. Quae duo in sequenti capitulo, quantum opus erit ad propositum, ostendentur ; in quo etiam quaedam generales propositiones necessariae proponentur, et praedicti ordines et eorum extrema secundum necessariam vel non necessariam concomitantiam conferentur, quia dictorum comparationes ad sequentia bene valent.

certaine façon pas la cause de l'autre (effet) – soit B –, mais que quelque autre cause antérieure est la cause la plus proche de cet (effet) B, tout en étant la cause éloignée de ce dont l'autre est la cause la plus proche : (alors) il existera encore un ordre essentiel entre ces effets, à savoir celui de l'effet antérieur par rapport à l'effet postérieur, et cela, si la causalité de la cause commune aux deux se rapporte (aux effets) en tant qu'effets selon un ordre essentiel.

Il semble que le second membre de cette division appartienne moins au divisé. Mais on le prouve comme suit : (les effets) sont essentiellement ordonnés à l'égard d'un troisième qui est leur cause ; ils le sont donc aussi entre eux ; alors la cause commune se comprend aussi comme éloignée à l'égard du postérieur, quand l'antérieur n'est pas causé : et le postérieur ne peut alors être sans l'antérieur.

7. *Quatrième division*

Le premier membre de la deuxième division – la cause – se divise de façon très célèbre en quatre causes suffisamment connues : les (causes) finale et efficiente, matérielle et formelle ; et le postérieur qui leur est opposé se divise en quatre (parties) qui leur correspondent, c'est-à-dire : l'ordonné à la fin que, pour être concis, on appellera 'fini' ; l''effectué', l'effet de la matière, qu'on appellera 'matérié', et l'effet de la forme qu'on appellera 'formé'. Je passe ici sur les significations des divisants de cette division, car je les ai traitées ailleurs de façon plus développée, et je les aborderai parfois plus bas, quand le propos l'exigera.

8. Je résume sommairement le fruit de ce chapitre : l'ordre essentiel est entièrement exprimé par les six ordres que le divisent, à savoir *(a)* par quatre ordres de la cause à l'effet, *(b)* par un ordre de l'effet à l'effet – comprenant ici sous un même (ordre) les deux membres de la troisième division –, *(c)* et par un ordre de l'éminent à ce qui est dépassé.

La présentation de ces divisions exige encore d'une part qu'on montre que les membres de chacune d'elles s'excluent mutuellement, d'autre part qu'ils expriment pleinement la signification du divisé. Ces deux points seront présentés dans le chapitre suivant, quand le propos l'exigera ; certaines propositions générales nécessaires y seront aussi avancées, et les ordres susdits et leurs (membres) extrêmes seront confrontés selon leur accord nécessaire ou non nécessaire, car leurs comparaisons ont beaucoup de valeur pour la suite.

Capitulum secundum

[9] De dictis quatuor divisionibus ostendendis et de extremis dictorum ordinum essentialium comparandis hic proceditur arguendo.

Domine deus noster, qui doctorem venerabilem Augustinum de te trino scribentem infallibiliter docuisti quod ipse in primo libro de Trinitate scribit dicens. Nulla omnino res est quae seipsam gignat ut sit – nonne tu nobis aeque certitudinaliter impressisti hanc similem veritatem :

Prima conclusio : *Quia nulla omnino res essentialem ordinem habet ad se.*

Nam de ordine eminentiae quid est impossibilius quam idem seipsum excedere secundum perfectionem essentialem ? De aliis sex ordinibus quid impossibilius quam idem a se essentialiter dependere, quam sine seipso posse esse secundum intellectum huius superius assignatum ?

Hoc etiam consonat veritati :

Secunda conclusio : *Quia in quocumque ordine essentiali est circulus impossibilis.*

Quia si quidquid est prius priore, est prius posteriore : sequitur oppositum primae ex secunda negata. Idem etiam erit prius essentialiter et posterius eodem, et ita perfectius et minus perfectum eodem, vel dependens et independens respectu eiusdem, quae longe sunt a vero. Hunc circulum excludit Aristoteles a demonstrationibus, 1° Posteriorum, nec minus impossibilis est in rebus.

Iuxta hanc secundam tertiam quandam, quae a prima probatur et in ipsa satis includitur, explico, quia inferius utar ipsa :

Chapitre deuxième

9. On procède ici à la démonstration des quatre divisions mentionnées et à la comparaison des extrêmes des ordres essentiels déjà cités.

Seigneur notre Dieu, qui as enseigné de façon infaillible au vénérable docteur Augustin – alors qu'il écrivait sur toi, Dieu trine – ce que lui-même exprime dans le premier livre de *La Trinité*[1] : « Absolument aucune chose ne produit elle-même son être », ne nous as-tu pas imprégné avec une égale certitude une vérité semblable :

Première conclusion : *Absolument aucune chose n'est ordonnée essentiellement à elle-même.*

Car, dans l'ordre d'éminence, qu'y a-t-il de plus impossible que le même se dépasse lui-même selon sa perfection essentielle ? Dans les six autres ordres, qu'y a-t-il de plus impossible que le même dépende de lui-même essentiellement, que sans lui-même il puisse être, selon le sens donné ci-dessus ?

Cela s'accorde aussi avec cette vérité :

Deuxième conclusion : *Dans tout ordre essentiel, le cercle est impossible.*

Parce que, si quelque chose est antérieur à l'antérieur, il est antérieur au postérieur : de la négation de la seconde (proposition) découle l'opposé de la première. Dans ce cas, le même serait essentiellement antérieur et postérieur au même et ainsi plus parfait et moins parfait que le même, ou dépendant et indépendant par rapport au même, ce qui est loin de la vérité. Aristote, dans le premier livre des *Seconds Analytiques*[2], exclut des démonstrations ce cercle, qui n'est pas moins impossible dans la réalité.

A cette seconde conclusion, j'en ajoute une troisième – qui est prouvée par la première et y est suffisamment incluse – car je l'utiliserai plus loin :

1. Augustin, *De Trin.* I, 1, § 1 (PL 42,820).

2. Aristote, *Anal. post.* I, 3, 72 b 25 (Tricot, p. 17) : « Et qu'il soit impossible que la démonstration au sens absolu soit circulaire, c'est évident, puisque la démonstration doit partir de principes antérieurs à la conclusion et plus connus qu'elle ».

TERTIA CONCLUSIO : *Quod non est posterius priore, nec posteriore.*

Sequitur ex affirmativa dicta. Et ex ista sequitur : Quod non dependet a priore, nec dependet a posteriore. Et ultra : Quod non est causatum causae prioris, nec posterioris, quia posterior in causando dependet a priore causante.

[10] Iam te deo duce dictos sex ordines invicem comparemus, et primo quatuor ordines causae ad causatum. Istorum tamen differentiam vel in dividendo sufficientiam, quia satis nota videtur utraque, hic prosequi praetermitto ; prolixum enim posset esse nec ad propositum necessario requisitum. Tantummodo dictos ordines quantum ad concomitantiam vel consecutionem ex parte causati in sex conclusionibus comparabo.

[11] QUARTA CONCLUSIO : *Quod non est finitum, non est effectum.*

Probatur primo sic : Quia quod non est ab aliqua causa per se efficiente, non est effectum ; quod non est ad finem, non est a causa efficiente per se ; igitur etc.

Maior sic probatur : Quia in nullo genere 'per accidens' est primum ; quod Aristoteles satis exprimit 2° Physicorum, ubi casu et fortuna tamquam causis per accidens priores ponit necessario naturam et intellectum tamquam causas per se in illo genere causae. Quod autem non est a primo, non est a posteriori, ex tertia iam praemissa (loquor de positivis, quae sola sunt proprie effectibilia). Patet igitur maior. – Minor sic probatur : Agens per se omne agit propter finem quia nullum frustra, quod Aristoteles in 2° Physicorum determinat de natura, de qua minus videtur ; ergo tale nihil efficit nisi propter finem.

TROISIÈME CONCLUSION : *Ce qui n'est pas postérieur à l'antérieur n'est pas non plus postérieur au postérieur.*

Elle découle de la (proposition) affirmative précédente; et de celle-ci découle que ce qui ne dépend pas de l'antérieur ne dépend pas non plus du postérieur. De plus : ce qui n'est pas un effet de la cause antérieure n'(est) pas non plus (un effet) de la (cause) postérieure, car le postérieur dans l'ordre de la causalité dépend de l'antérieur lorsque celui-ci cause.

10. Sous ta conduite, Seigneur, nous allons maintenant comparer tour à tour les six ordres cités, et d'abord les quatre ordres de la cause à l'effet. Cependant, je m'abstiens d'exposer ici leur différence ou la suffisance de la division, parce que l'une et l'autre me semblent suffisamment connues; cela pourrait être trop long et ne plus être nécessairement requis pour notre propos. Je comparerai seulement les ordres déjà cités en six conclusions, selon leur accord ou leur conséquence du côté de l'effet.

11. QUATRIÈME CONCLUSION : *Ce qui n'est pas fini n'est pas effectué.*

On le prouve premièrement comme suit : ce qui ne dépend pas d'une cause efficiente par soi n'est pas effectué; ce qui n'est pas en vue d'une fin ne dépend pas d'une cause efficiente par soi; donc etc.

On prouve la majeure comme suit : dans aucun genre, l'accidentel n'est premier : ce qu'Aristote exprime suffisamment dans le deuxième livre de la *Physique* [1], où il affirme que dans ce genre de cause la nature et l'intellect en tant que causes par soi sont nécessairement antérieurs au hasard et à la fortune en tant que causes accidentelles. Mais ce qui ne dépend pas du premier ne dépend pas du postérieur, selon la troisième (conclusion) ci-dessus – je parle (d'êtres) positifs qui seuls sont proprement effectibles. La majeure est donc claire.

On prouve la mineure de la manière suivante : tout agent par soi agit en vue d'une fin, car aucun (n'agit) en vain; ce qu'Aristote détermine au deuxième livre de la *Physique* [2] à propos de la nature, où cela est moins apparent; donc un tel (agent) n'agit qu'en vue d'une fin.

1. Aristote, *Phys.* II, 6, 198 a, 5-13 (Carteron, t. 1, p. 74) : « Mais, puisque le hasard et la fortune sont causes des faits dont l'intelligence ou la nature pourraient être causes, quand de tels faits ont une cause par accident, puisque d'autre part rien d'accidentel n'est antérieur au *par soi* il est évident que la cause par accident n'est pas davantage antérieure à la cause par soi. Le hasard et la fortune sont donc postérieurs à l'intelligence et à la nature; par suite si le hasard est, ce qui serait le comble, cause du ciel, il faudra que, antérieurement, l'intelligence et la nature soient causes et de beaucoup d'autres choses et de cet univers ».

2. Aristote, *Phys.* II, 5, 196 b 17-22 (Carteron, t. I, p. 70) : « Or, parmi les faits, les uns se produisent en vue de quelque chose, les autres non ; et parmi les premiers, les uns par choix, les autres non par choix, les uns et les autres étant des faits qui se produisent en vue de quelque chose ; on voit, par suite, que parmi les faits qui font exception à la nécessité et à la fréquence il y en a auxquels on peut appliquer la détermination téléologique. Les faits qui sont en vue de quelque chose sont tous ceux qui pourraient être accomplis par la pensée ou la nature ».

Probatur conclusio principalis secundo sic : Finis est prima causa in causando ; ideo ipsum dicit Avicenna esse causam causarum.

Quod etiam probatur ratione : Quia enim finis movet metaphorice ut amatus, ideo efficiens efficit formam in materia ; non autem finis movet ut amatus, quia aliqua alia causa causat ; est ergo finis prima causa essentialiter in causando. – Hoc etiam sic probatur : Aristoteles in 5° Metaphysicae finem esse causam ostendit, quia per ipsum respondetur ad quaestionem 'propter quid', quae quaestio quaerit causam ; ergo cum per ipsum detur primum 'propter quid', erit prima causa. Assumptum patet : Quaesito 'quare efficit ?' respondetur 'quia amat vel intendit finem', non e converso.

Ex primitate finis tripliciter iam ostensa sequitur conclusio principalis : quia cuius non est causa prior, nec posterior, iuxta tertiam iam praemissam.

[12] QUINTA CONCLUSIO : *Quod non est effectum, non est finitum.*

Probatur : Quia finis non est causa nisi inquantum ab ipso tamquam a priore essentialiter dependet esse finiti. Patet : quia quaelibet causa est sic prior inquantum causa. Non autem dependet finitum quantum ad esse a fine ut sic priore nisi inquantum finis ut amatus movet efficiens ad dandum illi esse ; ita quod efficiens non daret esse in suo genere nisi fine causante in sua causalitate. Nihil ergo causat finis nisi quod efficitur ab efficiente quia amante finem.

Hic corollarium sequitur : Non tacendum quod falsa imaginatio est de fine, quod illud est causa finalis entis, quod est operatio ultima vel obiectum quod per illam operationem attingitur. Si intelligatur quod tale inquantum tale est causa finalis, falsum est, quia illud consequitur esse nec esse finiti dependet essentialiter ab illo inquantum tale. Sed praecise illud, propter quod amatum ab efficiente

Deuxièmement, on prouve ainsi la conclusion principale : la fin est la première cause dans l'ordre de la causalité ; c'est pourquoi Avicenne dit[1] qu'elle est la cause des causes.

On le prouve aussi par la raison : la fin meut en effet métaphoriquement comme l'aimé ; c'est pourquoi l'efficient produit la forme dans la matière ; mais ce n'est pas sous l'effet d'une autre cause que la fin meut comme l'aimé ; la cause finale est donc essentiellement la première cause dans l'ordre de la causalité. – Ce qu'on prouve comme suit : Aristote[2] dans le cinquième livre de la *Métaphysique*, montre que la fin est une cause, parce que par elle on répond à la question 'pour quoi ?', question qui recherche une cause ; puisque par elle on obtient le premier 'pour quoi', elle est donc la première cause. Le propos est (donc) clair : à la question : 'pourquoi quelque chose produit-il ?', on répond : 'parce qu'il aime la fin ou tend vers elle', (et) non l'inverse.

De la primauté de la fin déjà montrée de trois manières découle la conclusion principale : ce qui n'a pas une cause antérieure n'a pas non plus une cause postérieure, selon la troisième conclusion ci-dessus.

12. CINQUIÈME CONCLUSION : *Ce qui n'est pas effectué n'est pas fini.*

On le prouve : la fin n'est cause que dans la mesure où d'elle-même comme antérieure dépend essentiellement l'être du fini. Ce qui est clair : car chaque cause est antérieure dans ce sens, du fait même qu'elle est cause. Cependant le fini dans son être ne dépend de la fin, ainsi antérieure, qu'en tant que la fin comme aimée meut l'efficient à lui donner l'être ; de telle sorte que l'efficient ne donnerait pas l'être dans son genre, si la fin ne le causait selon sa causalité. La fin ne cause donc rien, sauf ce qui est produit par l'efficient parce qu'il aime la fin.

Suit ici un corollaire : il ne faut pas passer sous silence qu'il y a une fausse représentation de la fin, selon laquelle la cause finale d'un être est son opération ultime ou l'objet atteint par cette opération. Si l'on pense qu'une telle chose en tant que telle est la cause finale, c'est une erreur, parce qu'une telle chose suit l'être, et que l'être du fini ne dépend pas d'une telle chose en tant que telle. C'est précisément ce pour quoi l'efficient fait

1. Avicenne, *Mét.* VI, 5 (Van Riet /Verbeke, p. 337) : « Causa vero finalis, inquantum ipsa est causa, causa est ut ceterae causae sint causae in effectu. Igitur causalitas causae finalis est causa esse aliarum. Igitur esse aliarum causarum est a causalitate illius. » (*La cause finale, en tant qu'elle est cause, est la cause du fait que les autres causes soient causes en acte. Donc la causalité de la cause finale est la cause de l'être des autres causes ; donc l'être des autres causes est causé par la causalité de celle-là*).

2. Aristote, *Mét.* V, 2, 1013 a 33-35 (Tricot, p. 248) : « La cause est aussi la fin, c'est-à-dire la cause finale. Par exemple, la santé est la cause de la promenade. Pourquoi, en effet, se promène-t-on ? Nous répondons : pour se bien porter, et, en parlant ainsi, nous pensons avoir rendu compte de la cause ».

efficiens facit aliquid esse, quia ordinatum ad amatum – illud inquantum amatum est causa finalis facti.

Quandoque bene obiectum operationis ultimae est tale amatum, ideo finalis causa : non quia terminus operationis talis naturae, sed quia amatum a causante illam naturam. Tamen bene operatio ultima alicuius vel quod per ipsam attingitur quandoque dicitur finis, quia ultimum et aliquo modo optimum, et ita habet aliquas condiciones causae finalis.

Non ergo Aristoteles poneret intelligentias proprie habere causam finalem et non efficientem ; sed vel tantum finem extendendo 'finem' ad obiectum operationis optimae, vel si proprie daret efficiens, non quidem per motum neque per mutationem, quia causae quatuor pertinent ad considerationem metaphysici et sic abstrahunt a seipsis ut pertinent ad considerationem physici. Nec poneret primum dare esse eis post non esse, si ponit eas sempiternas et necessarias, saltem 'post' duratione, sed 'post' ordine tantum naturae, sicut exponit Avicenna rationem creationis 6° *Metaphysicae* capitulo 2°. Utrum autem causato repugnet necessitas an non, propositum non infringit. Si posset aliquod efficiens simpliciter necessario causare et finis aliquis necessario finiret, et non e converso, saltem quodlibet causatum non tantum est possibile ut opponitur impossibili, sed etiam ut opponitur necessario ex se, quia est obiectum sive terminus potentiae suae causae ; licet non sit possibile ut opponitur necessario in communi secundum philosophos, quia talem contingentiam a separatis negarent.

être quelque chose – parce qu'il l'aime, étant ordonné à l'aimé – c'est cela, en tant qu'aimé, qui est la cause finale de ce qui est produit.

Quelquefois (pourtant) l'objet de l'opération ultime est bien un tel aimé; par conséquent il est aussi cause finale : non parce qu'il est le terme de l'opération d'une telle nature, mais parce qu'aimé par ce qui cause cette nature. Cependant l'opération ultime de quelque chose ou ce qui est atteint par elle se dit quelquefois légitimement fin, étant ce qui est ultime et de quelque manière le meilleur, et possède ainsi quelques conditions de la cause finale.

Par conséquent Aristote[1] ne voulait pas affirmer que les intelligences possèdent au sens propre une cause finale sans une cause efficiente; mais ou bien seulement une fin, en élargissant la fin jusqu'à l'objet de l'opération la meilleure, ou bien, s'il leur donne un efficient au sens propre, alors assurément pas (un efficient) par le mouvement ni par le changement, parce que les quatre causes appartiennent à la considération du métaphysicien, et de cette manière elles font abstraction de ce qui concerne en elles la considération du physicien. Aussi ne voulait-il pas affirmer que le premier leur donne l'être après le non-être – s'il les pose comme éternelles et nécessaires – au sens d'un 'après' dans la durée, mais seulement au sens d'un 'après' dans l'ordre de la nature, comme Avicenne explique la raison de la création au sixième livre de la *Métaphysique*, chapitre 2[2]. Cependant, si la nécessité répugne ou non à l'effet, cela n'a pas de prise sur notre propos. Si un efficient pouvait tout simplement causer nécessairement et une fin finaliser nécessairement, et non inversement, alors chaque effet serait non seulement 'possible' en tant qu'opposé à 'impossible', mais aussi en tant qu'opposé à 'nécessaire de soi', parce qu'il serait objet ou terme de la puissance de sa cause; il ne serait toutefois pas 'possible' en tant qu'opposé à 'nécessaire' au sens général des philosophes qui refuseraient une telle contingence aux substances séparées.

Un autre corollaire est clair : la fin n'est pas la cause finale de l'efficient, mais (la cause finale) de l'effet; par conséquent, si l'on dit que 'l'agent agit

1. Cf. Aristote, *Mét.* XII, 8, 1073 a 34 *sq.* et 1074 a 17 *sq.*

2. Avicenne, *Mét.* VI, 2 (Van Riet/ Verbeke, p. 304) : « Et haec est intentio quae apud sapientes vocatur creatio, quod est dare rei esse post non esse absolute. Causatum enim quantum est in se, ut sit non, quantum vero ad causam suam est ei ut sit. Quod autem rei ex seipsa apud intellectum prius est per essentiam, non tempore, eo quod est ei ex alio a se; igitur omne causatum est ens post non ens, posterioritate essentiae. (*Et telle est l'intention que les savants appellent création : donner absolument l'être à une chose après le non-être; en effet, l'effet, dans la mesure où il est en soi, est fait pour ne pas être, mais dans la mesure où il est en rapport à sa cause, il est fait pour être. Et ce qui appartient à une chose par elle-même, l'intellect le comprend comme antérieur par essence et non selon le temps, d'autant plus s'il appartient à cette chose par un autre qu'elle; par conséquent, tout créé est un être postérieur au non-être, d'une postériorité d'essence*).

Patet aliud corollarium, quod finis non est causa finalis efficientis, sed effectus; unde quod dicitur: 'Agens agit propter finem', non intelligendum est suum, sed sui effectus.

[13] SEXTA CONCLUSIO: *Quod non est effectum, non est materiatum.*

Probatur: quia materia de se est in potentia contradictionis ad formam; igitur non est ex se actu per formam; ergo ab aliquo alio reducente istam potentiam ad actum. Illud est efficiens compositum, quia idem est 'facere compositum' et 'materiam esse actu per formam'.

Prima consequentia patet: quia potentia mere passiva et contradictionis non se reducit ad actum. Si dicas formam reducere ipsam potentiam ad actum, verum est formaliter. Sed cum praeintelligantur forma et materia non unita, illud a quo uniuntur habet rationem causae efficientis, quam sequitur actuatio formalis.

Secundo probatur conclusio: quia efficiens est proxima causa finali; igitur prior materia. Cuius non est prior, nec posterior. – Prima propositio hic probatur: Nam metaphorice 'movere ut amatum' est causatio finis; sic movet efficiens, non aliam causam.

Tertio probatur: quia compositum est vere unum; ergo habet aliquam entitatem unam quae nec est entitas materiae nec formae. Et ista una entitas est causata non a duabus entitatibus primo, quia nihil unum est ex pluribus nisi virtute unius, nec ab altero duorum primo, quia utrumque illorum est diminutum respectu entitatis totalis; ergo ab uno aliquo extrinseco.

[14] SEPTIMA CONCLUSIO: *Quod non est materiatum, non est formatum, et e converso.*

Probatur: Quod non est materiatum, non est compositum ex partibus essentialibus; quia in omni sic composito per se uno altera pars est potentialis, quia non fit unum per se nisi ex potentia et actu – 7° et 8° *Metaphysicae*. Quod igitur non habet partem per se potentialem, non est compositum; igitur nec formatum, quia formatum est

en vue d'une fin', il ne faut pas comprendre '(en vue de) sa propre (fin)', mais '(en vue de la fin) de son effet'.

13. SIXIÈME CONCLUSION : *Ce qui n'est pas effectué n'est pas matérié.*

On le prouve: la matière de soi est en puissance de contradiction à l'égard de la forme; elle n'est donc pas de soi en acte par la forme; elle est par conséquent en acte par un autre qui amène cette puissance à l'acte; celui-ci est l'efficient du composé, car 'produire le composé' et '(pour) la matière être en acte par la forme' sont identiques.

La première conséquence est claire : une puissance purement passive et susceptible de contradiction ne se porte pas (elle-même) à l'acte.

Et si tu dis que la forme porte elle-même la puissance à l'acte, cela est vrai formellement. Mais lorsque la forme et la matière sont comprises antérieurement comme non-unies, ce par quoi elles sont unies possède la raison de cause efficiente, que suit (alors) l'actuation formelle.

Deuxièmement on prouve la conclusion : l'efficient est la cause la plus proche de la cause finale : il est donc antérieur à la matière. Ce qui n'a pas une cause antérieure n'a pas une cause postérieure. – On prouve ici la première proposition : car métaphoriquement 'mouvoir en tant qu'aimé' est la manière dont cause la fin; ainsi (celle-ci) meut l'efficient, et non une autre cause.

Cela est prouvé troisièmement : le composé est vraiment un; il a donc une entité une qui n'est entité ni de la matière ni de la forme. Et cette entité une n'est pas causée originellement par les deux entités, car quelque chose d'un ne provient jamais de plusieurs, sauf par l'action de quelque chose d'un; (cette entité une) n'est pas non plus causée originellement par l'un des deux, car l'un et l'autre sont moindres que l'entité totale; donc (il dépend) de quelque chose d'un qui est extrinsèque.

14. SEPTIÈME CONCLUSION : *Ce qui n'est pas matérié n'est pas formé, et inversement.*

Démonstration : ce qui n'est pas matérié n'est pas composé de parties essentielles, car, dans chaque (être) ainsi composé un par soi, une des parties est en puissance, parce que rien ne devient un par soi s'il n'est formé de puissance et d'acte, selon les septième[1] et huitième[2] livres de la *Métaphysique*. Donc, ce qui n'a pas une partie par soi en puissance, n'est pas composé; donc (il n'est pas) non plus formé, parce que ce qui est formé

1. Aristote, *Mét.* VII, 8, 1033 b 16-19 (Tricot, p. 389) : « Il résulte manifestement de ce que nous venons de dire : que ce qu'on appelle forme ou substance n'est pas engendré, mais que ce qui est engendré, c'est le composé de matière et de forme, lequel reçoit le nom de la forme; et que tout être engendré renferme de la matière, une partie de la chose étant matière, et une autre partie, forme ».

2. Aristote, *Mét.* VIII, 6, 1045 b 20 (Tricot, p. 479) : « Chaque chose, en effet, est une, et ce qui est en puissance et ce qui est en acte ne sont en quelque sorte qu'une seule chose ».

compositum habens formam partem sui. – Sicut argutum est de materia et forma, ita potest argui de subiecto et accidente suo modo.

Confirmatur ista probatio iuxta illud Aristotelis 7° *Metaphysicae* : Si quid esset ex unico elemento, non esset nisi illud; immo illud non esset elementum – ex prima conclusione huius secundi. Igitur a simili : Si quid habet tantum unam partem essentialem, non est nisi illa; imo illa non est pars nec causa, propter primam dictam. Ergo omne causatum ex aliqua causa intrinseca habet etiam aliam intrinsecam concausantem; et ita patet propositum.

[15] Octava conclusio : *Quod non est causatum a causis extrinsecis, non est causatum ex intrinsecis.*

Haec ex praemissis quatuor satis patet; habet tamen probationes speciales.

Prima est quia causalitates causarum extrinsecarum perfectionem dicunt cui non est annexa necessario imperfectio; causae intrinsecae de necessitate habent imperfectionem annexam. Itaque causae extrinsecae priores sunt in causando intrinsecis sicut perfectum imperfecto. Adiunge tertiam conclusionem : sequitur propositum.

Secunda est ista quia intrinsecae possunt esse in se causatae respectu extrinsecarum; ergo sunt posteriores in causando respectu earum. – Antecedens patet de forma, patet etiam de materia inquantum pars est; sed <de> ipsa in se inferius ostendetur.

[16] Nona conclusio : *Quatuor genera causarum in causando idem essentialiter ordinantur.*

Patet ex quinque praemissis. Sed ex se videtur rationabilis quod multa a quibus idem essentialiter dependet ordinem habeant, secundum quem illud ab eis ordinate dependeat Nam omnia multa

est un composé dont la forme est une partie intégrante. – Comme on a argumenté pour la matière et la forme, on peut le faire pour le sujet et l'accident de façon appropriée [1].

Cette démonstration est confirmée par Aristote au livre VII de la *Métaphysique* [2]. Si quelque chose était constitué d'un seul élément, il ne serait que cet élément; bien plus, ce dernier ne serait pas un élément, d'après la première conclusion de ce second chapitre [3]. Donc, par un raisonnement semblable, si quelque chose a seulement une partie essentielle, il n'est que cette partie; bien plus, celle-ci n'est ni une partie ni une cause, selon cette même conclusion. Donc tout ce qui est causé par une cause intrinsèque a aussi l'autre cause intrinsèque comme concausante; et ainsi le propos est clair.

15. HUITIÈME CONCLUSION : *Ce qui n'est pas causé par des causes extrinsèques, ne l'est pas à partir de causes intrinsèques.*

Cette (conclusion) est assez claire d'après les quatre (conclusions) précédentes; il y a pourtant, pour elle, des preuves particulières.

La première : les modes selon lesquels agissent les causes extrinsèques signifient une perfection à laquelle n'est pas nécessairement attachée une imperfection; les causes intrinsèques ont par nécessité une imperfection qui leur est inhérente. C'est pourquoi les causes extrinsèques sont antérieures aux causes intrinsèques dans l'ordre de la causalité, comme le parfait (est antérieur) à l'imparfait. Ajoute la troisième conclusion [4] : notre propos en découle.

La deuxième : les (causes) intrinsèques peuvent en soi être causées par rapport aux (causes) extrinsèques; donc elles sont postérieures par rapport aux (causes extrinsèques) dans l'ordre de la causalité. – L'antécédent est clair quand il s'agit de la forme; il est clair également quand il s'agit de la matière en tant qu'elle est partie; en ce qui concerne elle-même en soi, on le montrera plus bas.

16. NEUVIÈME CONCLUSION : *Les quatre genres de causes sont ordonnés essentiellement lorsqu'elles causent le même.*

Cela est clair d'après les cinq (conclusions) précédentes. Mais de soi, il semble raisonnable que plusieurs (choses), dont dépend essentiellement le même, aient un ordre, selon lequel il dépend d'elles de façon ordonnée. Car

1. Cf. *Ord.* I, d. 8, q. 2 (Ed. Vaticana, t. IV, p. 166-167).

2. Aristote, *Mét.* VII, 17, 1041b 22 (Tricot, p. 451) : « Si c'est un composé d'éléments, il sera évidement composé, non d'un seul élément, mais de plusieurs (sinon cet élément unique serait la chose même) ».

3. Absolument aucune chose n'est ordonnée essentiellement à elle-même (chap. 2, concl. 1, § 9).

4. Ce qui n'est pas postérieur à l'antérieur n'est pas postérieur au postérieur (chap. 2, concl. 3, § 9).

ex quibus non fit unum ut ex actu et potentia vel omnino nullam habent unitatem ordinis, non causant aliquid essentialiter idem. Cum igitur quatuor genera causarum non sunt partes alicuius unius compositi ex ipsis sicut ex actu et potentia, nec omnino nullam habent unitatem inquantum causant, quomodo tunc aliquid idem causarent? Igitur habent unitatem ordinis inquantum causant causatum, quo ordine omnes sunt unum, respectu tertii scilicet, in causando, sicut multa in universo per ordinem sunt unum in essendo.

Et qualis sit ordo istorum generum causae, patet ex dictis de fine et efficiente: inter se ex secunda probatione quartae et secunda probatione sextae, et ad alias causas ex eisdem et ex octava.

Qualis autem sit intrinsecarum inter se, nolo hic multum prosequi inquirendo; parum illis utar in processu. Videtur tamen materia prior secundum independentiam, quia contingens et informans videtur dependere a permanente et informato, quia informanti praeintelligitur formabile. Et ita exponunt quidam Augustini *Confessiones* de prioritate materiae respectu formae. Et si quaeris quo ordine est prior, respondeo: sicut causatum propinquius eidem causae remotae; propinquius, inquam, necessario secundum istum ordinem, secundum quem nunc forma causatur ab ipsa. Tamen forma est prior secundum eminentiam quia perfectior; quod tamquam planum accipit Aristoteles 7° *Metaphysicae* ubi comparat

toute multitude qui ne produit pas un être un comme (composé) d'acte et de puissance ou qui n'a vraiment aucune unité d'ordre, ne cause pas quelque chose d'essentiellement identique. Donc du moment que les quatre genres de causes ne sont pas des parties de quelque chose d'un qui en est composé, comme de l'acte et de la puissance, et du moment qu'elles n'ont vraiment aucune unité en tant qu'elles causent, comment alors causeraient-elles quelque chose d'identique? Donc elles ont une unité d'ordre en tant qu'elles causent un effet; d'après cet ordre, elles sont toutes une dans l'ordre de la causalité, par rapport à un troisième terme, comme les choses multiples dans l'univers sont une par un ordre dans l'être.

Ce qui a été dit de la fin et de l'efficient montre avec clarté quel est l'ordre de ces genres de causes : (leur rapport) l'une à l'autre (ressort de ce que nous avons dit) dans la deuxième preuve de la quatrième (conclusion)[1] et dans la deuxième preuve de la sixième (conclusion)[2]; et (leur rapport) aux autres causes, dans les mêmes lieux et dans la huitième (conclusion)[3].

Mais je ne veux pas ici chercher davantage quel est (l'ordre) des causes intrinsèques entre elles; je les utiliserai très peu dans la suite. Il semble cependant que la matière soit antérieure selon l'indépendance, parce que le contingent et l'informant semblent dépendre du permanent et de l'informé, le formable étant saisi antérieurement à l'informant. Et certains exposent ainsi des (passages) des *Confessions*[4] d'Augustin sur l'antériorité de la matière par rapport à la forme. Et si tu cherches l'ordre d'après lequel elle est antérieure, je réponds : comme l'effet est plus proche de la même cause éloignée, plus proche, dis-je, nécessairement selon cet ordre d'après lequel la forme est alors causée par (la cause éloignée). Cependant la forme est antérieure selon l'éminence, parce que plus parfaite. Aristote au livre VII de la *Métaphysique*[5], où il les compare, accepte cela comme une évidence,

1. Chap. 2, concl. 4, § 16, où Duns Scot montre que la cause finale est la première des causes, dans l'ordre de la causalité.

2. Chap. 2, concl. 6, § 13, où Scot montre que la cause efficiente est la cause la plus proche de la cause finale.

3. Chap. 2, concl. 8, § 15, où il est démontré que, dans l'ordre de la causalité, les causes extrinsèques sont antérieures aux causes intrinsèques.

4. Augustin, *Conf.* XII, 4 / XII, 3, 3 / XII, 6, 6 / XII, 7, 7 / XII, 8, 8 / XII, 39, 4. Ces textes parlent de l'existence d'une matière 'informe' (*Conf.* XII, 3, 3; de Labriolle, t. II, p. 331) : « N'est-ce pas vous, Seigneur qui m'avez appris qu'avant que cette informe matière reçût de vous sa forme et ses variétés, il n'y avait rien, ni couleur, ni figure, ni corps, ni esprit? Ce n'était pas un rien absolu, mais quelque chose d'informe, dépourvu de figure ».

5. Aristote, *Mét.* VII, 3, 1029 a s. (Tricot., p. 353) : « Il en résulte que si la forme est antérieure à la matière, et si elle a plus de réalité qu'elle, elle sera aussi, pour la même raison, antérieure au composé de la matière et de la forme ».

ea, licet ex dictis eius alibi, 9° *Metaphysicae*, de actu et potentia, possit probari.

[17] Intellige autem quod aliud est causas in causando sive secundum causationem esse essentialiter ordinatas, et aliud est ea quae sunt causae esse essentialiter ordinata, sicut patet per Avicennam 6° *Metaphysicae* 5°. Nam primum verum est et ostensum; alias istae essent falsae : 'Quia amat finem, ideo efficit effectum', et 'Quia efficit, ideo forma informat et materia materiat', quae tamen communiter admittuntur. Secundum autem falsum est. Nam illud quod est finis non est causa eius quod est efficiens, nec quandoque e converso. Communiter autem illud quod est efficiens non est causa eius quod est materia, quia eam supponit.

[18] Expedito de comparationibus membrorum quartae divisionis de tertia breviter transeo, quia planum est eius dividentia repugnare et evacuare divisum. Quia :

DECIMA CONCLUSIO : *Si duo comparantur ad eandem causam, aut igitur proximam aut remotam.*

De secunda divisione duas conclusiones propono. Prima est de distinctione membrorum :

UNDECIMA CONCLUSIO : *Non omne causatum causae propinquius est causa causati remotioris ab eadem causa; igitur est aliquod causatum prius, non tamen prius quod est causa.*

Antecedens huius probatur exemplo et ratione. Ponitur tale exemplum : Quantitas est propinquius causatum qualitate, non tamen eius causa. Patet discurrendo per causas. – Probatur etiam ratione, quia...

[19] Secunda conclusio est de sufficientia divisionis :

DUODECIMA CONCLUSIO : *Nihil dependet essentialiter nisi a causa vel a causato propinquiori alicui causae.*

Probatur : Quia si dependet ab aliquo alio, sit illud aliud A et dependens sit B. A non existente B non erit. Sed A non existente omnes per se causae ipsius B possunt concurrere, et etiam omnia causata istis causis propinquiora quam B possunt esse iam causata : Quia A nullum istorum est per te, igitur omnibus causis per se

quoiqu'on puisse le prouver d'après ses dires dans un autre passage, au livre IX de la *Métaphysique* [1] au sujet de l'acte et de la puissance.

17. Comprends aussi qu'autre est le fait que les causes soient essentiellement ordonnées dans l'ordre de la causalité ou selon leur causation, et autre le fait que (les réalités), qui sont les causes, soient essentiellement ordonnées, comme il apparaît clairement dans le livre VI, chapitre 5, de la *Métaphysique* d'Avicenne [2]. Car le premier (membre de la phrase) est vrai et montré; autrement ces (propositions) seraient fausses : 'parce qu'il aime la fin, il produit l'effectué' et 'parce qu'il produit, la forme informe et la matière agit comme cause matérielle', (propositions) qui sont cependant communément admises. Mais la seconde (partie) est fausse. Car ce qui est la fin n'est pas la cause de ce qui est efficient, et inversement dans certains cas. Généralement aussi, ce qui est efficient n'est pas cause de ce qui est matière, parce qu'il la suppose.

18. En ayant fini avec les comparaisons des membres de la quatrième division, je passerai rapidement sur la troisième, parce qu'il est clair que ces divisants s'excluent mutuellement et expriment totalement le divisé. Car :

DIXIÈME CONCLUSION : *Si deux (effets) sont rapportés à la même cause, (ils le sont) donc soit à la cause prochaine soit à la cause éloignée.*

Pour la deuxième division, je propose deux conclusions. La première traite de la distinction des membres :

ONZIÈME CONCLUSION : *Tout effet plus proche d'une cause n'est pas cause d'un effet plus éloigné de la même cause; quelque effet est donc antérieur, et cependant il n'est pas antérieur à la manière d'une cause.*

L'antécédent de cette (conclusion) est prouvé par un exemple et par un argument. Prenons cet exemple : la quantité est un effet plus proche que la qualité, cependant elle n'est pas sa cause. Cela est clair quand on parcourt les causes. – On le prouve aussi par un argument, parce que…

19. La seconde conclusion traite de la suffisance de la division :

DOUZIÈME CONCLUSION : *Rien ne dépend essentiellement, si ce n'est d'une cause ou d'un effet plus proche d'une cause.*

Démonstration : si quelque chose dépend d'un autre, soit A cet autre et B ce qui dépend. A n'existant pas, B ne sera pas. A n'existant pas, toutes les causes par soi de B peuvent être présentes, et tous les effets plus proches que B de ces causes peuvent bien être causés : A n'étant aucune de celles-ci d'après ton hypothèse, même si toutes les causes par soi étaient présentes et

1. Aristote, *Mét.* IX, 8, 1049 b 5 (Tricot, p. 507) : « … il en résulte manifestement que l'acte est antérieur à la puissance ».

2. Avicenne, *Mét.* VI, 5 (Van Riet / Verbeke, p. 337) : « Scias etiam quod aliquando res est causata in sua causalitate, et aliquando est causata in suo esse. » (*Tu sais aussi qu'une chose parfois est causée dans sa causalité, et parfois est causée dans son être*).

concurrentibus et omnibus causatis propinquioribus ipso B iam positis B non erit. Igitur omnes istae causae per se non sunt sufficientes causae etiam illis propinquioribus iam causatis. Consequentia patet : quia causae sufficientes iam causatis propinquioribus positis possunt causare remotius causatum.

Si dicas quod argumentum non concludit quin possint, sed quod non causant, hoc nihil est. Nam A non posito esse per te B non potest esse. Positis omnibus ex parte causarum omnium et causatorum priorum A non potest esse per illa, quia non est aliquod illorum nec causabile ab eis. Ergo B non potest esse per illa ; nam per nihil potest aliquid esse, per quod non potest esse sine quo impossibile est illud esse.

Si dicas : 'Compositum potest esse per agens naturale, non tamen potest materia esse per ipsum sine qua impossibile est compositum esse', instantia nihil valet; quia agens naturale non est causa tota compositi, a quo scilicet, circumscripto quocumque alio, potest esse compositum. De tali loquor : quia si omnes causas in omni genere causae ordinatas ad B coniungam et effectus omnes propinquiores ipso B sint producti, per omnes istas A non potest esse, quia non est causa nec causatum de numero istorum ; et sine A, B non potest esse. Ergo per omnes istas simul iunctas B non potest esse ; ergo omnes istae simul iunctae non sunt totaliter causa ipsius B : Quod est oppositum positi.

[20] De prima divisione similes conclusiones duas propono. Prima, quod eius membra invicem distinguuntur.

Decima tertia conclusio : *Non omne excessum dependet essentialiter ab eminente. Ergo primae divisionis primum membrum non infert secundum.*

Probatio antecedentis : Species nobilior est eminens respectu minus nobilis, puta contrarium respectu minus contrarii ; nec tamen respectu eius est aliqua causa – patet inductive – nec causatum propinquius, quia causalitas causae communis non respicit secundum ordinem essentialem illa ut causata. Tunc enim non posset causare excessum nisi prius causaret eminens, quod est patens falsum de quacumque causa. Quia si contrarium vilius producitur ab hac causa contrario nobiliori a nulla causa producto, igitur respectu nullius causae sic ordinantur.

que tous les effets, qui sont plus proches que B, étaient déjà posés, B ne serait pas. Donc toutes ces causes par soi ne sont pas des causes suffisantes, même si les effets plus proches sont déjà causés. La conséquence est claire : les effets plus proches déjà posés, les causes suffisantes peuvent causer un effet plus éloigné.

Si tu dis que l'argument ne conclut pas qu'elles ne peuvent pas (causer), mais seulement qu'elles ne causent pas (en fait), cela ne vaut rien. Car si, selon ton hypothèse, A n'est pas posé comme existant, B ne peut pas être. Et si du côté de toutes les causes et des effets antérieurs tout est posé, A ne peut pas être par eux, parce que A n'est ni l'un d'eux ni causable par eux. Donc B ne peut pas être par eux, car quelque chose ne peut être par aucune réalité par laquelle ne peut se réaliser la (condition) sans laquelle il est impossible que cela soit.

Si tu dis : 'Un composé peut être par un agent naturel, cependant la matière – sans laquelle il est impossible qu'il y ait un composé – ne peut pas être par cet agent', l'objection ne vaut rien ; car un agent naturel n'est pas la cause totale d'un composé, c'est-à-dire (un agent) par lequel, à l'exclusion de tout autre, un composé peut être. C'est d'une telle (cause totale) que je parle : car si je réunis pour B toutes les causes ordonnées dans chaque genre de causes et si tous les effets plus proches que B sont produits, par tout cela A ne peut pas être, – car A n'est ni une cause, ni un effet du nombre des (conditions) que j'ai citées ; et sans A, B ne peut pas être. Donc par toutes ces (conditions) réunies en même temps, B ne peut pas être. Donc toutes ces (conditions) réunies en même temps ne sont pas totalement la cause de B : ce qui est le contraire de l'hypothèse.

20. Quant à la première division, je propose deux conclusions semblables. La première, que ces membres se distinguent réciproquement :

TREIZIÈME CONCLUSION : *Tout ce qui est dépassé ne dépend pas essentiellement de l'éminent. Donc le premier membre de la première division n'implique pas le second.*

Preuve de l'antécédent : une espèce plus noble est éminente à l'égard d'une moins noble, par exemple le contraire à l'égard de ce qui est moins contraire ; pourtant (celle-là) n'est à l'égard de celle-ci ni une cause – cela est clair inductivement –, ni un effet plus proche, car la causalité d'une cause commune ne regarde pas ces (espèces) en tant qu'effets selon l'ordre essentiel. En effet (cette cause commune) ne pourrait alors causer ce qui est dépassé sans avoir auparavant causé ce qui est éminent – et cela est manifestement faux pour n'importe quelle cause. Car si le contraire moins noble est produit par cette cause sans que le contraire plus noble ait été produit par aucune cause, alors (ces deux contraires) ne constituent un ordre (de dépendance) par rapport à aucune cause.

Ulterius : Si eminens aliquod non est causa respectu excessi nec causatum propinquius causae amborum, igitur excessum non dependet ab ipso essentialiter. Haec consequentia patet ex proxima praeostensa.

Ex abundanti adiungo eius conversam :

DECIMA QUARTA CONCLUSIO : *Non omne dependens est excessum ab illo a quo dependet.*

Patet : Compositum dependet a materia, cum sit ipsa multo perfectius. Similiter forma fortassis a materia dependet – tactum est conclusione nona –, tamen forma est perfectior, 7° *Metaphysicae*. In motibus etiam ordinatis quod est posterius generatione dependet a priore, quia prius est effectus propinquior causae amborum ; tamen posterius est perfectius, 9° *Metaphysicae*.

[21] Tertio, pro sufficientia huius divisionis hanc generalem propono apud Aristotelem satis notam :

DECIMA QUINTA CONCLUSIO : *Numquam pluralitas est ponenda sine necessitate.*

Cum igitur nulla necessitas appareat ponendi plures ordines essentiales primos quam duos praedictos, illi soli sunt. Haec etiam generalis propositio ostendit tantum sex esse ordines essentiales : Tot ostensi sunt, et ad ponendum alios necessitas non apparet.

[22] Comparatis membris primae divisionis ad invicem in communi, comparo in speciali posterius primi ordinis ad duo posteriora specialia secundi ordinis ; comparo scilicet excessum ad effectum et finitum. Hic conclusionem unam propono quae talis est :

DECIMA SEXTA CONCLUSIO : *Omne finitum est excessum.*

Probatur : Quia finis est melior eo quod est ad ipsum. Hoc probatur : Quia finis ut amatum movet efficiens ad causandum. A igitur non est minus bonum ipso B nec aequale ; ergo maius. – Secunda pars antecedentis probatur : Quia qua ratione aequale moveret, eadem ratione et idem posset movere, quia aeque est

En plus : si quelque éminent n'est à l'égard du dépassé ni cause ni effet plus proche d'une cause (commune) aux deux, alors le dépassé ne dépend pas essentiellement de lui. Cette conséquence est claire d'après celle qui vient d'être démontrée [1].

Je surajoute ici l'inverse de cette (treizième) conclusion :

QUATORZIÈME CONCLUSION : *Tout ce qui dépend n'est pas dépassé par ce dont il dépend.*

Cela est clair : le composé dépend de la matière, tout en étant bien plus parfait qu'elle. De même, la forme dépend peut-être de la matière – nous en avons dit quelque chose dans la neuvième conclusion – et cependant, la forme est plus parfaite, selon le septième livre de la *Métaphysique* [2]. De même dans les mouvements ordonnés, ce qui est postérieur selon la génération dépend de l'antérieur, car l'antérieur est l'effet plus proche de leur cause commune; et néanmoins, le postérieur est plus parfait, selon le neuvième livre de la *Métaphysique* [3].

21. En troisième lieu, pour (démontrer) la suffisance de cette division, j'avance cette (proposition) générale, suffisamment connue chez Aristote :

QUINZIÈME CONCLUSION : *Il ne faut jamais poser une pluralité sans nécessité.*

Ainsi, comme n'apparaît aucune nécessité de poser plus d'ordres essentiels premiers que les deux précités, ceux-ci sont les seuls. Aussi, cette proposition générale démontre qu'il n'y a que six ordres essentiels : nous en avons montré autant, et la nécessité d'en poser d'autres n'apparaît pas.

22. Les membres de la première division étant comparés réciproquement en général, je compare en particulier le postérieur du premier ordre à deux postérieurs particuliers du second ordre : à savoir, je compare le dépassé à l'effectué et au fini.

Ici je propose une (seule) conclusion que voici :

SEIZIÈME CONCLUSION : *Tout (ce qui est) fini est dépassé.*

On le prouve : la fin est meilleure que ce qui lui est ordonné. Cela se prouve comme suit : la fin comme l'aimé meut l'efficient à causer. Ainsi A n'est pas moins bon que B, ni également (bon), donc (il est) meilleur. – La seconde partie de l'antécédent est prouvée : si par la même raison qui permettrait à l'égal de mouvoir, le même pouvait mouvoir, étant tout aussi

1. C'est-à-dire la douzième conclusion : rien ne dépend essentiellement, si ce n'est d'une cause ou d'un effet plus proche d'une cause.

2. Aristote, *Mét.* VII, 3, 1029 a 5 (Tricot, p. 353) : « Il en résulte que si la forme est antérieure à la matière, et si elle a plus de réalité qu'elle... ».

3. Aristote, *Mét.* IX, 8, 1050 a 4 (Tricot, p. 510) : « Ce qui est postérieur dans l'ordre de la génération est antérieur dans l'ordre de la forme et de la substance ».

amabile et desiderabile, et ita posset esse causa finalis sui – contra primam huius secundi. Ex hoc concluditur quod nec minus.

Item : Natura agit propter finem sicut ars ageret si ageret naturaliter. Sed a fine in artificialibus sumitur principium cognitionis artificialis, de finito est conclusio, 2° *Physicorum*. Principium autem est verius : Ergo finis qui includit illam veritatem virtualiter est perfectior subiecto conclusionis.

[23] Obicies : Aliqua voluntas causat aliquid propter minus bonum amatum; igitur ibi finis est excessus. Antecedens patet in actu omni bono ex genere et malo ex fine, quia ordinatur ab agente ad finem inferiorem se.

Respondeo : Conclusio procedit de fine ex natura rei, qualis est semper finis naturae et finis voluntatis ordinatae. Sed nec instantia de voluntate inordinata destruit conclusionem : quia talis non est prima causa effectus. Igitur si a tali est ad finem non perfectiorem, ab alia superiore causa ordinata est ad perfectiorem, quia alias non <esset> ordinata, ut probatio conclusionis ostendit. Et si ut a superiore producitur habet finem perfectiorem, ergo aliquem perfectiorem. Ergo omne finitum est excessum ab aliquo fine suo licet non a proximo, propter quem amatum agens proximum inordinatum causat ipsum.

Posset etiam dici quod finis ille est finis eius secundum quid. Hoc non placet : quia efficientia causae inferioris est efficientia simpliciter. Ergo si non efficit praecise ut motum, sicut bacalus – tali non correspondet finis proprius, quia non est agens proprie sed quasi effectum propinquius – si, inquam, non sic efficit, finis eius est finis simpliciter, quia omnis per se efficientis est aliquis per se finis.

aimable et désirable, il pourrait être ainsi cause finale de soi, – or cela contredit la première (conclusion) de ce second (chapitre)[1]. De là on conclut aussi, que la (fin) ne saurait être moins (bonne).

De même : la nature agit en vue d'une fin, comme l'art agirait, s'il agissait naturellement. Mais dans les choses artificielles, c'est de la fin qu'est pris le principe de connaissance de l'artificiel, la conclusion concerne le fini, selon le deuxième livre de la *Physique*[2]. Or, le principe est plus vrai : donc, la fin qui inclut virtuellement cette vérité est plus parfaite que le sujet de la conclusion.

23. Tu objecteras : une volonté peut fort bien causer quelque chose en vue d'un bien moindre qu'elle aime ; donc là, la fin est dépassée. L'antécédent est clair pour tout acte bon par son genre et mauvais par sa fin, car (un tel acte) est ordonné par l'agent à une fin qui lui est inférieure.

Je réponds : la conclusion vaut pour la fin (prise) à partir de la nature de la chose ; et la fin de la nature comme la fin de la volonté ordonnée sont toujours de cette sorte. Toutefois, même l'objection (tirée) de la volonté désordonnée ne compromet (nullement) la conclusion : car une telle (volonté) n'est pas la première cause de l'effet. Par conséquent, si (celui-ci) est (ordonné) par une telle (volonté) vers une fin (qui n'est) pas plus parfaite, il est (néanmoins) ordonné par une autre cause supérieure vers une (fin qui, elle, est) plus parfaite, sans quoi il ne serait plus ordonné, comme le montre la preuve de la conclusion. Or, s'il a une fin plus parfaite en tant qu'il est produit par une (cause) supérieure, il en a donc une plus parfaite. Donc tout fini est dépassé par une de ses fins, même si ce n'est pas par la fin la plus proche, qui est celle que l'agent désordonné le plus proche aime, et en vue de laquelle il cause l'(effet).

On pourrait aussi dire que cette fin n'est sa fin que relativement. Mais cela ne (me) satisfait pas : car l'efficience d'une cause inférieure est efficience absolument. Par conséquent, si (une telle cause) ne produit pas son effet précisément comme quelque chose de mû, à la manière du bâton – à une telle (réalité) ne correspond pas une fin propre, car elle n'est pas proprement un agent, (étant) plutôt comme un effet plus proche –, si, dis-je, elle ne produit pas ainsi son effet, sa fin est fin absolument car tout efficient par soi possède quelque fin par soi.

1. Absolument aucune chose n'est ordonnée essentiellement à elle-même (chap. 2, concl. 1, § 9).

2. Cf. Aristote, *Phys.* II, 8, 199 a 8-15 ; II, 9, 200 a 15-b 4.

Capitulum tertium

DE TRIPLICI PRIMITATE IN PRIMO PRINCIPIO

[24] Domine deus noster, qui te primum esse ac novissimum praedicasti, doce servum tuum, te esse primum efficiens et primum eminens finemque ultimum ostendere ratione, quod certissima fide tenet.

De sex quippe ordinibus essentialibus supradictis tres placet eligere : duos causalitatis extrinsecae et unum eminentiae, atque in istis tribus ordinibus aliquam naturam unam simpliciter primam esse, si dederis, demonstrare. Ideo autem dico naturam unam, quia in hoc capitulo tertio praedictae tres primitates non de unico singulari seu secundum numerum ostendentur, sed de unica quidditate vel natura ; de unitate vero numerali inferius erit sermo.

[25] Prima conclusio : *Aliqua est natura in entibus effectiva.*

Quod ostenditur : Aliqua est effectibilis, ergo aliqua effectiva. Consequentia patet per naturam correlativorum. Antecedens probatur : Tum, quia aliqua est contingens ; igitur possibilis esse post non esse ; ergo non a se, nec a nihilo – utroque enim modo ens foret a non ente ; ergo ab alio effectibilis. Tum, quia aliqua natura est mobilis vel mutabilis, quia possibilis carere aliqua perfectione possibili sibi inesse ; ergo terminus motus potest incipere et ita effici.

[26] In hac conclusione et quibusdam sequentibus possem proponere actum sic : Aliqua natura est efficiens, quia aliqua est effecta, quia aliqua incipit esse, quia aliqua est terminus motus et contingens.

CHAPITRE TROISIÈME

DE LA TRIPLE PRIMAUTÉ DANS LE PREMIER PRINCIPE

24. Seigneur notre Dieu, qui t'es attribué l'être premier et dernier, apprends à ton serviteur la façon de montrer par la raison ce qu'il tient d'une foi très sûre, que tu es le premier efficient, le premier éminent et la fin ultime.

Des six ordres essentiels susdits, il convient d'en choisir trois : deux de causalité extrinsèque, et un d'éminence, et (il convient) dans ces trois ordres de démontrer, si tu l'accordes, qu'il existe une nature une absolument première. Voici pourquoi je parle d'une nature une, car dans ce troisième chapitre, les trois primautés déjà citées ne seront pas montrées d'un unique singulier ou (singulier) selon le nombre, mais d'une quiddité ou nature unique; mais l'on parlera plus bas de l'unité numérique[1].

25. PREMIÈRE CONCLUSION : *Dans les êtres quelque (nature) est une nature effective.*

Montrons-le : quelque (nature) est effectible, donc quelque (nature) est effective. La conséquence est claire par la nature des corrélatifs. Prouvons l'antécédent : d'une part, quelque (nature) est contingente; elle peut ainsi être après n'avoir pas été; donc (elle) ne (peut être) ni par soi ni par rien, – des deux façons en effet, l'être serait par le non-être; donc elle est effectible par un autre. D'autre part, quelque nature est mobile ou sujette au changement, car elle peut manquer d'une perfection qui peut lui appartenir; donc le terme du mouvement peut commencer et ainsi être effectué.

26. Dans cette conclusion et dans certaines qui suivent, je pourrais exposer (le point de vue) de l'acte comme suit : 'Une nature est efficiente, parce qu'une (nature) est effectuée, parce qu'une (nature) commence à être, parce qu'une (nature) est terme du mouvement et contingente.

1. Chap. 4, concl. 11, § 94.

Sed malo de possibili proponere conclusiones et praemissas. Illis quippe de actu concessis, istae de possibili conceduntur, non e converso. Illae etiam de actu sunt contingentes, licet satis manifestae, istae de possibili sunt necessariae. Illae ad ens existens, istae ad ens etiam quidditative sumptum possunt proprie pertinere. Et existentia illius quidditatis inferius ostendetur, de qua nunc ostenditur efficientia.

[27] SECUNDA CONCLUSIO : *Aliquod effectivum est simpliciter primum, hoc est nec effectibile nec in virtute alterius effectivum.*

Probatur ex prima : Aliquod est effectivum ; sit A. Si est primum, hoc modo exposito, propositum mox habetur. Si non, igitur est posterius effectivum, quia effectibile ab alio vel in virtute alterius effectivum ; si negatur negatio, ponitur affirmatio. Detur illud alterum, sit B ; de quo arguatur sicut de A argutum est : Aut procedetur in infinitum in effectivis, quorum quodlibet respectu prioris erit secundum, aut stabitur in aliquo non habente prius. Infinitas est impossibilis ascendendo ; ergo primitas necessaria, quia non habens prius nullo posteriore se est posterius : Nam circulum in causis destruit conclusio secunda secundi.

[28] Hic instatur, quia secundum philosophantes est possibilis infinitas ascendendo, sicut ipsi ponebant de generantibus infinitis, quorum nullum esset primum, sed quodlibet secundum, et tamen hoc ab eis sine circulo poneretur. Hanc instantiam excludendo dico quod philosophi non posuerunt infinitatem possibilem in causis essentialiter ordinatis, sed tantum accidentaliter, sicut patet per Avicennam 6° *Metaphysicae* 5° ubi loquitur de infinitate individuorum in specie.

Sed ad propositum ostendendum expono, quae sint causae essentialiter et quae accidentaliter ordinatae. – Ubi sciendum quod aliud est loqui de causis 'per se' et 'per accidens', et de causis per se

Mais je préfère exposer conclusions et prémisses au sujet du possible. Car si on les admet pour l'acte, on les admet pour le possible, non inversement. De plus, celles (admises) pour l'acte sont contingentes, bien qu'assez manifestes, mais celles (admises) pour le possible sont nécessaires. Les premières peuvent convenir proprement à l'être existant, les secondes (peuvent) aussi (convenir) à l'être pris quidditativement. Et l'existence de cette quiddité, dont on montre maintenant l'efficience, sera montrée plus bas.

27. DEUXIÈME CONCLUSION : *Quelque effectif est absolument premier, c'est-à-dire ni effectible, ni effectif en vertu d'un autre.*

Prouvons-le d'après la première (conclusion) : quelque chose est effectif ; soit A. S'il est premier, au sens donné plus haut, notre propos est aussitôt atteint. S'il ne l'est pas, il est donc un effectif postérieur, parce qu'il est effectible par un autre ou effectif en vertu d'un autre ; si la négation est niée l'affirmation est posée. Qu'on donne cet autre, soit B ; qu'on argumente à son sujet comme on a argumenté pour A : ou bien on procèdera à l'infini dans les effectifs, dont n'importe lequel par rapport à un antérieur sera second, ou bien on s'arrêtera à un (effectif) n'ayant pas d'antérieur. La remontée à l'infini est impossible ; donc la primauté est nécessaire, parce que ce qui n'a pas d'antérieur n'est postérieur à aucun postérieur à soi : car la deuxième conclusion du deuxième (chapitre) a détruit le cercle dans les causes.

28. Ici on peut objecter que selon les philosophes [1] la remontée à l'infini est possible, comme ils la posaient au sujet des êtres qui engendrent à l'infini, dont aucun ne serait premier, mais chacun second, et cependant ils voudraient poser cela sans cercle. En excluant cette objection, je dis que les philosophes n'ont pas posé (que) l'infinité (est) possible dans les causes essentiellement ordonnées, mais seulement (dans les causes qui le sont) accidentellement, comme il apparaît clairement dans Avicenne, au sixième livre de la *Métaphysique*, chapitre cinq [2], où il parle de l'infinité des individus dans l'espèce.

Mais pour ce que je me propose de montrer, j'expose quelles sont les causes essentiellement (ordonnées) et quelles (sont les causes) accidentellement ordonnées. – Ici, il faut savoir qu'autre chose est de parler de causes 'par soi' et 'par accident' et de (parler) de causes ordonnées par soi ou

1. Cf. Aristote. *De la génération et de la corruption* II, chap. 10-11.

2. Avicenne, *Mét.* VI, 5 (Van Riet / Verbeke, p. 334) : « Prima igitur intentio naturae est ut permaneat natura humana et alia huiusmodi (...). Ad hoc autem ut hoc unum permaneat in esse, necesse est ut sint individua post individua sine fine. Igitur infinitas individuorum numero erit accidentalis. » (*L'intention première de la nature est que subsiste la nature humaine, et les autres natures de ce genre (...). Donc pour que subsiste cette espèce une, il est nécessaire qu'il y ait sans fin individus après individus : par conséquent l'infinité numérique d'individus est accidentelle.*)

sive essentialiter et accidentaliter ordinatis. Nam in primo est tantum comparatio unius ad unum, causae ad causatum; et est causa 'per se', quae secundum naturam propriam, non secundum aliquid sibi accidens causat. In secundo est comparatio duarum causarum inter se, inquantum ab eis est causatum.

Et differunt essentialiter et per se ordinatae in tribus ab accidentaliter ordinatis. Prima differentia est quod in 'per se' secunda, inquantum causat, dependet a prima; in 'per accidens' non, licet in esse vel in aliquo alio dependeat. Secunda est quod in per se ordinatis est causalitas alterius rationis et ordinis, quia superior est perfectior; in accidentaliter non. <Et haec> sequitur ex prima; nam nulla causa a causa eiusdem rationis dependet essentialiter in causando, quia in causatione alicuius sufficit unum unius rationis. Tertia sequitur, quod omnes causae per se ordinatae simul necessario requiruntur ad causandum; alioquin aliqua per se causalitas deesset effectui; non requiruntur simul accidentaliter ordinatae.

[29] Ex istis ostenditur propositum sic : (A) Infinitas essentialiter ordinatorum est impossibilis; (B) et infinitas accidentaliter ordinatorum est impossibilis nisi posito statu in essentialiter ordinatis; igitur omnino est impossibilis infinitas in essentialiter ordinatis. (C) Si etiam negatur ordo essentialis, infinitas est impossibilis; igitur omnino est aliquod primum simpliciter effectivum.

Hic sunt tres propositiones assumptae. Propter brevitatem prima dicatur A, secunda B, tertia C.

Probatio istarum. Primo A probatur : Tum quia universitas causatorum essentialiter ordinatorum est causata; igitur ab aliqua causa quae nihil est universitatis; tunc enim esset causa sui : Tota enim universitas dependentium dependet, et a nullo illius universitatis. Tum quia infinitae causae essentialiter ordinatae essent simul in actu – ex differentia tertia supra; consequens nullus philosophus ponit. Tum tertio, quia prius est principio propinquius –

essentiellement et (de causes ordonnées) accidentellement. Car dans le premier (cas), il y a seulement rapport d'un (membre) à un (autre), de la cause à l'effet; est cause 'par soi' celle qui cause selon sa nature propre, non selon quelque caractère accidentel. Dans le second (cas), il y a comparaison de deux causes entre elles, en tant qu'il y a un effet par elles.

Et les (causes) ordonnées essentiellement et par soi diffèrent en trois (points) des (causes) accidentellement ordonnées. La première différence est que dans les (causes ordonnées) par soi, la seconde, en tant qu'elle cause, dépend de la première; dans les (causes ordonnées) par accident, ce n'est pas (le cas), bien que (la seconde en) dépende dans l'être ou d'une autre manière. La seconde (différence) est que dans les (causes) ordonnées par soi, il y a une causalité d'une autre raison et (d'un autre) ordre, parce que celle qui est plus élevée est plus parfaite; dans les (causes) accidentellement (ordonnées), ce n'est pas (le cas). Et cela découle de la première (différence); car quand elle cause, aucune cause ne dépend essentiellement d'une cause de même raison, parce que dans la causation de quelque chose un seul (élément) d'une seule raison suffit. La troisième (différence) en découle, que toutes les causes ordonnées par soi sont nécessairement requises en même temps pour causer; autrement une causalité par soi manquerait à l'effectué; (toutes les causes) accidentellement ordonnées ne sont pas requises en même temps.

29. A partir de ces (différences), montrons comme suit ce que nous nous sommes proposé: (A) une infinité de (causes) essentiellement ordonnées est impossible; (B) et une infinité de (causes) accidentellement ordonnées est impossible, sauf si on les fait reposer sur les (causes) essentiellement ordonnées; donc une infinité (de causes) essentiellement ordonnées est de toute façon impossible. (C) Si même on nie l'ordre essentiel, une infinité (de causes) est impossible; donc il existe de toute façon un effectif absolument premier.

On retient ici trois propositions. Pour être bref, appelons la première A, la deuxième B, la troisième C.

(Voici) leurs preuves. Prouvons d'abord A. – D'une part, la totalité des effets essentiellement ordonnés est causée; elle l'est donc par une cause qui n'est en rien (un élément) de la totalité; dans ce cas, en effet, elle serait cause de soi: l'entière totalité des dépendants est dépendante, et de rien qui (soit un élément) de la totalité. – D'autre part, une infinité de causes essentiellement ordonnées seraient en même temps en acte, – d'après la troisième différence ci-dessus[1], conséquence qu'aucun philosophe ne pose. – En troisième lieu, l'antérieur est plus proche du principe, – d'après

1. Selon laquelle « toutes les causes ordonnées par soi sont requises nécessairement en même temps pour causer » (cf. § 28).

ex 5° *Metaphysicae*; igitur ubi nullum principium, nihil essentialiter prius. Tum quarto, quia superior est perfectior in causando – ex secunda differentia; igitur in infinitum superior est in infinitum perfectior et ita infinite perfecta in causando; est igitur non causans in virtute alterius, quia omnis talis imperfecte causat quia est dependens in causando. Tum quinto, quia effectivum nullam imperfectionem ponit necessario – patet in propositione octava secundi; igitur potest esse in aliqua natura sine imperfectione. Sed si in nulla est sine dependentia ad prius, in nulla est sine imperfectione. Igitur effectivitas independens potest inesse alicui naturae; illa est simpliciter prima; ergo effectivitas simpliciter prima est possibilis. Sufficit hoc, quia inferius ex hoc concluditur quod est in re. – Sic quinque rationibus patet A.

[30] B probatur, quia infinitas accidentalis, si ponatur, hoc non est simul – patet – sed successive tantum – alterum post alterum –, ita quod secundum, licet aliquo modo fuerit a priore, tamen non dependet ab ipso in causando. Potest enim causare illo non existente, sicut filius generat patre mortuo sicut ipso vivo. Talis infinitas successionis est impossibilis, nisi ab aliqua natura infinite durante, a qua tota successio et quidlibet eius dependeat. Nulla enim difformitas perpetuatur nisi in virtute alicuius permanentis quod nihil est successionis, quia omnia successionis sunt eiusdem rationis; sed est aliquid prius essentialiter, quia quidlibet successionis dependet ab ipso, et hoc in alio ordine quam a causa proxima, quae est aliquid illius successionis. Patet igitur B.

[31] Probatur C, quia cum ex prima aliqua natura sit effectiva, si negatur ordo essentialis effectivorum, igitur illa in nullius alterius virtute causat; et licet ipsa in aliquo singulari ponatur causata, tamen in aliquo est incausata, quod est propositum de natura prima. Quia si in quolibet ponatur causata, iam contradictio implicatur negando

le cinquième livre de la *Métaphysique*[1]; donc là où (il n'existe) aucun principe, (il n'existe) rien d'essentiellement antérieur. – En quatrième lieu, ce qui est supérieur est plus parfait quand il cause, – d'après la deuxième différence[2]; donc une (cause) supérieure à l'infini est plus parfaite à l'infini et ainsi (elle est) infiniment parfaite quand elle cause; elle ne cause donc pas en vertu d'un autre, parce que tout ce qui est tel cause imparfaitement du fait qu'il dépend dans sa causalité. – En cinquième lieu, l'effectif ne pose aucune imperfection nécessairement, – ceci est clair dans la huitième proposition du deuxième (chapitre)[3]; donc il peut être dans une nature sans imperfection. Mais s'il n'est dans aucune (nature) sans dépendance à l'égard d'un antérieur, il n'est dans aucune (nature) sans imperfection. L'effectivité indépendante peut donc appartenir à une nature; celle-ci est absolument première; l'effectivité absolument première est donc possible. Cela est suffisant, parce que plus bas on en conclut qu'elle existe dans la réalité. – Ainsi (la proposition) A est claire pour cinq raisons.

30. Prouvons B: l'infinité accidentelle, si on la pose, ce n'est pas simultanément – ceci est clair – mais seulement successivement – l'un après l'autre –, de telle manière que le second, bien qu'il soit de quelque manière par l'antérieur, ne dépende cependant pas de lui dans sa causalité. Il peut en effet causer si celui-ci n'existe pas, comme le fils engendre, que son père soit mort ou vivant. Une telle infinité de succession est impossible, sauf par une nature de durée infinie, dont dépendent toute la succession et chacun de ses (éléments). Aucune difformité en effet ne se perpétue sinon en vertu de quelque chose de permanent qui (n'appartient) en rien à la succession, parce que tous les (éléments) de la succession sont de même raison; mais il y a quelque chose d'essentiellement antérieur, parce que chaque (élément) de la succession dépend de lui, et cela dans un autre ordre que (s'il dépend) de la cause prochaine, qui est un (élément) de cette succession. B est donc clair.

31. Prouvons C: d'après la première (conclusion), quelque nature est effective; si l'on nie l'ordre essentiel des effectifs, elle ne cause donc en vertu d'aucun autre; et même si on la pose (comme) causée dans un singulier, dans un certain (singulier) elle est cependant incausée, ce que nous nous proposons (de montrer) de la nature première. Car si on la pose (comme) causée en chacun, on implique déjà une contradiction en niant

1. Aristote, *Mét*, V, 11, 1018 b 9 (Tricot, p. 280): « Antérieur et Postérieur se disent de certaines choses (étant posée l'existence d'un objet premier et d'un principe dans chaque genre) en raison de la plus grande proximité d'un principe (...). »

2. Selon laquelle dans les causes ordonnées 'par soi' on trouve un ordre hiérarchique de perfection (§ 28).

3. En effet, les causes extrinsèques n'impliquent pas nécessairement une imperfection (chap. 2, concl. 8, § 15).

ordinem essentialem; quia nulla natura potest poni in quolibet causata, ita quod sit ordo accidentalis sub ipsa, sine ordine essentiali ad aliam naturam – ex B.

[32] Tertia conclusio : *Simpliciter primum effectivum est incausabile, quia est ineffectibile et independenter effectivum.*

Hoc patet ex secunda : Quia si sit ab alio effectibile vel virtute alterius causativum, igitur processus in infinitum vel circulus vel statur in aliquo ineffectibili et independenter effectivo ; illud dico primum, et aliud patet quod non est primum, ex datis tuis.

Ulterius concluditur : Si primum est ineffectibile, igitur incausabile, quia non finibile – ex quinta secundi ; nec materiabile – ex sexta eiusdem ; nec formabile – ex septima ibi ; simul etiam de forma et materia – ex octava ibidem.

[33] Quarta conclusio : *Simpliciter primum effectivum est in actu existens, et aliqua natura existens actualiter est sic effectiva.*

Probatur : Cuius rationi repugnat posse esse ab alio, illud si potest esse, potest esse a se ; rationi primi effectivi simpliciter repugnat posse esse ab alio – ex tertia ; et potest esse – ex secunda ; immo ibi quinta probatio A, quae minus videtur concludere, hoc concludit. Aliae possunt tractari de existentia, et sunt de contingentibus, tamen manifestis ; vel de natura et quidditate et possibilitate, et sunt ex necessariis ; igitur effectivum simpliciter primum potest esse a se. Quod non est a se non potest esse a se, quia tunc non-ens produceret aliquid ad esse, quod est impossibile ; et adhuc tunc illud causaret se, et ita non esset incausabile omnino.

l'ordre essentiel; car on ne peut poser aucune nature (comme) causée en chacun, de telle façon que soit (compris) sous elle un ordre accidentel, sans ordre essentiel à une nature, – d'après B.

32. TROISIÈME CONCLUSION : *(Cet) effectif absolument premier est incausable, parce qu'il est ineffectible et indépendamment effectif.*

Ce qui est clair d'après la deuxième (conclusion)[1] : s'il est effectible par un autre ou causatif en vertu de l'autre, il y a remontée à l'infini ou cercle, ou bien l'on s'arrête à un ineffectible et indépendamment effectif : je l'appelle premier, et il est clair qu'il n'y a pas d'autre premier, selon ce que tu as concédé.

Concluons de plus : si le premier est ineffectible, il (est) donc incausable, parce qu'il n'(est) pas finible, – d'après la cinquième (conclusion) du deuxième (chapitre)[2]; ni matériable, – d'après la sixième (conclusion) du même (chapitre)[3]; ni formable, – d'après la septième du même (chapitre)[4]; ni (causable) à la fois à partir de la forme et de la matière, – d'après la huitième (conclusion) au même endroit[5].

33. QUATRIÈME CONCLUSION : *(Cet) effectif absolument premier est existant en acte, et une nature existant actuellement est effective de cette façon.*

On le prouve : s'il répugne à la raison de quelque chose de pouvoir être par un autre, s'il peut être, il peut être par soi; il répugne à la raison de l'effectif absolument premier de pouvoir être par un autre, – d'après la troisième (conclusion)[6]; et il peut être, – d'après la deuxième[7]. C'est surtout la cinquième preuve de A[8], qui semble moins concluante, qui conclut cela. On peut développer les autres (preuves) sous l'angle de l'existence, et elles traitent (alors) des contingents, pourtant manifestes; ou bien sous l'angle de la nature et de la quiddité, et de la possibilité, et on les envisage (alors) d'après des (propositions) nécessaires. L'effectif absolument premier peut donc être par soi. Ce qui n'est pas par soi ne peut être par soi, parce qu'alors le non-être amènerait quelque chose à l'être, ce qui est impossible; de plus il se causerait alors (lui-même) et ainsi il ne serait pas tout à fait incausable.

1. Quelque effectif est absolument premier, c'est-à-dire ni effectible, ni effectif en vertu d'un autre (chap. 3, concl. 2, § 27).

2. Ce qui n'est pas effectué n'est pas fini (chap. 2, concl. 5, § 12).

3. Ce qui n'est pas effectué n'est pas matérié (chap. 2, concl. 6, § 13).

4. Ce qui n'est pas matérié n'est pas formé, et inversement (chap. 2, concl. 7, § 14).

5. Ce qui n'est pas causé par des causes extrinsèques ne l'est pas à partir de causes intrinsèques (chap. 2, concl. 8, § 15).

6. Cet effectif absolument premier est incausable, parce qu'il est ineffectible et indépendamment effectif (chap. 3, concl. 3, § 32).

7. Quelque effectif est absolument premier… (chap. 3, concl. 2, § 27).

8. Du fait que, comme telle, l'effectivité n'implique pas d'imperfection, on y concluait que « l'effectivité absolument première est possible » (chap. 3, concl. 2, § 29).

Haec quarta conclusio aliter declaratur, quia inconveniens est universo deesse supremum gradum possibilem in essendo.

Iuxta istam quartam nota corollarium, quod primum effectivum non tantum <est> quod est prius aliis, sed quo prius esse includit contradictionem; sic inquantum primum existit. Probatur ut quarta: Nam de ratione illius maxime includitur incausabile; igitur si potest esse, quia non contradicit entitati, potest esse a se, et ita est a se.

[34] Quinta conclusio : *Incausabile est ex se necesse esse.*

Probatur: Quia excludendo omnem causam aliam a se, intrinsecam et extrinsecam, respectu sui esse, ex se est impossibile non esse.

Probatio : Nihil potest non esse, nisi aliquid sibi incompossibile positive vel privative possit esse, quia saltem alterum contradictoriorum est semper verum. Nihil incompossibile incausabili potest – positive vel privative – esse, quia vel ex se vel ab alio : Non primo modo, quia tunc esset sic ex se – ex quarta – et ita incompossibilia simul essent; et pari ratione neutrum esset, quia concedis per illud incompossibile illud incausabile non esse, et ita sequitur e converso. Non secundo modo, quia nullum causatum habet vehementius esse vel potentius a causa quam incausabile habet a se, quia causatum dependet in essendo, incausabile non (possibilitas etiam causabilis ad esse non necessario ponit actu esse eius, sicut est de incausabili); nihil autem incompossibile iam enti potest esse a causa, nisi ab illa recipiat vehementius vel potentius esse quam sit esse sui incompossibilis.

[35] Sexta conclusio : *Necessitas essendi ex se uni soli naturae convenit.*

Probatur sic : Si duae naturae possunt esse ex se necesse esse, communis est necessitas essendi ; igitur et aliqua entitas quidditativa secundum quam est eis commune, a qua accipitur quasi genus ipsarum; et praeter hoc distinguuntur formalitatibus suis actualibus ultimis.

On met en lumière cette quatrième conclusion d'une autre manière : il ne convient pas qu'à l'univers manque le plus haut degré possible dans l'être.

A côté de cette quatrième (conclusion) notons un corollaire : le premier effectif n'est pas seulement ce qui est antérieur aux autres, mais ce par rapport à quoi être antérieur inclut une contradiction ; en tant qu'il est ainsi premier, il existe. Prouvons-le comme la quatrième (conclusion) : dans la raison de ce (premier), l'incausabilité est incluse au plus haut degré ; donc, s'il peut être, parce que cela ne contredit pas son entité, il peut être par soi, et ainsi il est par soi.

34. CINQUIÈME CONCLUSION : *(Cet) incausable est un être nécessaire de soi.*

On le prouve : en excluant, par rapport à son être, toute autre cause, intrinsèque et extrinsèque, que lui-même, de soi, il (lui) est impossible de ne pas être.

La preuve : rien ne peut ne pas être, à moins que quelque chose d'incompossible avec lui puisse être positivement ou privativement, parce que l'un au moins des contradictoires est toujours vrai. Rien d'incompossible avec l'incausable ne peut être – positivement ou privativement –, car (il pourrait être) ou de soi ou par un autre.

(Cela) ne (se peut) pas de la première manière, car alors il existerait (ainsi) de soi – d'après la quatrième (conclusion) [1] – et ainsi des incompossibles seraient simultanément ; et, pour une égale raison, aucun des deux ne serait, parce que tu concèdes par cet incompossible que cet incausable n'est pas, et, par conséquent, inversement.

(Cela) ne (se peut) pas de la seconde manière, car aucun effet ne détient de sa cause un être plus intense ou plus puissant que (celui que) l'incausable a par soi, parce que l'effet dépend dans son être, l'incausable non. En outre, la possibilité d'être pour un causable ne pose pas nécessairement son être en acte, comme il en est de l'incausable. Mais rien d'incompossible avec un être déjà existant ne peut être par une cause, à moins qu'il reçoive de cette (cause) un être plus intense ou plus puissant que l'être de son incompossible.

35. SIXIÈME CONCLUSION : *La nécessité d'être de soi convient à une seule nature.*

On le prouve comme suit : si deux natures peuvent être des êtres nécessaires de soi, la nécessité d'être leur est commune ; il y a donc une entité quidditative, selon laquelle elles ont quelque chose de commun, (et) dont elles reçoivent comme leur genre ; en outre, elles sont distinguées par leurs formalités actuelles ultimes.

1. Scot y prouve que ce qui peut être par soi est par soi (chap. 3, concl. 4, § 33).

Ex hoc sequuntur duo incompossibilia : Primum, quod utrumque erit primo necesse esse per naturam communem, quae est minoris actualitatis, et non per naturam distinguentem, quae est maioris actualitatis ; quia et si per illam formaliter sit necesse esse, ergo bis erit necesse esse, quia illa formaliter non includit naturam communem, sicut nec differentia genus. Videtur autem impossibile quod minor actualitas sit qua primo aliquid est necessarium, et maiore nec primo nec per se sit aliquid necessarium.

Secundum impossibile est quod per naturam communem, qua ponitur utrumque esse primo necesse esse, neutrum sit necesse esse, quia neutrum est sufficienter per illam naturam. Quaelibet enim natura est illud quod est, per formale ultimum. Per quod autem aliquid est necesse esse, per illud ipsum est in effectu, circumscripto omni alio.

Si dicas naturam communem sufficere ad esse praeter naturas distinctivas : Igitur ipsa communis ex se est in actu et indistincta, et per consequens indistinguibilis, quia necesse esse iam existens non est in potentia ad simpliciter esse ; esse generis in specie est simpliciter esse respectu eius.

Item : Duae naturae sub eodem communi non habent gradum aequalem. Probatur per differentias dividentes genus ; si sunt inaequales, ergo et esse unius erit perfectius esse alterius ; nullum esse perfectius ipso necesse esse ex se.

[36] Item : Si duae naturae essent ex se necesse esse, nullam dependentiam haberet una ad aliam in essendo ; ergo nec aliquem ordinem essentialem. Igitur alterum nihil esset huius universi, quia nihil est in universo, quod non habet essentialem ordinem inter entia, quia ab ordine partium est unitas universi.

Hic instatur : quia utrumque habet ordinem eminentiae ad partes universi, ille sufficit ad unitatem. Contra : Alterum ad alterum nec illum ordinem habet, quia eminentioris naturae est perfectius esse ; nullum perfectius ipso necesse esse ex se. Alterum etiam nullum ordinem habet ad partes universi ; tamen quia unius universi est unus ordo, unus ordo est ad unum primum. Probatio : Quia ad duas naturas primas, si ponantur, natura proxima primae non habet unicum ordinem aut unicam dependentiam, sed duas,

De cela découlent deux incompossibles : le premier, (c'est) que les deux seraient fondamentalement des êtres nécessaires par la nature commune, qui est de moindre actualité, et non par la nature les distinguant, qui est de plus grande actualité ; car si elles étaient formellement des êtres nécessaires par cette (nature distinguante), elles seraient donc deux fois des êtres nécessaires, car cette (nature) n'inclut pas formellement la nature commune, comme la différence (n'inclut pas) non plus le genre. Mais il semble impossible qu'une moindre actualité soit ce par quoi une chose est fondamentalement nécessaire, et que par une (actualité) plus grande, une chose ne soit nécessaire ni fondamentalement, ni par soi.

Deuxièmement, il est impossible que par une nature commune, par laquelle on pose que les deux (natures) sont des êtres fondamentalement nécessaires, ni l'une ni l'autre ne soit un être nécessaire, parce que ni l'une ni l'autre n'est suffisamment par cette (seule) nature. En effet, toute nature est ce qu'elle est par sa (détermination) formelle ultime. Mais ce qui fait de quelque chose un être nécessaire, c'est cela même qui l'effectue, quand on a écarté toute autre chose.

Si tu dis que la nature commune suffit à l'être indépendamment des natures distinctives : cette (nature) commune est donc de soi en acte et indistincte, et par conséquent indistinguable, car un être nécessaire déjà existant n'est pas en puissance à l'égard de l'être au sens absolu ; l'être du genre dans l'espèce est un être au sens absolu par rapport à celle-ci.

De même : deux natures sous un même (élément) commun n'ont pas le même degré. On le prouve par les différences divisant le genre ; si elles sont inégales, l'être de l'une sera donc aussi plus parfait que l'être de l'autre ; aucun être n'(est) plus parfait que cet être nécessaire de soi.

36. De même : si deux natures étaient des êtres nécessaires de soi, l'une n'aurait dans l'être aucune dépendance par rapport à l'autre ; donc aucun ordre essentiel. Par conséquent l'une (des deux natures) n'appartiendrait pas à cet univers, parce qu'il n'est rien dans l'univers qui n'ait un ordre essentiel parmi les êtres, car l'unité de l'univers vient de l'ordre des parties.

Ici on fait une objection : chacune des deux (natures) a un ordre d'éminence par rapport aux parties de l'univers ; cet ordre suffit à son unité. – Contre (cette objection) : l'une n'a pas cet ordre par rapport à l'autre, car une nature plus éminente possède un être plus parfait, (mais) aucun (être n'est) plus parfait que cet être nécessaire de soi. Et encore, l'une (des deux natures) n'a aucun ordre par rapport aux parties de l'univers ; puisque cependant un (seul) univers n'a (qu') un (seul) ordre, il y a un (seul) ordre par rapport à un (seul) premier. – La preuve : si l'on pose (deux natures premières), la nature la plus proche de la première n'a pas un ordre unique ou une dépendance unique par rapport aux deux natures premières,

sicut sunt duo termini ad quem, et ita de qualibet natura inferiori; igitur sic in toto universo erunt duo ordines primi, et ita duo universa; vel tantum ad unum necesse esse erit ordo, ad aliud nullus.

[37] Tamen, quia rationabiliter procedendo nihil videtur ponendum in universo nisi cuius apparet aliqua necessitas, cuius entitatem ostendit ordo aliquis ad alia manifeste entia, quia plura non sunt ponenda sine necessitate – ex 1° *Physicorum* – necesse esse ostenditur in universo ex incausabili; et illud ex primo causante, et illud ex causatis. Nulla necessitas apparet ex causatis ponendi plures naturas primas causantes; immo est impossibile, ut ostendetur infra, conclusione decimaquinta huius tertii; igitur nec est necesse ponere plura secundum naturam incausata nec necesse esse; igitur rationabiliter non ponuntur.

[38] Iuxta quatuor conclusiones primas huius capituli de effectivo propono quatuor similes de causa finali, quae etiam similiter ostenduntur. Prima est:

Septima conclusio: *Aliqua est natura in entibus finitiva.*

Probatur: Aliquid est finibile. Probatio: Quia aliquid est effectibile – ex probatione primae huius; igitur et finibile. Consequentia patet ex quarta secundi. Hoc est manifestius de ordine essentiali – ex decimasexta secundi – quam fuit de effectivo.

Octava conclusio: *Aliquod finitivum est simpliciter primum; hoc est, nec ad aliud ordinabile, nec in virtute alterius natum finire alia.*

Probatur quinque probationibus similibus illis ad secundam huius tertii.

mais deux, comme il y a deux points de référence; et (il en est) ainsi pour toute nature inférieure; il y aura donc ainsi dans tout l'univers deux ordres premiers, et alors deux univers; ou bien il n'y aura qu'un seul ordre par rapport à un seul être nécessaire, et aucun (ordre) par rapport à l'autre.

37. Cependant si l'on procède selon la raison, il semble qu'on ne doit rien poser dans l'univers sans nécessité manifeste et sans qu'un ordre à d'autres êtres manifestes en montre l'entité, car il ne faut pas poser plusieurs (êtres) sans nécessité, – d'après le premier livre de la *Physique* [1] – ; on montre un être nécessaire dans l'univers à partir de l'incausable ; et (on montre) celui-ci à partir du premier causant, et ce dernier à partir des effets. A partir des effets, aucune nécessité ne se manifeste de poser plusieurs natures premières qui causent ; bien plus, (cela) est impossible, comme on le montrera plus bas à la quinzième (conclusion) de ce troisième (chapitre) [2] ; donc il n'est pas nécessaire de poser plusieurs (êtres) incausés selon la nature, ni (plusieurs) êtres nécessaires ; par conséquent, selon la raison, on ne (les) pose pas.

38. En plus des quatre premières conclusions de ce chapitre sur l'effectif, j'avance quatre (conclusions) semblables sur la cause finale, qui seront montrées de semblable manière. La première est :

SEPTIÈME CONCLUSION : *Dans les êtres quelque (nature) est une nature finitive.*

On le prouve : il y a quelque chose de finible. La preuve : il y a un effectible, – d'après la preuve de la première (conclusion) de ce (chapitre) [3]. Donc (il y a quelque chose) de finible. La conséquence est claire d'après la quatrième (conclusion) du second (chapitre) [4]. Cela est plus manifeste à l'égard de l'ordre essentiel – d'après la seizième (conclusion) du second (chapitre) [5] – qu'il ne l'était à l'égard de l'effectif.

HUITIÈME CONCLUSION : *Quelque finitif est absolument premier, c'est-à-dire ni ordonnable à un autre, ni fait pour finaliser d'autres en vertu d'un autre.*

On le prouve par cinq preuves semblables à celles de la seconde (conclusion) de ce troisième (chapitre) [6].

1. Aristote, *Phys.* I, 4, 188 a 17 (Carteron, t. 1, p. 38) : « Il vaut mieux prendre des principes moins nombreux et de nombre limité, comme fait Empédocle. » C'est le célèbre principe d'économie qui jouera un rôle si fondamental dans la pensée de Guillaume d'Ockham.

2. C'est à une unique et même nature existant en acte qu'appartient la triple primauté dans le triple ordre essentiel (chap. 3, concl. 15, § 40).

3. Quelque nature est effectible (chap. 3, concl. 1, § 25).

4. Ce qui n'est pas fini n'est pas effectué (chap. 2, concl. 4, § 11).

5. Tout (ce qui est) fini est dépassé (chap. 2, concl. 16, § 22).

6. Chap. 3, concl. 2, § 29.

NONA CONCLUSIO : *Primum finitivum est incausabile.*

Probatur : Quia infinibile; alias non primum; et ultra, igitur ineffectibile – ex quarta secundi ; ultra, ut supra in probatione tertiae conclusionis huius tertii.

DECIMA CONCLUSIO : *Primum finitivum est actu existens, et alicui naturae actu existenti convenit ista primitas.*

Probatur ut quarta tertii. Corollarium : Est ita primum quod impossibile est prius esse. Probatur ut corollarium quartae praedictae.

[39] Conclusionibus quatuor de utroque ordine causalitatis extrinsecae iam positis, similes quatuor propono de ordine eminentiae. Prima talis :

UNDECIMA CONCLUSIO : *In naturis entium aliqua est excedens.*

Probatur : Aliqua est finita – ex septima huius ; ergo et excessa – ex decimasexta secundi.

DUODECIMA CONCLUSIO : *Aliqua natura eminens est simpliciter prima secundum perfectionem.*

Hic patet ordo essentialis : secundum Aristotelem formae se habent ut numeri, 8° *Metaphysicae*. In hoc ordine statur ; probatur illis quinque probationibus positis ad secundam.

DECIMA TERTIA CONCLUSIO : *Suprema natura est incausabilis.*

Probatur : Est infinibilis – ex decimasexta secundi ; ergo ineffectibilis – ex quarta eiusdem ; et cetera, ut supra in probatione

NEUVIÈME CONCLUSION : *(Ce) premier finitif est incausable.*

On le prouve : (il est) infinible ; autrement (il ne serait) pas premier ; il est donc ineffectible, – d'après la quatrième (conclusion) du second (chapitre)[1] ; la suite, (on la prouve) comme plus haut, dans la preuve de la troisième (conclusion) de ce troisième (chapitre)[2].

DIXIÈME CONCLUSION : *(Ce) premier finitif est existant en acte, et cette primauté convient à une nature existant en acte.*

On le prouve comme à la quatrième (conclusion) du troisième (chapitre)[3]. – Corollaire : il est premier, de sorte qu'il est impossible de lui être antérieur. On le prouve comme le corollaire de la quatrième (conclusion) précitée[4].

39. Après avoir posé quatre conclusions pour chacun des deux ordres de causalité extrinsèque, j'en propose quatre semblables pour l'ordre d'éminence. La première est celle-ci :

ONZIÈME CONCLUSION : *Dans les natures des êtres, il en est une qui est éminente.*

On le prouve : quelque (nature) est finie, – d'après la septième (conclusion) de ce (chapitre)[5], donc (elle est) aussi dépassée, – d'après la seizième (conclusion) du second (chapitre)[6].

DOUZIÈME CONCLUSION : *Quelque nature éminente est absolument première selon la perfection.*

Ici l'ordre essentiel est clair : selon Aristote, au huitième livre de la *Métaphysique*[7], les formes se comportent comme les nombres. Dans cet ordre (essentiel), on s'arrête ; on le prouve avec les cinq preuves posées dans la seconde (conclusion)[8].

TREIZIÈME CONCLUSION : *(Cette) nature suprême est incausable.*

On le prouve : elle est infinible, – d'après la seizième (conclusion) du second (chapitre)[9], donc ineffectible, – d'après la quatrième (conclusion)

1. Ce qui n'est pas fini n'est pas effectué (chap. 2, concl. 4, § 11).
2. Chap. 3, concl. 3, § 32.
3. Chap. 3, concl. 4, § 33.
4. Chap. 3, concl. 4, § 33.
5. Dans les êtres quelque (nature) est une nature finitive (chap. 3, concl. 7, § 38).
6. Tout (ce qui est) fini est dépassé (chap. 2, concl. 16, § 22).
7. Aristote, *Mét.*, VIII, 3, 1043 b 33 (Tricot, p. 466) : « Il est donc manifeste aussi que si les substances sont assimilables, en quelque manière, aux nombres, c'est de la façon que nous avons indiquée… ».
8. Chap. 3, concl. 2, § 29.
9. Tout (ce qui est) fini est dépassé (chap. 2, concl. 16, § 22).

tertiae huius. Item : Quod suprema sit ineffectibilis probatur ex B, in probatione secundae huius; nam omne effectibile habet aliquam causam essentialiter ordinatam.

Decima quarta conclusio : *Suprema natura est aliqua actu existens.*

Probatur ut quarta huius. Corollarium : Ipsa aliquam esse perfectiorem vel superiorem contradictionem includit; probatur ut corollarium quartae praedictae.

[40] Decima quinta conclusio : *Alicui unicae et eidem naturae actu existenti inest triplex primitas in triplici ordine essentiali praedicto, scilicet efficientiae, finis, et eminentiae.*

Haec decimaquinta fructus est huius capituli. Sequitur evidenter ex ostensis sic : Si unicae naturae inest necesse esse ex se – ex sexta huius – et cui inest primitas quaecumque dictarum trium, illud est necesse esse ex se – ex quinta et tertia de una primitate, et ex quinta et nona de alia primitate, et ex quinta et decimatertia de tertia primitate – igitur unicae naturae inest quaecumque primitas praedicta. Cui etiam naturae inest una, et alia; quia quaelibet alicui naturae inest actu – ex quarta, ex decima et decimaquarta – et non alii et alii naturae; igitur eidem.

du même (chapitre)[1]; et pour tout le reste, (c'est) comme ci-dessus dans la preuve de la troisième (conclusion) de ce (chapitre)[2].

De même : la (nature) suprême est ineffectible; on le prouve d'après B, dans la preuve de la seconde (conclusion) de ce (chapitre)[3]; car tout effectible à une cause ordonnée essentiellement.

QUATORZIÈME CONCLUSION : *(Cette) nature suprême est une (nature) existant en acte.*

On le prouve comme la quatrième (conclusion) de ce (chapitre)[4].

Corollaire : (dire) qu'une (nature) est plus parfaite ou supérieure à celle-ci inclut une contradiction; on le prouve comme le corollaire de la quatrième (conclusion) précitée[5].

40. QUINZIÈME CONCLUSION : *(C'est) à une unique et même nature existant en acte (qu')appartient la triple primauté dans le triple ordre essentiel précité, c'est-à-dire (dans l'ordre) de l'efficience, de la fin, et de l'éminence.*

Cette quinzième (conclusion) est le fruit de ce chapitre. Elle découle avec évidence de ce qui a été démontré, (et) de cette façon : si (c'est) à une nature unique (qu')appartient l'être nécessaire de soi, – d'après la sixième (conclusion) de ce (chapitre) [6] et si ce à quoi appartient chacune des trois primautés mentionnées est un être nécessaire de soi, – d'après la cinquième et la troisième (conclusions) [7] sur l'une des primautés, – d'après la cinquième et la neuvième (conclusions) [8] sur l'autre des primautés, – et d'après la cinquième et la treizième (conclusions) [9] sur la troisième primauté, – alors (c'est) à une nature unique (qu')appartient chacune des primautés précitées. Aussi, si l'une (des primautés) appartient à une nature, les (deux) autres aussi ; parce que chacune appartient à une nature (existant) en acte, – d'après les quatrième, dixième et quatorzième (conclusions) [10] – et non chacune à une nature différente ; donc (elles appartiennent) à la même (nature).

1. Ce qui n'est pas fini n'est pas effectué (chap. 2, concl. 4, § 11).
2. Chap. 3, concl. 3, § 32.
3. A propos de l'impossibilité de l'infinité accidentelle (chap. 3, concl. 2, § 30).
4. Chap. 3, concl. 4, § 33.
5. Chap. 3, concl. 4, § 33.
6. La nécessité d'être de soi convient à une seule nature (chap. 3, concl. 6, § 35).
7. Cet incausable est un être nécessaire de soi (chap. 3, concl. 5, § 34). Cet effectif absolument premier est incausable, parce qu'il est ineffectible et indépendamment effectif (chap. 3, concl. 3, § 32).
8. Chap. 3, concl. 5, § 34, et : Ce premier finitif est incausable (chap. 3, concl. 9, § 38).
9. Chap. 3, concl. 5, § 34, et : Cette nature suprême est incausable (chap. 3, concl. 13, § 39).
10. Cet effectif absolument premier (resp. ce premier finitif, cette nature suprême) est existant en acte (chap. 3, concl. 4, 10, 14, § 33, 38, 39).

– Probatur minor, quia tunc multae naturae essent necesse esse – ex secunda argumenti iam facti.

Item : Probatur propositum per incausabile, quia illud est unicum primum; quodlibet dictum est incausabile; quare etc. – Maior probatur : Quomodo multitudo erit a se ?

[41] Ista conclusio est valde praegnans; nam sex continet in virtute, tres de unitate naturae cui inest quaecumque primitas praedicta, et tres de identitate naturae sic primae ad naturam sic primam comparando invicem primitates. Et haec ita praegnans per sextam solam quasi maiorem ostensa est. Expedit ad sex conclusiones iam dictas proprias maiores exprimere, si quae poterunt inveniri.

[42] Ad duas primas conclusiones ostendendas praemitto unam conclusionem :

DECIMA SEXTA CONCLUSIO : *Impossibile est idem ad duo essentialiter dependere, ad quorum utrumque eius dependentia totaliter terminatur.*

Haec probatur : Sicut una causa totali causante aliquid in aliquo genere causae, impossibile est aliam causare idem in eodem genere, quia tunc idem bis causaretur vel neutra esset causa totalis – similiter tunc illud causaret, quo non causante nihilominus esset causatum – quod est absurdum. Ita impossibile est idem quacumque dependentia dependere a duobus, quorum alterum totam eius dependentiam terminat. Iam enim alterum non sufficienter terminat, si adhuc ad reliquum dependet. Similiter tunc dependeret ad aliquid, quo non existente, nihilominus esset secundum eundem ordinem essendi; quod est contra rationem dependentiae, intelligendo quod nihilominus esset secundum eundem ordinem.

[43] Hac conclusione ostensa, nunc et primas in decimaquinta simul inclusas propono sic :

DECIMA SEPTIMA CONCLUSIO : *Uni soli naturae inest quaecumque primitas causae extrinsecae unius rationis.*

Probatur : Quia si pluribus insit talis primitas, aut respectu eorundem posteriorum, aut aliorum; non primo modo – ex decimasexta

– On prouve la mineure : sinon plusieurs natures seraient des êtres nécessaires, – d'après la seconde (preuve) de l'argument déjà développé [1].

De même : on prouve (notre) propos par l'incausable, car celui-ci est un premier unique; chacun des (premiers) mentionnés est incausable; c'est pourquoi, etc. – On prouve la majeure : comment une multitude serait-elle par soi ?

41. Cette conclusion est très féconde, car elle en contient virtuellement six, trois sur l'unité de la nature à qui appartient chaque primauté précitée, et trois sur l'identité de la nature ainsi première avec la nature semblablement première lorsqu'on compare tour à tour les primautés. Et cette (conclusion) si pénétrante a été montrée par la seule sixième (conclusion prise) en quelque sorte comme majeure [2]. Il est avantageux d'expliciter les majeures propres des six conclusions déjà mentionnées, si on peut les découvrir.

42. Pour montrer les deux premières conclusions j'en présente une seule :

SEIZIÈME CONCLUSION : *Il est impossible que le même dépende essentiellement de deux (natures), toutes deux en qui sa dépendance trouve totalement son terme.*

On la prouve : si une (seule) cause totale cause quelque chose dans un genre de cause, il est impossible pour une autre de causer le même dans le même genre, parce qu'alors le même serait causé deux fois, ou bien ni l'une ni l'autre ne serait cause totale, – pareillement alors cette (cause), sans laquelle il y aurait néanmoins un effet, causerait – ce qui est absurde. Ainsi il est impossible, selon quelque dépendance que ce soit, que le même dépende de deux, dont l'un est le terme de sa dépendance totale. En effet, l'un n'est déjà plus suffisamment le terme si (le dépendant) dépend encore de celui qui reste. Pareillement alors il dépendrait de quelque chose, sans lequel il serait néanmoins dans le même ordre d'être; et l'on va contre la raison de dépendance en comprenant que le (dépendant) serait néanmoins dans le même ordre.

43. Après avoir démontré cette conclusion, j'expose maintenant les (trois) premières (conclusions) incluses ensemble dans la quinzième, comme suit :

DIX-SEPTIÈME CONCLUSION : *C'est à une seule nature qu'appartient chaque primauté de cause extrinsèque d'une seule raison.*

On le prouve : si une telle primauté appartient à plusieurs, (elle leur appartient) soit par rapport aux mêmes postérieurs, soit (par rapport) à d'autres; (ce n'est) pas selon le premier mode, – d'après la seizième

1. Or il est impossible qu'il y ait deux natures nécessaires de soi (chap. 3, concl. 6, § 36).
2. La nécessité d'être de soi convient à une seule nature (chap. 3, concl. 6, § 35).

iam praemissa; similiter in quolibet posteriore essent duae dependentiae eiusdem rationis, quia ad duo prima non est una dependentia. Consequens est inconveniens. <Nec potest poni secundo modo>, quia si sit aliud primum et aliorum, erit illorum aliud universum, quia entia illa et ista nec ordinabuntur inter se nec ad idem. Sine unitate ordinis non est unitas universi. In ipso fine uno ponit Aristoteles bonitatem principalem universi. Et quia ad unum summum est unus ordo, sufficit mihi loqui de solo universo, non fingere aliud de quo nullam habeo rationem, immo potius obviantem.

[44] Item: Probationes probabiles apponuntur. In ordine essentiali ascendendo itur ad unitatem et paucitatem; igitur statur in uno.

Item: Causalitas causae superioris ad plura se extendit; ideo quanto superius itur, pauciora sufficiunt; ergo, etc. Haec declarat proximam.

Item: De primo eminente videtur manifestum, quia si impossibile est duas naturas esse non sic ordinatas, quarum scilicet una aliam non excedat – quia in hoc numeris comparantur – multo impossibilius est duas esse in eodem gradu primo.

Item de fine: Tunc nullus finis esset omnis alterius a se quietativus; cum hoc sit inintelligibile, sequitur ut prius.

Item: Alias nulla natura contineret perfectionem omnis alterius naturae virtualiter; cum igitur hoc non sit intelligibile sine contradictione, nulla esset perfectissima.

[45] Ad tres alias conclusiones sunt probationes etiam speciales. Nam:

Duodevigesima conclusio: *Primum effectivum est actualissimum quia virtualiter continens omnem actualitatem possibilem. Primus finis est optimus, virtualiter continens omnem bonitatem possibilem. Primum eminens est perfectissimum, eminenter continens omnem perfectionem possibilem.*

Haec tria non possunt separari, quia si unum esset in una natura, aliud in alia, quod illorum simpliciter emineret non posset dari.

(conclusion) qui vient d'être présentée[1]; pareillement, dans chaque postérieur il y aurait deux dépendances de même raison, car il n'y a pas (qu')une dépendance par rapport à deux premiers. Le conséquent ne convient pas. – Ce n'est pas non plus selon le second mode, parce que s'il y avait un autre premier (par rapport) à d'autres (postérieurs), ceux-ci formeraient un autre univers, car ces êtres-là et ceux-ci ne sont ni ordonnés entre eux, ni (ordonnés) au même. Sans unité d'ordre, il n'y a pas unité d'univers. C'est dans cette fin une qu'Aristote[2] pose la bonté principale de l'univers. Et puisqu'il y a un (seul) ordre à un (seul) suprême, il me suffit de parler de ce seul univers, de ne pas m'en imaginer un autre, car je n'ai aucune raison (de le faire), bien au contraire.

44. De même : on apporte des preuves probables. En remontant dans l'ordre essentiel, on se dirige vers l'unité et le petit nombre; donc on s'arrête à l'un.

De même : plus une cause est supérieure, plus sa causalité s'étend à un grand nombre. C'est pourquoi plus on s'élève, moins il y a besoin (de causes) ; donc, etc. Cette (preuve) éclaire la précédente.

De même : quant au premier éminent, ceci semble manifeste : s'il est impossible que deux natures ne soient pas ordonnées de cette manière, c'est-à-dire dont l'une ne dépasse pas l'autre – car par là on les compare aux nombres – il est encore bien plus impossible pour deux (natures) d'être au même premier degré.

De même pour la fin : aucune fin ne serait alors capable de donner le repos à tout autre qu'elle-même; comme cela est inintelligible, il s'ensuit comme précédemment.

De même : autrement aucune nature ne contiendrait virtuellement la perfection de toute autre nature; donc puisque cela n'est pas intelligible sans contradiction, aucune (nature) ne serait la plus parfaite.

45. Pour les trois autres conclusions, il y a aussi des preuves spéciales ; car :

DIX-HUITIÈME CONCLUSION : *Le premier effectif est le plus actuel parce qu'il contient virtuellement toute actualité possible ; la première fin est la meilleure, contenant virtuellement toute bonté possible ; le premier éminent est le plus parfait, contenant éminemment toute perfection possible.*

Ces trois (primautés) ne peuvent être séparées, parce que si l'une était dans une nature, l'autre dans une autre, il ne pourrait se faire que l'une

1. Il est impossible que le même dépende essentiellement de deux (natures) (chap. 3, concl. 16, § 42).

2. Aristote, *Mét.* XII, 10, 1075 a 18 (Tricot, p. 707) : « … et les choses ne sont pas arrangées de façon telle que l'une n'ait aucun rapport avec l'autre, mais elles sont en relations mutuelles : car toutes sont ordonnées à une seule fin ».

Unde istae tres primitates videntur exprimere tres rationes summae bonitatis necessario concurrentes, quae sunt summa communicabilitas, summa amabilitas, et summa integritas sive totalitas; bonum enim et perfectum idem – 5° *Metaphysicae*, et perfectum et totum idem – 3° *Physicorum*. Patet autem de bono, quod est appetibile – 1° *Ethicorum* – et communicativum – per Avicennam 6° *Metaphysicae*. Nihil enim perfecte communicat nisi quod ex liberalitate communicat, quod vere convenit summo bono, quia ex communicatione non exspectat aliquam retributionem, quod est proprium liberalis – per Avicennam ibidem capitulo 5°.

[46] UNDEVIGESIMA CONCLUSIO : *Unica natura existens est prima in triplici ordine praedicto respectu cuiuscumque alterius naturae, ita quod quaelibet alia est sic tripliciter posterior illa prima.*

Posset quis protervus tenendo decimamquintam dicere quod praeter illam sunt multae naturae, non quidem sic primae, sed nec posteriores illa prima secundum aliquem ordinum praedictorum, aut non secundum quemlibet, sed tantum eminentiae, vel eminentiae et finis; non quidem efficientiae, sicut quidam dicunt Aristotelem sensisse de intelligentiis post primam, et fortassis de materia prima. Hoc licet posset refelli ex praedictis, tamen expedit explanari.

Primo quidem improbatur ex sexta; quia si necesse esse ex se uni naturae inest, quidquid autem non est posterius – et hoc negando in quocumque trium ordinum – est necesse esse ex se; ergo unica

d'elle ait absolument l'éminence. D'où (il résulte que) ces trois primautés paraissent exprimer trois raisons de la bonté la plus grande, concourant nécessairement : ce sont la plus grande communicabilité, la plus grande amabilité, et la plus grande intégrité ou totalité; en effet le 'bon' et le 'parfait' sont identiques, – d'après le cinquième livre de la *Métaphysique*[1], le 'parfait' et le 'total' (sont) identiques, – d'après le troisième livre de la *Physique*[2]. Cela est patent aussi pour le 'bon' qui est désirable, – d'après le premier livre de l'*Éthique*[3] – et communicatif – d'après Avicenne, au sixième livre de la *Métaphysique*[4]. En effet rien ne communique parfaitement, sauf ce qui communique par libéralité, et cela convient au bien le plus grand, car de sa communication il n'attend pas de rétribution, ce qui est le propre de la libéralité, – d'après Avicenne dans le même livre, chapitre cinq[5].

46. DIX-NEUVIÈME CONCLUSION : *Une unique nature existante est première dans le triple ordre précité, (première) par rapport à n'importe quelle autre nature, de sorte que toute autre (nature) est ainsi triplement postérieure à cette première.*

A propos de la quinzième (conclusion)[6], un adversaire impudent pourrait dire qu'à côté de cette première nature, il y en a plusieurs (qui ne sont) certes pas premières dans ce sens, mais pas non plus postérieures à cette première selon l'un des ordres précités, ni selon chacun (d'eux), mais seulement (selon celui) de l'éminence, ou de l'éminence et de la fin; et certes pas (selon celui) de l'efficience, comme certains disent qu'Aristote l'avait pensé pour les intelligences qui suivent la première, et peut-être pour la matière première. – Bien qu'on puisse réfuter cette (objection) à partir de ce qui a été dit précédemment, il est avantageux de l'expliquer.

D'abord on prouve le contraire d'après la sixième (conclusion)[7] : si un être nécessaire de soi appartient à une (seule) nature, tout ce qui ne (lui) est pas postérieur – et cela on le nie dans chacun des trois ordres – est un être

1. Aristote, *Mét.* V, 16, 1021 b 14-15 (Tricot, p. 299) : « Parfait se dit ensuite de ce qui, sous le rapport de la qualité propre et du bien, n'est pas surpassé dans son genre ».

2. Aristote, *Phys.* III, 6, 207 a 13 (Carteron, t. I, p. 106) : « Or, entier et achevé sont absolument de même nature ou à très peu près ».

3. Aristote, *Eth. Nic.* I, 1, 1094 a 3 (Tricot, p. 32) : « (...) le Bien est ce à quoi toutes choses tendent ».

4. Avicenne, *Mét.* VI, 5 (Van Riet / Verbeke, p. 345) : « Et deinde sic interrogetur : quare voluisti prodesse illi, respondebit : quia bene facere bonum est. » (*Si on demande pourquoi vouloir lui être utile, il répondra que faire le bien est bien*).

5. Avicenne, *Mét.* VI, 5 (Van Riet / Verbeke, p. 342) : « Verbum autem liberalitas (...) est donator tribuens alii extra se donum non propter retributionem ». (*Le terme de libéralité (désigne) (...) quelqu'un qui fait un don à autrui, mais non en vue d'une rétribution*).

6. C'est à une unique et même nature existant en acte qu'appartient la triple primauté... (chap. 3, concl. 15, § 40).

7. La nécessité d'être de soi convient à une seule nature (chap. 3, concl. 6, § 35).

natura non est posterior qualibet posterioritate; igitur sic tripliciter quaelibet alia est posterior. Secunda propositio huius argumenti patet – ex tertia, nona et decimatertia huius tertii; adiunge cuilibet sextam huius.

[47] Secundo probatur in speciali: Quod non est finis nec ad finem aliquem, est frustra; in entibus nihil est frustra; igitur quaelibet natura alia a primo fine est ad aliquem finem; et si ad aliquem, ergo ad primum – ex tertia secundi.

Similiter de eminente: Quod non est supremum nec excessum ab aliquo, nullum gradum habet; sic nihil est; igitur omne quod non est supremum est excessum ab aliquo; igitur a supremo – ex tertia secundi.

Ex his ostenditur de efficientia, quae negatur: Quidlibet est finis primus vel finitum – iam supra; ergo est primum efficiens vel effectum, nam membra huius disiuncti convertuntur cum membris illius. De posterioritate patet ex quarta et quinta secundi, de primo patet ex proxima praecedente.

Similiter per eminentiam: Si quidlibet est supremum vel excessum a supremo, ergo primum efficiens vel effectum, quia et haec membra convertuntur – ex paenultima et ultima secundi et decimaquinta huius tertii.

nécessaire de soi; donc une nature unique n'est pas postérieure, selon n'importe quelle postériorité; donc toute autre (nature) est ainsi triplement postérieure. – La seconde proposition de cet argument est claire, – d'après les troisième[1], neuvième[2] et treizième[3] (conclusions) de ce troisième (chapitre). Ajoute à chacune d'elles la sixième (conclusion) de ce (chapitre)[4].

47. On le prouve deuxièmement d'une (manière) spéciale : ce qui n'est pas une fin, ni (ordonné) à une fin, est en vain; dans les êtres rien n'est en vain; donc toute nature autre que la fin première est (ordonnée) à une fin ; et si (elle est ordonnée) à une certaine (fin), elle l'est par conséquent à la (fin) première – d'après la troisième (conclusion) du second (chapitre)[5].

Pareillement pour l'éminent : ce qui n'est pas suprême, ni dépassé par quelque chose, n'a aucun rang; ainsi il n'est rien; donc tout ce qui n'est pas l'(être) suprême est dépassé par quelque chose; donc (il est dépassé) par l'(être) suprême, – d'après la troisième (conclusion) du second (chapitre)[6].

Par là on le montre pour l'efficience, qui est niée : tout est fin première ou fini – comme (montré) plus haut; donc (tout) est premier efficient ou effectué, car les membres de cette disjonction-ci sont convertibles avec les membres de celle-là. Pour la postériorité, cela est clair d'après la quatrième[7] et la cinquième[8] (conclusions) du second (chapitre); pour le premier, cela est clair d'après la dernière (conclusion) qui précède[9].

Pareillement par l'éminence : si tout est (être) suprême ou dépassé par l'(être) suprême, (tout est) donc premier efficient ou effectué, parce que ces membres sont aussi convertibles, – d'après l'avant-dernière (conclusion)[10] et la dernière[11] du second (chapitre), et la quinzième de ce

1. Cet effectif absolument premier est incausable, parce qu'il est ineffectible et indépendamment effectif (chap. 3, concl. 3, § 32).

2. Ce premier finitif est incausable (chap. 3, concl. 9, § 38).

3. Cette nature suprême est incausable (chap. 3, concl. 13, § 39).

4. La nécessité d'être de soi convient à une seule nature (chap. 3, concl. 6, § 35).

5. Ce qui n'est pas postérieur à l'antérieur n'est pas postérieur au postérieur (chap. 2, concl. 3, § 9).

6. Chap. 2, concl. 3, § 9.

7. Ce qui n'est pas fini n'est pas effectué (chap. 2, concl. 4, § 11).

8. Ce qui n'est pas effectué n'est pas fini (chap. 2, concl. 5, § 12).

9. Une unique nature existante est première dans le triple ordre précité, première par rapport à n'importe quelle autre nature, de sorte que toute autre nature est ainsi triplement postérieure… (chap. 3, concl. 19, § 46).

10. Le premier effectif est le plus actuel parce qu'il contient virtuellement toute actualité possible; la première fin est la meilleure, contenant virtuellement toute bonté possible; le premier éminent est le plus parfait, contenant éminemment toute perfection possible (chap. 3, concl. 18, § 45).

11. Tout ce qui est fini est dépassé (chap. 2, concl. 16, § 22).

Positio etiam alicuius entis nullum ordinem habentis irrationalis est valde, sicut in secunda ratione ad sextam et in probatione decimae septimae huius aliqualiter est ostensum.

[48] Vere, domine, omnia in sapientia ordinate fecisti, ut cuilibet intellectui rationabile videatur quod omne ens est ordinatum. Unde absurdum fuit philosophantibus ordinem ab aliquo amovere. Ex hac autem universali 'omne ens est ordinatum' sequitur quod non omne ens est posterius et non omne prius; quia utroque modo vel idem ad se ordinaretur vel circulus in ordine poneretur. Est ergo aliquod ens prius non posterius, et ita primum; et aliquod posterius et non prius; nullum autem quin vel prius vel posterius. Tu es unicum primum, et omne aliud a te posterius est te, sicut in triplici ordine, ut potui, declaravi.

troisième (chapitre)[1]. En outre il est absolument irrationnel de poser un être quelconque n'ayant aucun ordre, comme on l'a montré d'une certaine façon dans la seconde raison de la sixième (conclusion)[2] et dans la preuve de la dix-septième (conclusion) de ce (chapitre)[3].

48. Véritablement, Seigneur, tu as fait toutes choses, les ordonnant en sagesse, de sorte que tout être a un ordre, ce qui semble raisonnable à tout intellect. De là les philosophes ont trouvé absurde d'ôter l'ordre à quelque (être). Aussi il découle de cette (proposition) universelle : 'tout être est ordonné', que tout être n'est pas postérieur et que tout (être n'est) pas antérieur ; parce que dans les deux cas, ou bien le même serait ordonné à soi, ou bien on poserait le cercle dans l'ordre. Il y a donc un certain être antérieur, non postérieur, et ainsi premier ; et (il y a) un certain (être) postérieur et non antérieur ; mais aucun qui ne soit ni antérieur ni postérieur. Tu es le premier unique, et tout autre que toi t'est postérieur, dans l'ordre triple, comme je l'ai montré selon mes capacités.

1. C'est à une unique et même nature existant en acte qu'appartient la triple primauté… (chap. 3, concl. 15, § 40).

2. Une nature sans ordre essentiel ne serait rien dans cet univers (cf. chap. 3, concl. 6, § 36).

3. Sans unité d'ordre, il n'y a pas unité d'univers (chap. 3, concl. 17, § 43).

Capitulum quartum

DE SIMPLICITATE ET INFINITATE ET INTELLECTUALITATE PRIMI ENTIS

[49] Domine deus noster, de tua natura unica vere prima vellem perfectiones quas inesse non dubito aliqualiter ostendere, si faveres. Credo te simplicem, infinitum, sapientem et volentem; et quia nollem uti circulo in probando, de simplicitate quaedam praemittam, quae possunt primo probari; alia de simplicitate usque ad suum locum, ubi probari possunt, differentur.

[50] Est igitur huius quarti capituli haec prima conclusio ostendenda :

Prima conclusio : *Prima natura in se est simplex.*

'In se' dixi, quia tantum de simplicitate essentiali intelligo hic, quae excludit omnem compositionem in essentia absolute.

Haec probatur sic : Prima natura non est causata – ex tertia tertii ; igitur non habens partes essentiales materiam et formam. Item : Nec diversas perfectiones qualitercumque in re distinctas habet, ex quibus sumi possit ratio generis et differentiae. Probatur ex prima probatione sextae tertii : quia vel altera illarum secundum propriam rationem esset qua totum esset primo necesse esse et reliqua nec primo nec per se – et tunc, cum reliqua essentialiter includatur in

CHAPITRE QUATRIÈME

DE LA SIMPLICITÉ, DE L'INFINITÉ, DE L'INTELLECTUALITÉ DE L'ÊTRE PREMIER

49. Seigneur notre Dieu, si tu me l'accordes, je voudrais montrer d'une certaine façon les perfections dont je ne doute pas qu'elles sont inhérentes à ta nature unique et vraiment première. Je crois que tu es simple, infini, sage et volontaire; et parce que je ne veux pas utiliser de cercle dans ma preuve, je présente parmi les (propositions) sur (ta) simplicité, celles qui peuvent être directement prouvées; les autres (propositions) concernant la simplicité sont renvoyées à l'endroit où on pourra les prouver[1].

50. Il faut donc démontrer la première conclusion de ce quatrième chapitre :

PREMIÈRE CONCLUSION : *En soi la première nature est simple.*

J'ai dit 'en soi', parce que je ne comprends ici que la simplicité essentielle, qui exclut absolument toute composition dans l'essence.

Je prouve cette (proposition) comme suit : la première nature n'est pas causée, – d'après la troisième (conclusion) du troisième (chapitre)[2]; donc elle n'est pas essentiellement composée de matière et de forme.

De même : elle n'a pas de perfections diverses qui soient de quelque manière distinctes réellement et dont on puisse saisir la raison de genre et de différence. On le prouve d'après la première preuve de la sixième (conclusion) du troisième (chapitre)[3] : ou bien l'une de ces (perfections) selon sa raison propre serait ce par quoi le tout serait fondamentalement un être nécessaire et l'autre ne le serait ni fondamentalement ni par soi, – et alors, –

1. Cf. chap. 4, concl. 10, § 88 *sq.*

2. Cet effectif absolument premier est incausable, parce qu'il est ineffectible et indépendamment effectif (chap. 3, concl. 3, § 32).

3. Scot y montrait l'impossibilité de deux natures nécessaires par soi qui auraient en commun cette nécessité d'être de soi et seraient distinguées par leurs formalités actuelles ultimes (chap. 3, concl. 6, § 35).

toto, totum non erit necesse esse, quia includit non necessarium formaliter; aut si utraque realitate esset totum primo necesse esse, esset bis necesse esse et haberet duo esse primo, quorum neutrum essentialiter includeret alterum. Similiter utraque esset non utraque, quia non esset unum ex eis, si utraque primo dat necesse esse. Utraque enim erit actualitas ultima et ita vel nihil idem ex eis vel nulla differentia earum, et ita non utraque.

Corollarium : Prima natura non est in genere ; patet ex ista. Probatur etiam : quia natura in genere tota exprimitur per definitionem, ubi non importatur idem omnino per genus et differentiam, propter nugationem ; oppositum in sic simplici invenitur.

[51] Hic instatur : Si duorum existentium in eodem altero tantum potest ipsum esse necessarium, et ita reliquum non necessarium – alias esset bis necesse esse – sequeretur quod nulla distincta secundum formales rationes possent poni esse in necesse esse ; igitur nec in persona divina essentia et relatio. Consequens falsum ; igitur probatio prima peccat. Similiter arguitur contra secundam : quia utraque eorum esset actualitas ultima, vel alterum non necessarium.

Respondeo : Quaecumque secundum rationes formales distinguuntur, si sint componibilia ut actus et potentia vel ut duo nata actuare idem, tunc si unum est infinitum, potest includere per identitatem aliud, immo includit ; alias infinitum esset componibile, quod improbatur conclusione nona huius. Si autem sit finitum, non includit per identitatem illud quod est primo diversum secundum suam formalem rationem, quia finitum tale est perfectibile illo vel componibile cum illo. Ergo ponendo necesse esse habere duas realitates, quarum neutra per identitatem contineat aliam – quod requiritur ad compositionem – sequitur quod altera non erit necesse esse, nec formaliter nec per identitatem, vel totum erit bis necesse esse ; et ita tenet probatio utraque.

Instantiae de persona divina nullae sunt, quia illae duae realitates non faciunt compositionem, sed una est alia per identitatem quia una est infinita. Quod si obicias : ‘Ita dicam in proposito quod est

comme l'autre est essentiellement incluse dans le tout, le tout ne serait pas un être nécessaire, parce qu'(alors) il inclurait formellement du non-nécessaire ; ou bien si le tout était un être fondamentalement nécessaire par l'une ou l'autre réalité, il serait deux fois nécessaire et il aurait fondamentalement deux êtres dont aucun n'inclurait essentiellement l'autre. Pareillement, l'une et l'autre ne seraient plus l'une et l'autre, parce qu'il n'y aurait pas unité des deux, si l'une et l'autre donnaient fondamentalement l'être nécessaire. L'une et l'autre seraient en effet l'actualité ultime et ainsi (il n'y aurait) soit rien d'identique entre eux soit aucune différence entre eux, et ainsi (ils ne seraient) pas l'un et l'autre.

Corollaire : la première nature n'est pas dans un genre ; cela ressort clairement de cette (conclusion). On le prouve quand même : la nature dans un genre est totalement exprimée par une définition où le genre et la différence ne signifient pas du tout la même chose, sinon ce serait une tautologie ; on découvre l'opposé dans une (nature) simple de cette sorte.

51. Ici l'on objecte : si ce n'est que par l'une des deux (déterminations) existant dans un même être que celui-ci peut être nécessaire et qu'ainsi l'autre n'est pas nécessaire – autrement il y aurait deux fois un être nécessaire –, il s'ensuit que dans l'être nécessaire on ne peut poser aucune distinction selon les raisons formelles : donc (on ne peut pas non plus poser) d'essence et de relation dans la personne divine. Le conséquent (est) faux, donc la première preuve pèche. On argumente de la même façon contre la seconde (preuve, qui dit) ou que l'une et l'autre sont l'ultime actualité, ou que l'une d'entre elles n'(est) pas nécessaire.

Je réponds : en tout ce qui est distingué selon les raisons formelles, s'il est composable comme l'acte et la puissance ou comme deux (principes) faits pour actualiser le même, si l'un des (composants) est infini, il peut alors inclure l'autre par identité ; bien plus, il l'inclut, sinon l'infini serait composable, ce qui est réfuté dans la neuvième conclusion de ce (chapitre)[1]. Mais s'il était fini, il n'inclurait pas par identité ce qui est fondamentalement différent selon sa raison formelle, parce qu'un tel fini serait perfectible par lui ou composable avec lui. Ainsi, en posant que l'être nécessaire a deux réalités, dont aucune ne contient l'autre par identité – ce qui est requis pour une composition –, il s'ensuit que l'autre ne serait pas un être nécessaire, ni formellement, ni par identité, ou que le tout serait deux fois un être nécessaire ; et ainsi les deux preuves sont valables.

Les objections qui concernent la personne divine sont nulles, parce que ces deux réalités n'entrent pas en composition, mais l'une est l'autre par identité parce que l'une est infinie. Mais si tu objectes : 'Je dirai à ce propos

1. L'infini n'est pas composable ; tout au plus peut-il être l'autre par identité (cf. chap. 4, concl. 9, § 77).

compositio et duae realitates in necesse esse, sed altera est infinita' – contradicis tibi dupliciter : primo, quia infinitum est incomponibile ut pars alteri realitati, quia pars minor toto; secundo, quia si ponis compositionem, neutra realitas est alia per identitatem; et tunc currit probatio utraque.

[52] Secunda conclusio : *Quidquid est intrinsecum summae naturae, est summe tale.*

Probatur : quia – ex proxima – est idem omnino illi naturae propter simplicitatem; ergo sicut illa natura est summe natura, ita illud est summe tale quia idem est; alias, si posset intelligi excedi secundum suam entitatem, ergo et natura posset intelligi excedi secundum suam entitatem, quae eadem est entitati illius.

[53] Tertia conclusio : *Omnis perfectio simpliciter, et in summo, inest necessarto naturae summae.*

Perfectio simpliciter dicitur quae in quolibet est melius ipsum quam non ipsum.

Haec descriptio videtur nulla, quia si intelligitur de affirmatione et negatione : ut est in se, affirmatio non est melior sua negatione – in se et in quolibet si in eo posset esse. Si autem intelligitur non in se tantum et in quolibet si posset inesse, sed in quolibet simpliciter, falsum est : Non melior est in cane sapientia, quia nihil est bonitas in illo cui contradicit.

Respondeo : Famosa est descriptio. Exponatur sic : 'melius quam non ipsum', id est, quam quodcumque positivum incompossibile in quo includitur 'non ipsum'. Est, inquam, sic melius 'in quolibet' – non cuilibet, sed 'in quolibet' – quantum esset ex se; quia melius est suo incompossibili, propter quod non potest inesse. Breviter igitur dicatur : Perfectio simpliciter est, quae est simpliciter et absolute melius quocumque incompossibili; et ita exponatur illud 'in quolibet quam non ipsum', hoc est, quodlibet quod non est ipsum.

qu'il y a une composition et deux réalités dans l'être nécessaire, mais que l'une est infinie' –, tu te contredis doublement : premièrement, l'infini n'est pas composable comme une partie avec une autre réalité, parce que la partie est plus petite que le tout; deuxièmement, si tu poses une composition, aucune réalité n'est l'autre par identité; et ainsi l'une et l'autre preuves sont pertinentes.

52. DEUXIÈME CONCLUSION : *Tout ce qui est intrinsèque à la nature la plus haute est souverainement tel.*

On le prouve : d'après la dernière (conclusion), (tout ce qui est intrinsèque à cette nature) lui est tout à fait identique en raison de sa simplicité; donc comme cette nature est nature au plus haut degré, de même ce (qui lui est intrinsèque) est souverainement tel parce qu'il (lui) est identique; autrement si on pouvait le concevoir (comme) dépassé selon son entité, on pourrait donc aussi concevoir cette nature (comme) dépassée selon son entité, (nature) qui est identique à l'entité de ce (qui lui est intrinsèque).

53. TROISIÈME CONCLUSION : *Toute perfection au sens absolu et au plus haut degré est nécessairement inhérente à la nature souveraine.*

On appelle 'perfection au sens absolu' celle qui, dans n'importe quoi, est un 'cela' meilleur qu'un 'non-cela' [1].

Cette définition semble nulle si on la comprend (dans le sens d'une opposition entre) l'affirmation et la négation : en soi l'affirmation n'est pas meilleure que sa négation, – en soi et dans n'importe quoi si elle peut y être. En outre si on ne la comprend pas seulement en soi et dans n'importe quoi où elle peut être inhérente, mais dans absolument n'importe quoi, cela est faux : dans un chien la sagesse n'est pas meilleure (que la non-sagesse), parce que rien n'est bonté dans ce qui la contredit.

Je réponds : cette définition est célèbre. Il faut l'expliquer comme suit : 'meilleur qu'un non-cela' signifie (meilleur) que quelque chose de positif incompossible dans lequel un 'non-cela' est inclus. (Le 'cela') est, dis-je, ainsi meilleur 'dans n'importe quoi' – non pas pour n'importe quoi, mais 'dans n'importe quoi' – dans la mesure où il est de soi; car il est meilleur que son incompossible à cause duquel il ne peut être inhérent (au sujet). – On (peut) donc bien le dire brièvement : la perfection est, au sens absolu, ce qui est absolument et totalement meilleur que tout incompossible; et il faut expliquer comme on l'a fait ce 'dans n'importe quoi qu'un

1. Anselme de Cantorbéry, *Monologion*, chap. XV (Corbin, p. 87) : « Laissant de côté ce qui se dit relativement, parce qu'il ne démontre jamais simplement l'essence de quelque chose, tournons notre intention vers un autre sujet de discussion. Qui regarde attentivement et un à un tous les (attributs) autres que relatifs verra assurément qu'ils sont tels que X est en tout point meilleur que non-X ou que, sur certains points non-X est meilleur que X. »

Alias de illa descriptione non curo ; accipio primam, quae plana est. Et debet intelligi de incompossibilitate secundum praedicationem denominativam, quia ita fit communiter sermo.

[54] Probo tertiam conclusionem sic intellectam : Perfectio simpliciter ad omnem incompossibilem aliquem habet ordinem secundum nobilitatem, non excessi – per descriptionem – sed eminentis ; igitur vel est naturae supremae incompossibilis et ita excedit eam, vel compossibilis et ita potest illi inesse, et etiam in summo, quia sic est sibi compossibilis, si est alicui compossibilis. Inest sibi sicut est sibi compossibilis. Non autem inest ut accidens contingens ; igitur vel ut idem vel ut propria passio saltem : habetur propositum, quod necessario inest.

Quod autem non ut accidens per accidens contingenter insit, probo : quia in omni perfectione cui non repugnat necessitas, perfectius habet illam quod habet necessario quam quod contingenter. Perfectioni simpliciter non repugnat necessitas, quia tunc aliqua incompossibilis sibi excederet eam ut illa quae est necessaria vel potest esse. Nihil autem potest perfectius habere perfectionem simpliciter quam prima natura – ex secunda huius ; ergo, etc.

[55] Infinitati et ceteris de simplicitate ponendis praemitto de intellectu et voluntate, quia inferius supponentur. Prima conclusio talis est :

QUARTA CONCLUSIO : *Primum efficiens est intelligens et volens.*

Ista probatur : Primum est per se agens, quia omni causa per accidens prior est aliqua per se – 2° *Physicorum* ; agens per se omne agit propter finem.

Ex hoc arguitur dupliciter. Primo sic : Omne naturale agens, praecise consideratum, ex necessitate et aeque ageret, si ad nullum finem ageret, si esset independenter agens ; ergo si

non-cela', qui veut dire 'n'importe quoi qui n'est pas cela', autrement je ne m'intéresse pas à cette définition. J'adopte la première (formulation) car elle est claire. On (y) doit comprendre l'incompossibilité selon la prédication dénominative, parce que c'est ainsi qu'on en parle habituellement.

54. Je prouve la troisième conclusion entendue dans ce sens : la perfection absolue a par rapport à tout incompossible un ordre selon la noblesse, non (dans le sens) d'un dépassé – d'après la définition –, mais (dans le sens) d'un éminent ; donc elle est soit incompossible avec la nature suprême et ainsi la dépasse, soit compossible et peut ainsi lui être inhérente, et même au plus haut degré, parce qu'elle est compossible avec elle de cette manière si elle est compossible avec quelque chose. Elle lui est inhérente de la même manière qu'elle est compossible avec elle. Cependant elle ne (lui) est pas inhérente comme un accident contingent ; donc (elle lui est inhérente) soit par identité, soit au moins comme une détermination propre. Ainsi nous tenons notre propos : elle est nécessairement inhérente.

Je prouve qu'elle n'est pas en (elle) de façon contingente comme un accident (l'est) par accident : dans toute perfection à laquelle la nécessité ne répugne pas, ce qui a cette (perfection) nécessairement la (possède) plus parfaitement que ce (qui la possède) de façon contingente. La nécessité ne répugne pas à la perfection absolue, parce qu'alors une (perfection) incompossible avec elle la dépasserait comme une (perfection) qui est nécessaire ou peut (l')être. Mais rien ne peut avoir une perfection absolue plus parfaitement que la nature première, – d'après la seconde (conclusion) de ce (chapitre)[1] ; donc, etc.

55. En préambule à (la preuve de) l'infinité et à tout ce qui reste à établir concernant la simplicité, j'expose ce qui concerne l'intellect et la volonté, parce que cela sera supposé plus bas. Voici la première conclusion :

QUATRIÈME CONCLUSION : *Le premier efficient est intelligent et volontaire.*

On la prouve ainsi : le premier est agent par soi, parce qu'une (cause) par soi est antérieure à toute cause par accident, – selon le deuxième livre de la *Physique*[2] ; tout agent par soi agit en vue d'une fin.

De là on argumente doublement : premièrement, tout agent naturel, considéré comme tel, agirait par nécessité et de la même manière s'il n'agissait pour aucune fin (et) s'il était un agent indépendant ; donc s'il

1. Tout ce qui est intrinsèque à la nature la plus haute est souverainement tel (chap. 4, concl. 2, § 52).

2. Aristote, *Phys.* II, 6, 198 a 7-9 (Carteron, t. I, p. 74) : « (...) puisque d'autre part rien d'accidentel n'est antérieur au par soi il est évident que la cause par accident n'est pas davantage antérieure à la cause par soi. »

non agit nisi propter finem, hoc est quia dependet ab agente amante finem; quare, etc.

Secundo arguitur sic : Si primum agit propter finem, aut ergo finis ille movet primum efficiens ut amatus actu voluntatis, et patet propositum, aut ut naturaliter tantum amatus. Hoc falsum, quia non naturaliter amat finem alium a se, ut grave centrum et materia formam; tunc esset aliquo modo ad finem, quia inclinatus ad illum. Si tantum naturaliter amat finem, qui est ipse, hoc nihil est nisi ipsum esse ipsum; hoc non est salvare duplicem rationem causae in ipso.

Item : Primum efficiens dirigit effectum suum ad finem; ergo vel naturaliter vel amando illum. Non primo modo, quia non cognoscens nihil dirigit nisi in virtute cognoscentis, sapientis enim est prima ordinatio; primum in nullius virtute dirigit, sicut nec causat.

[56] Item tertio sic : Aliquid causatur contingenter; igitur prima causa contingenter causat; igitur volens causat. Probatio primae consequentiae : Quaelibet causa secunda causat inquantum movetur a prima; ergo si prima necessario movet, quaelibet necessario movetur et quidlibet necessario causatur. Probatio secundae consequentiae : Nullum est principium contingenter operandi nisi voluntas vel concomitans voluntatem, quia quaelibet alia agit ex necessitate naturae, et ita non contingenter.

Obicitur contra primam consequentiam : quia nostrum velle posset adhuc contingenter aliquid causare. Item : Philosophus concessit antecedens et negavit consequens intelligendo de velle Dei, ponendo contingentiam in inferioribus ex motu, qui necessario causatur inquantum uniformis, sed difformitas sequitur ex partibus eius, et ita contingentia. – Contra secundam : Aliqua mota possunt impediri et ita oppositum contingenter evenire.

Ad primum : Si est primum efficiens respectu voluntatis nostrae, idem sequitur de ipsa quod et de aliis; quia, sive immediate necessario moveat eam, sive aliud immediate, et illud necessario motum necessario moveat, quia movet ex hoc quod movetur,

n'agit qu'en vue d'une fin, c'est parce qu'il dépend d'un agent qui aime cette fin; c'est pourquoi, etc.

Deuxièmement on argumente comme suit: si le premier agit en vue d'une fin, alors cette fin meut le premier efficient ou bien en tant qu'aimée par un acte de la volonté, et notre propos est clair, ou bien en tant qu'aimée seulement naturellement. Ce (qui est) faux, car (le premier efficient) n'aime pas naturellement une autre fin que lui-même, comme le lourd (aime) le centre et la matière la forme; (s'il en était ainsi), il serait d'une certaine façon (ordonné) à une fin parce qu'incliné vers elle. S'il aime seulement naturellement cette fin, qui est lui-même, cela ne signifie rien d'autre que lui-même est lui-même; ce n'est pas ainsi qu'on sauve la double raison de cause en lui.

De même: le premier efficient oriente son effectué vers une fin; (il le fait) donc soit naturellement, soit en aimant cette fin; ce n'est pas de la première manière, parce que celui qui ne connaît pas n'oriente rien sinon en vertu d'un connaissant; en effet la première orientation est le fait de celui qui sait; le premier n'oriente en vertu d'aucun (autre), de même qu'il ne cause pas non plus (en vertu d'un autre).

56. (On argumente) troisièmement comme suit: quelque chose est causé de manière contingente; donc la première cause cause de manière contingente; donc elle cause en voulant. Preuve de la première conséquence: toute cause seconde cause en tant qu'elle est mue par la première; donc si la première meut nécessairement, toute cause sera mue nécessairement et tout effet sera causé nécessairement. Preuve de la deuxième conséquence: rien n'est principe d'opération contingente si ce n'est la volonté ou ce qui accompagne la volonté, car toute autre (cause) agit par nécessité de nature et ainsi de façon non contingente.

On objecte contre la première conséquence que notre vouloir pourrait bien causer quelque chose de façon contingente. De même: le Philosophe[1] a concédé l'antécédent et nié le conséquent concernant le vouloir de Dieu, en posant la contingence dans les inférieurs, à partir du mouvement qui, en tant qu'uniforme, est causé nécessairement, mais la difformité naît de ses parties et ainsi la contingence. – Contre la deuxième (conséquence): il y a des (choses) mues qui peuvent être empêchées et ainsi l'opposé peut arriver de façon contingente.

(Réponse) à la première (objection): s'il y a un premier efficient par rapport à notre volonté, il s'ensuit la même (conséquence) pour elle que pour les autres (agents), car ou bien il la meut immédiatement de façon nécessaire, ou bien (il meut) un autre immédiatement, et ce

1. Cf. Aristote, *Phys.* VIII, 6, 259 b 32-260 a 19; *Du ciel* II, 3, 286 a 34-286 b 9; *De la génération et la corruption* II, 10, 336 a 23; *Mét.* XII, 6-7, 1074 a 9-23.

tandem proximum necessario movebit voluntatem; et ita necessario volet et erit volens necessario. Sequitur ulterius impossibile, quod necessario causat quod volendo causat.

Ad secundum: Non dico hic contingens quodcumque non est necessarium nec sempiternum, sed cuius oppositum posset fieri quando istud fit. Ideo dixi: « Aliquid contingenter causatur », non: « Aliquid est contingens. » Modo dico quod Philosophus non potuit consequentiam negare salvando antecedens per motum; quia si ille motus <totus> necessario est a causa sua, quaelibet pars eius necessario causatur quando causatur, hoc est, inevitabiliter, ita quod oppositum tunc non posset causari. Et ulterius: Quod causatur per quamcumque partem motus, necessario tunc causatur, id est, inevitabiliter. Vel igitur nihil fit contingenter, id est, evitabiliter, vel primum sic causat, etiam immediate, quod posset non causare.

Ad tertium: Si alia causa potest impedire istam, nunc potest virtute superioris causae impedire, et sic usque ad primam; quae si immediatam causam sibi necessario movet, in toto ordine usque ad istam impedientem erit necessitas; igitur necessario impediet; igitur tunc non posset alia causa causare contingenter causatum.

[57] Quarto probatur conclusio: Aliquod malum est in entibus; igitur primum contingenter causat; et tunc ut prius. Probatio consequentiae: Agens ex necessitate naturae agit secundum ultimum potentiae, et ita ad omnem perfectionem possibilem produci ab ipso; igitur si primum agit necessario et per consequens omne aliud agens – ut iam deductum est –, sequitur quod totus ordo causarum causabit in isto quidquid est eis possibile causare in isto; igitur nulla perfectione caret, quae potest ab omnibus causis agentibus induci in ipso; igitur nulla caret, quam potest recipere; igitur non est in ipso aliqua malitia. Consequentiae sunt planae: quia omnis perfectio receptibilis in isto est causabilis ab aliquo vel ab omnibus causis ordinatis. Ultima patet ex ratione mali, et concludit probatio ita de vitio in moribus sicut de peccato in natura.

Dices: « Materia non oboedit ». Nihil est; agens potens vinceret inoboedientiam.

nécessairement-mû meut de façon nécessaire, parce qu'il meut à partir de ce qui est mû, jusqu'à ce que l'(agent) le plus proche mette nécessairement en mouvement la volonté; ainsi elle voudra nécessairement et elle sera 'voulant nécessairement'. De plus il en découle cette conséquence impossible, qu'elle cause nécessairement ce qu'elle cause en voulant.

(Réponse) à la seconde (objection) : je n'entends pas ici par contingent tout ce qui n'est pas nécessaire ni éternel, mais ce dont l'opposé pourrait arriver quand il arrive. C'est pourquoi j'ai dit : 'quelque chose est causé de façon contingente', et non pas 'quelque chose est contingent'. Je dis seulement que le Philosophe n'a pas pu nier la conséquence en sauvant l'antécédent par le mouvement, parce que si ce mouvement (tout entier) est nécessairement par sa cause, toutes ses parties sont causées nécessairement quand elles sont causées, c'est-à-dire inévitablement, de sorte que l'opposé ne pourrait alors être causé. De plus : ce qui est causé par une quelconque partie du mouvement est alors causé nécessairement, c'est-à-dire inévitablement. Donc ou bien rien n'arrive de façon contingente, c'est-à-dire de manière évitable, ou bien le premier cause, et même immédiatement, de manière qu'il pourrait aussi ne pas causer.

(Réponse) à la troisième (objection) : si une cause peut en empêcher une autre, elle peut alors l'empêcher en vertu d'une cause supérieure, et ainsi jusqu'à la première; et si celle-ci meut nécessairement une cause qui lui est immédiate, il y aura nécessité dans l'ensemble de l'ordre jusqu'à cette (cause) empêchante; donc elle empêchera nécessairement; donc aucune autre cause ne pourrait causer un effet de manière contingente.

57. On prouve la conclusion d'une quatrième manière : il y a du mal dans les êtres, donc le premier cause de manière contingente; et alors (on conclut) comme auparavant. Preuve de la conséquence : un agent (qui agit) par nécessité de nature agit au maximum de sa capacité, et pareillement à l'égard de toute perfection qui peut être produite par lui; donc si le premier agit nécessairement, et par conséquent tout autre agent – comme on l'a déjà déduit –, il s'ensuit que tout l'ordre des causes causera dans cet (univers) tout ce qu'elles peuvent causer en lui; il ne manquera donc d'aucune perfection, qui peut être introduite en lui par toutes les causes agentes; donc il n'en manquera d'aucune qu'il puisse recevoir, donc il n'y aura pas de mal en lui. Les conséquences sont claires : parce que toute perfection recevable en lui est causable par l'une ou par toutes les causes ordonnées. La dernière (conséquence) est claire d'après la raison de mal; et la preuve conclut pour le vice dans les mœurs de la même manière que pour le défaut dans la nature.

Tu diras : 'La matière n'obéit pas'. Cette (objection) ne vaut rien; un agent puissant vaincrait une désobéissance.

Haec conclusio quinto probatur, quia omni non vivo vivum est melius, et inter viva omni non intelligente intellectivum est melius.

[58] Hanc conclusionem probant aliqui sexta via ex tertia praeostensa : quia intelligere, velle, sapientia, amor sunt perfectiones simpliciter, quod supponunt quasi manifestum.

Sed non videtur unde istae magis possunt concludi esse perfectiones simpliciter quam natura primi angeli. Si enim accipias sapientiam denominative, est melior omni denominativo incompossibili, et non probasti quod primum est sapiens. Dico quod petis. Tantum potes habere quod sapiens est melior non sapiente, excluso primo. Isto modo primus angelus est melior omni ente denominative sumpto incompossibili sibi praeter Deum; immo essentia primi angeli in abstacto potest esse melior simpliciter sapientia.

Respondeo quod nec sapientia est melius cuilibet denominative; repugnat multis.

Dices : « Immo esset cuilibet, si posset inesse, quia cani esset melius, si canis esset sapiens. » Respondeo : Ita de primo angelo, si posset esse canis, esset melior, et cani esset melius, si posset esse primus angelus.

Dices : « Immo illud destrueret naturam canis; igitur non est bonum cani. » Respondeo : Ita 'sapiens' destruit eius naturam. Non est differentia nisi quod angelus destruit ut natura eiusdem generis, 'sapiens' ut alterius, incompossibilis tamen, quia determinans sibi pro subiecto naturam eiusdem generis incompossibilem; et cui repugnat primo subiectum, eidem per se, licet non primo, passio subiecti repugnat. – Vulgaris sermo de perfectione simpliciter saepe vacillat.

Item : Intellectuale videtur dicere gradum supremum determinati generis ut substantiae. Unde igitur concludetur quod est perfectio simpliciter? De passionibus entis in communi secus est, quia

Cette conclusion est prouvée d'une cinquième façon, car le vivant est meilleur que tout non-vivant, et parmi les vivants l'intellectuel est meilleur que tout non-intelligent.

58. Certains prouvent cette conclusion d'une sixième façon, tirée de la troisième (conclusion)[1] montrée précédemment : ils supposent comme presque manifeste que le comprendre, le vouloir, la sagesse, l'amour sont des perfections au sens absolu.

Mais on ne voit pas d'où l'on peut conclure que ces (qualités) sont des perfections au sens absolu plus que la nature du premier ange. Si en effet tu prends 'sagesse' au sens dénominatif, elle est meilleure que tout dénominatif incompossible, mais tu n'as pas prouvé que le premier est 'sage'. Je dis que tu fais une pétition de principe. Tu peux seulement tenir qu'un 'sage' est meilleur qu'un 'non-sage', à l'exclusion du premier. De cette façon le premier ange est meilleur que tout être pris dénominativement (et) qui lui est incompossible, à l'exception de Dieu. Bien plus, l'essence du premier ange, prise abstraitement, peut être meilleure que la 'sagesse' prise au sens absolu.

Tu diras : '(L'essence du premier ange) répugne à beaucoup ; c'est pourquoi ce n'est pas pour tout qu'elle est dénominativement meilleure que l'opposé'. Je réponds que la sagesse n'est pas non plus dénominativement meilleure pour tout ; elle répugne à beaucoup.

Tu diras : 'Bien plus, (elle serait meilleure) pour tout, si elle pouvait lui être (inhérente), parce qu'elle serait meilleure pour le chien si le chien était sage'. Je réponds : il en est ainsi pour le premier ange, s'il pouvait être chien il serait meilleur, et pour le chien il serait meilleur s'il pouvait être le premier ange.

Tu diras : 'Mais cela détruirait la nature du chien ; donc ce n'est pas un bien pour ce chien'. Je réponds : 'sage' détruit (aussi) sa nature. Il n'y a pas de différence, sinon que 'ange' détruit à la manière d'une nature de même genre, 'sage' à la manière de celle d'un autre (genre), mais cependant incompossible ; parce que ('sage') détermine (pour soi) en tant que sujet une nature du même genre qui, (elle), est incompossible ; ce qu'un sujet refuse immédiatement, une propriété du sujet le refuse par soi quoique non immédiatement. – Le discours vulgaire sur la perfection absolue chancelle souvent.

De même : l'intellectuel semble signifier le degré suprême d'un genre déterminé, comme la substance. D'où va-t-on dès lors conclure qu'il est perfection au sens absolu ? Quant aux propriétés de l'être en commun, il en

1. Toute perfection au sens absolu et au plus haut degré est nécessairement inhérente à la nature souveraine (chap. 4, concl. 3, § 53).

consequuntur omne ens, vel passio communis, vel alterum disiunctorum. Si protervus diceret quod omne denominativum primum cuiuslibet generis generalissimi est perfectio simpliciter, unde improbares? Diceret enim quodlibet tale esse melius quocumque incompossibili sibi, si intelligitur denominative, quia incompossibilia sibi non sunt nisi denominativa sui generis, quae omnia illud excellit. Si intelligatur de substantiis denominatis, inquantum denominata, similiter diceretur: Quia si substantia determinatur, istud determinat sibi nobilissimum; si non, saltem subiectum quodlibet, inquantum denominatur isto, est melius quolibet, inquantum denominatur alio sibi incompossibili.

[59] QUINTA CONCLUSIO: *Primum causans, quidquid causat, contingenter causat.*

Probatur: Quia quod immediate causat, contingenter causat – ex tertia probatione quartae praemissae; igitur et quidlibet, quia contingens non praecedit naturaliter necessarium nec necessarium dependet a contingente.

Item ex volitione finis: Non necessario est aliquid volitum nisi illud sine quo non stat illud quod est volitum circa finem. Deus amat se ut finem; et quidquid circa se ut finem amat, stare potest, si nihil aliud ab ipso sit, quia necessarium ex se a nullo dependet; igitur ex volitione nihil aliud necessario vult; igitur nec causat necessario.

Contra: 'Velle aliud' est idem primo; igitur necesse esse; igitur non contingens.

Item: Si tertia probatio praemissae, cui ista innititur, bene tenet, igitur nulla est contingentia cuiuscumque causae secundae in causando nisi contingentia primi in volendo; quia sicut necessitas primi in volendo concludit necessitatem cuiuscumque alterius in causando, ita determinatio eius in volendo concluderet determinationem cuiuscumque alterius in causando. Sed determinatio eius in volendo est aeterna: igitur quaecumque causa secunda priusquam agat est determinata, ita quod non est in potestate eius determinari ad oppositum.

va autrement, parce qu'elles suivent tout être, soit comme une propriété commune, soit comme l'un des (transcendantaux) disjonctifs.

Si un adversaire impudent disait que tout dénominatif premier de n'importe quel genre suprême est une perfection absolue, comment le réfuterais-tu ? Il dirait en effet que tout ce qui est tel est meilleur que tout ce qui lui est incompossible, si on le prend dénominativement, parce que les incompossibles avec lui ne sont que des dénominatifs de son propre genre, qu'il dépasse tous. Si on le comprend par rapport aux substances dénommées en tant que dénommées, on dirait la même chose : si la substance est déterminée, ce qui (la détermine) détermine pour soi le plus noble ; sinon au moins n'importe quel (sujet), pour autant qu'il est dénommé par lui, est meilleur que n'importe quel (sujet), pour autant que celui-ci est dénommé par un autre incompossible avec lui.

59. Cinquième conclusion : *Le premier causant cause de manière contingente tout ce qu'il cause.*

On le prouve : ce qu'il cause immédiatement, il le cause de façon contingente, – d'après la troisième preuve de la quatrième (conclusion) précédente[1], donc (il cause) tout (de cette façon), parce que le contingent ne précède pas naturellement le nécessaire et le nécessaire ne dépend pas du contingent.

(On le prouve) de même à partir du vouloir de la fin : rien n'est voulu nécessairement, sinon ce sans quoi n'existe pas ce qui est voulu pour cette fin. Dieu s'aime comme fin ; et tout ce qu'il aime pour lui-même comme fin peut exister (même) si rien d'autre que lui n'est, parce que (l'être) nécessaire de soi ne dépend de rien. Donc de par son vouloir, il ne veut rien d'autre nécessairement ; donc il ne cause (rien d'autre) nécessairement.

Contre (cette preuve) : 'vouloir autre chose' est la même chose pour le premier. Donc ('vouloir autre chose') est un être nécessaire, donc il n'est pas contingent.

De même, si la troisième preuve de la précédente (conclusion), sur laquelle la présente repose, tient bien, il n'y a (alors) aucune contingence d'une quelconque cause seconde dans l'ordre de la causalité, à moins qu'(il n'y ait) de la contingence dans le premier dans l'ordre de la volonté. Car comme la nécessité du premier dans l'ordre de la volonté conclut à la nécessité de tout autre dans l'ordre de la causalité, de même sa détermination dans l'ordre de la volonté conclurait à la détermination de tout autre dans l'ordre de la causalité. Mais sa détermination dans l'ordre de la volonté est éternelle : donc toute cause seconde, avant qu'elle n'agisse, est déterminée de telle façon qu'il n'est pas dans son pouvoir d'être déterminée pour l'opposé.

1. Preuve à partir de la constatation philosophique de la causalité contingente dans l'univers.

Hoc ulterius declaratur; quia si in potestate huius est determinare se ad oppositum, igitur cum determinatione primae causae in volendo stat istius indeterminatio in causando, quia non est in potestate eius facere primam causam indeterminatam; et sicut cum determinatione primae stat indeterminatio huius, ita videtur quod cum necessitate eius stat possibilitas et non-necessitas istius. Vel igitur tertia probatio nihil valet, vel voluntas nostra non videtur esse libera ex se ad opposita.

Item : Si prima determinata determinat, quomodo potest aliqua causa secunda movere ad aliquid aliquo modo, ad cuius oppositum prima moveret si moveret, sicut est de voluntate nostra peccante ?

Item quarto : Omne efficere erit contingens, quia dependet ab efficientia primi quae est contingens.

Ista sunt difficilia, quorum plena et plana solutio multa narrari et declarari requirit. Quaerantur in quaestione quam de scientia Dei respectu futurorum contingentium disputavi.

[60] Sexta conclusio : *Primam naturam amare se est idem naturae primae.*

Hanc probo sic : Causalitas et causatio causae finalis est simpliciter prima – ex quarta secundi ; et ideo causalitas primi finis et eius causatio est penitus incausabilis secundum quamcumque causationem in quocumque genere causae. Causalitas autem primi finis est : 'movere primum efficiens ut amatum', quod est idem isti : 'primum efficiens amare primum finem'. Nihil aliud est : 'obiectum amari a voluntate', nisi : 'voluntatem amare obiectum'. Igitur : 'primum efficiens amare primum finem' est penitus incausabile, et ita ex se necesse esse – ex quinta tertii ; et ita erit idem naturae primae – ex sexta eiusdem ; et deductio patet in decimaquinta tertii.

Cela s'éclaire davantage : s'il est au pouvoir (de la cause seconde) de se déterminer pour l'opposé, c'est donc avec la détermination de la première cause dans l'ordre de la volonté que l'indétermination (de cette cause seconde) coexiste dans celui de la causalité, car il n'est pas en son pouvoir de rendre la première cause indéterminée; et comme c'est avec la détermination de la première (cause) que coexiste l'indétermination de la (cause seconde), de même, il semble que c'est avec la nécessité de celle-là que coexistent la possibilité et la non-nécessité de celle-ci. Ou bien donc la troisième preuve ne vaut rien, ou bien notre volonté ne semble pas être de soi libre pour des opposés.

De même : si la première (cause) déterminée détermine, comment une cause seconde peut-elle mouvoir d'une certaine manière vers quelque chose, à l'opposé duquel la première cause mouvrait si elle mouvait, comme dans le cas de notre volonté pécheresse ?

De même quatrièmement : toute production sera contingente, parce qu'elle dépend de l'efficience du premier, qui est contingente.

Ces (problèmes) sont difficiles; leur pleine et claire solution réclame bien des développements et des éclaircissements. Qu'on les cherche dans la question disputée que j'ai tenue sur la science de Dieu à l'égard des futurs contingents.

60. Sixième conclusion : *Pour la première nature s'aimer soi-même est identique à la nature première.*

Je prouve cette (conclusion) comme suit : la causalité et la causation de la cause finale sont absolument premières, – d'après la quatrième (conclusion) du deuxième (chapitre)[1]; c'est pourquoi la causalité et la causation de la fin première sont totalement incausables selon n'importe quelle causation dans n'importe quel genre de cause. D'autre part la causalité de la fin première est : 'mouvoir le premier efficient en tant qu'aimé', ce qui est identique à ceci : 'le premier efficient aime la première fin'. 'Un objet est aimé par la volonté' n'est rien d'autre que : 'la volonté aime un objet'. Donc : 'le premier efficient aime la première fin' est totalement incausable, et ainsi (cet amour est) un être nécessaire de soi, – d'après la cinquième (conclusion) du troisième (chapitre)[2]; et ainsi (cet amour) est identique à la nature première, – d'après la sixième (conclusion) de ce même (chapitre)[3]; et la déduction est claire dans la quinzième (conclusion) du troisième (chapitre)[4].

1. Ce qui n'est pas fini n'est pas effectué (chap. 2, concl. 4, § 11).
2. Cet incausable est un être nécessaire de soi (chap. 3, concl. 5, § 34).
3. La nécessité d'être de soi convient à une seule nature (chap. 3, concl. 6, § 35).
4. C'est à une unique et même nature existant en acte qu'appartient la triple primauté dans le triple ordre essentiel… (chap. 3, concl. 15, § 40).

Deducitur aliter, et in idem redit : Si 'primum amare se' est aliud a prima natura, igitur est causabile – ex decimanona tertii ; igitur effectibile – ex quinta secundi ; ergo ab aliquo per se efficiente – ex probatione quartae huius ; ergo ab amante finem – ibidem. Igitur 'primum amare se' esset causatum ex aliquo amore finis priore isto causato, quod est impossibile.

[61] Hoc Aristoteles ostendit 12° *Metaphysicae* de intelligere : alias primum non erit optima substantia, quia per intelligere est honorabile ; alias laboriosa erit continuatio, quia si non sit illud, sed in potentia contradictionis ad illud, ad illam sequitur labor, secundum ipsum.

Istae rationes possunt declarari. Prima : quia, cum omnis entis in actu primo ultima perfectio sit in actu secundo quo coniungitur optimo, maxime si sit activum, non tantum factivum – omne autem intellectuale est activum, et prima natura est intellectualis, ex praemissa – sequitur quod eius ultima perfectio est in actu secundo. Igitur si ille non est eius substantia, non est eius substantia optima, quia aliud est suum optimum.

Secunda : quia potentia solummodo receptiva est contradictionis ; igitur. – Tamen nec ista secunda secundum Aristotelem est demonstratio, sed tantum probabilis ratio. Unde praemittit : « Rationale est, » etc.

On déduit la (conclusion) d'une autre manière, et on arrive au même résultat : si 'le premier s'aime' est différent de la nature première, alors il est causable, – d'après la dix-neuvième (conclusion) du troisième (chapitre)[1] ; donc il est effectible, – d'après la cinquième (conclusion) du deuxième (chapitre)[2]; donc il est (effectible) par un efficient par soi, – d'après la preuve de la quatrième (conclusion) de ce (chapitre)[3]; donc il est (effectible) par qui aime la fin – au même endroit. Donc 'le premier s'aime' serait causé par un amour de la fin antérieur à lui, ce qui est impossible.

61. Cette (identité), Aristote l'a montrée au douzième livre de la *Métaphysique*[4], à propos de l'acte d'intelliger : autrement le premier ne serait pas la meilleure substance, parce que c'est à l'acte d'intelliger qu'il doit sa noblesse; autrement l'exercice continu (de la pensée) serait laborieux, parce que si (le premier) n'est pas l'(acte d'intelliger), mais (s'il est) en puissance de contradiction à son égard, il s'ensuit une charge pénible, selon le même (auteur).

Ces arguments peuvent être mis en lumière. Le premier : pour tout être en acte premier, sa perfection ultime est dans l'acte second auquel il est attaché (comme à ce qu'il a de) meilleur, surtout s'il est capable d'agir et non seulement capable de faire. – Mais tout être doué d'intelligence est capable d'agir, et la nature première est douée d'intelligence, d'après la précédente (conclusion)[5] ; il s'ensuit que sa perfection ultime est dans l'acte second. Donc si cet (acte) n'est pas sa substance, sa substance n'est pas la meilleure, parce que quelque chose d'autre est ce qu'elle a de meilleur.

Deuxième (argument) : une puissance (qui est) seulement réceptive est (en puissance) de contradiction; donc... – Cependant, selon Aristote, ce second (argument) n'est pas une démonstration, mais seulement un argument probable. Voilà pourquoi il dit d'abord : « Il est raisonnable » etc[6].

1. Une unique nature existante est première dans le triple ordre précité, première par rapport à n importe quelle autre nature, de sorte que toute autre nature est ainsi triplement postérieure à cette première (chap. 3, concl. 19, § 46).

2. Ce qui n'est pas effectué n'est pas fini (chap. 2, concl. 5, § 12).

3. En effet toute cause par soi est antérieure à une cause par accident. En outre, tout agent par soi agit en vue d'une fin (chap. 4, concl. 4, § 55).

4. Aristote, *Mét.*, XII, 9, 1074 b 15-30 (Tricot, p. 700-701) : « ... Ou bien, (l'intelligence divine) pense, mais si sa pensée est sous la dépendance d'un autre principe, alors (puisque ce qui est sa substance n'est pas l'acte de penser, mais une simple puissance) elle ne saurait être la Substance suprême, car sa dignité consiste dans le penser. (...) Il est donc évident qu'elle pense ce qu'il y a de plus divin et de plus digne, et qu'elle ne change pas d'objet (...). – D'abord, donc, si l'Intelligence divine n'est pas acte de penser, mais simple puissance, il est logique de supposer que la continuité de la pensée est pour elle une charge pénible ».

5. Le premier efficient est intelligent et volontaire (chap. 4, concl. 4, § 55).

6. Aristote, *Mét.* XII, 9, 1074 b 15-30.

Aliter ostenditur ex identitate potentiae et obiecti inter se; igitur actus est idem eis. – Consequentia non valet; instantia : Angelus intelligit se, amat se; actus tamen non est idem substantiae.

[62] Haec conclusio fecunda est in corollariis. Nam sequitur primo quod voluntas est idem primae naturae, quia velle non est nisi voluntatis; igitur illa est incausabilis; ergo etc. Similiter : Velle intelligitur quasi posterius, et tamen velle est idem illi naturae; igitur magis voluntas. Sequitur secundo quod intelligere se est idem illi naturae, quia nihil amatur nisi cognitum; ergo intelligere est necesse esse ex se; similiter quasi propinquior est illi naturae quam velle. Sequitur tertio quod intellectus est idem illi naturae, sicut prius de voluntate ex velle argutum est. Sequitur quod ratio intelligendi se est idem sibi, quia necesse esse ex se, et quasi praeintelligitur ipsi intellectioni.

[63] Septima conclusio : *Nullum intelligere potest esse accidens primae naturae.*

Probatur : quia illa natura prima ostensa est in se esse primum effectivum; igitur ex se habet unde potest quodcumque causabile causare – circumscripto alio quocumque – saltem ut prima causa illius causabilis. Sed circumscripta cognitione eius non habet unde possit illud causare; igitur cognitio cuiuscumque non est aliud a sua natura. – Assumptum ultimum probatur : quia nihil potest causare nisi ex amore finis, volendo illud, quia non potest esse aliter per se agens, quia nec propter finem. Ipsi autem velle alicuius propter finem praeintelligitur intelligere ipsum; igitur ante primum signum quo intelligitur causans sive volens necessario praeintelligitur intelligens A, et ita sine hoc non potest per se efficere A, et ita de aliis.

On montre (cette conclusion) différemment, d'après l'identité de la puissance et de son objet[1]; par conséquent l'acte leur est identique. – La conséquence n'est pas valable; objection: un ange se pense (et) s'aime; cependant son acte n'est pas identique à sa substance.

62. Cette conclusion est féconde en corollaires.

Il s'ensuit tout d'abord que la volonté est identique à la première nature, car le vouloir n'appartient qu'à une volonté; c'est pourquoi elle est incausable; donc, etc. Pareillement on comprend le vouloir comme postérieur, et néanmoins le vouloir est identique à cette nature; donc la volonté l'est d'autant plus.

Il s'ensuit deuxièmement que se penser est identique à cette nature, car rien n'est aimé s'il n'est connu; donc l'acte de penser est un être nécessaire de soi; pareillement, il est comme plus proche de cette nature que le vouloir.

Il s'ensuit troisièmement que l'intellect est identique à cette nature; on argumente comme auparavant sur la volonté à partir du vouloir.

Il s'ensuit (quatrièmement) que le fondement de l'acte de se penser (elle-même) est identique à cette nature, parce qu'il est un être nécessaire de soi, et qu'on le saisit presque comme antérieur à cette intellection.

63. SEPTIÈME CONCLUSION: *Aucun acte de penser ne peut être un accident de la nature première.*

On le prouve: on a montré de cette première nature qu'elle est en soi le premier effectif; donc de soi elle a de quoi pouvoir causer tout causable – à l'exclusion de tout autre –, au moins en tant que cause première de ce causable. Mais si la connaissance de cet (effet) est exclue, elle n'a pas de quoi pouvoir le causer; donc la connaissance de toute chose n'est autre que sa nature.

On prouve la dernière proposition: rien ne peut causer (quelque chose) si ce n'est par amour pour une fin, en le voulant; il ne peut (en effet) pas être 'agent par soi' d'une autre manière, car (alors il n'agirait) pas (non plus) en vue d'une fin. En outre, on saisit 'l'acte de penser quelque chose' comme antérieur à 'l'acte de le vouloir en vue d'une fin'; donc avant de le saisir (comme) causant ou voulant, on le saisit nécessairement d'abord (comme) pensant A, (car) ainsi, sans cela, il ne pourrait par soi produire A; pareillement dans les autres cas.

1. Cf. Thomas d'Aquin, *Somme théologique* I, 14, 2 (Roguet, t. 1, 254): «Comme en Dieu rien n'est potentiel, mais qu'il est acte pur, il y a nécessité qu'en lui l'intellect et l'objet de l'intellect soient identiques de toute manière; de telle sorte que jamais il ne soit dépourvu de forme intelligibile, comme nous quand nous ne connaissons qu'en puissance; et que d'autre part, la forme intelligible ne soit pas distincte de la substance même de l'intellect divin, comme il arrive pour notre intellect quand il est actuellement connaissant. En conséquence, la forme intelligible dont on parle est l'intellect divin lui-même, et ainsi il se connaît lui-même par lui-même».

[64] Item: Omnes intellectiones eiusdem intellectus habent similem habitudinem ad intellectum, secundum identitatem essentialem vel accidentalem: patet de quocumque intellectu creato. Quod ostenditur: quia videntur perfectiones eiusdem generis; igitur si aliquae habent receptivum, et omnes habent idem, et ita si aliqua est accidens, et quaelibet. Aliqua non potest esse accidens in primo – ex praecedente; igitur nulla.

Item: Intelligere, si quod potest esse accidens, recipietur in intellectu ut in subiecto; igitur et intelligere, quod est idem sibi et ita perfectius intelligere, erit potentia receptiva respectu imperfectioris.

Item: Idem intelligere potest esse plurium obiectorum ordinatorum; igitur quanto perfectior, tanto plurium; ergo perfectissimum, quo impossibile est esse perfectius intelligere, erit idem omnium intelligibilium. Intelligere primi est sic perfectissimum – ex secunda huius; igitur idem est omnium intelligibilium; et illud quod est sui, est idem sibi – ex proxima praecedente; ergo, etc.

Eandem conclusionem intellige de velle.

[65] Item sic arguitur: Ille intellectus nihil est nisi quoddam intelligere; ille intellectus est idem omnium, ita quod non potest esse alius alterius obiecti; igitur nec intelligere aliud, vel igitur idem intelligere est omnium. – Respondeo: Fallacia est accidentis ex identitate aliquorum inter se absolute concludere identitatem respectu tertii, respectu cuius extraneantur. Exemplum: Intelligere illud est velle; igitur si ipsum est intelligere alicuius, ipsum est velle eiusdem. Non sequitur; sed est velle, quod quidem velle est aliquid eiusdem, quia intelligere eiusdem, ita quod divisim potest inferri, non coniunctim, propter accidens.

64. De même : toutes les intellections d'un même intellect ont une relation semblable à (cet) intellect, selon une identité essentielle ou accidentelle : ce qui est clair pour tout intellect créé. On le montre : elles semblent (être) des perfections d'un même genre ; donc si certaines supposent un (intellect) réceptif, (alors) toutes supposeront un même (intellect) ; et ainsi si l'une (d'entre elles) est un accident, chacune (l'est). Une (intellection) ne peut être un accident dans le premier, – d'après la (conclusion) précédente [1] ; donc aucune (ne peut l'être).

De même : si un acte de penser peut être un accident, il sera reçu dans l'intellect comme dans un sujet ; ainsi donc l'acte de penser, qui est identique à (l'intellect), et qui est ainsi un acte de penser plus parfait, sera une puissance réceptive par rapport à un moins parfait.

De même : un même acte de penser peut (saisir) plusieurs objets ordonnés ; plus il est parfait, plus il en (saisit) ; donc le plus parfait, (celui) dont il est impossible qu'il y ait d'acte de penser plus parfait, sera le même pour tous les intelligibles. L'acte de penser du premier est le plus parfait dans ce sens, – d'après la seconde (conclusion) de ce chapitre [2] ; donc il est le même pour tous les intelligibles ; et cet (acte de penser) qui est (acte de se penser) soi-même, est identique à lui, – d'après la toute dernière (conclusion) [3], donc, etc.

Comprends cette même conclusion au sujet du vouloir.

65. On argumente de même comme suit : cet intellect n'est rien qu'un certain acte de penser ; cet intellect est le même pour tous (les objets), de sorte qu'il ne peut être différent pour un objet différent ; donc l'acte de penser (ne peut) pas (non plus être) différent, ou bien (encore) l'acte de penser est le même pour tous (les objets). – Je réponds : c'est un sophisme de l'accident [4] de conclure de l'identité absolue de deux termes entre eux à leur identité par rapport à un troisième auquel ils sont extrinsèques. Exemple : l'acte de penser (du premier) est son acte de vouloir ; donc s'il est l'acte de penser quelque chose, il est l'acte de vouloir ce même ; (cette conséquence) n'en découle pas, mais il y a un acte de vouloir, et cet acte de vouloir est quelque chose du même (sujet), parce qu'il est l'acte de penser de ce même (sujet) ; de sorte qu'on peut faire (cette) inférence, de manière séparée, non de manière conjointe parce que (la relation est) accidentelle.

1. Pour la première nature s'aimer soi-même est identique à la nature première (chap. 4, concl. 6, § 60).

2. Tout ce qui est intrinsèque à la nature la plus haute est souverainement tel (chap. 4, concl. 2, § 52).

3. Pour la première nature s'aimer soi-même est identique à la nature première (chap. 4, concl. 6, § 60).

4. A propos de ce sophisme dit 'fallacia accidentis' voir Pierre d'Espagne, *Tractatus* VIII (De Rijk, p. 146-157) ; Pseudo-Thomas d'Aquin, *De fallaciis*, c. XI (Ed. Leonina, t. XLIII, p. 411b-412a).

Item sic arguitur : Intellectus primi habet unum actum adaequatum sibi et coaeternum, quia intelligere sui est idem sibi ; igitur non potest habere alium. – Consequentia non valet : Instantia de beato simul vidente Deum et tamen aliud ; etiam si videat deum secundum ultimum capacitatis suae, ut ponitur de anima Christi, adhuc potest videre aliud.

Item arguitur : Intellectus ille habet in se per identitatem perfectionem maximam intelligendi ; igitur et omnem aliam. – Respondeo : Non sequitur ; quia alia, quae minor est, potest esse causabilis et ideo differre ab incausabili ; maxima non potest.

[66] OCTAVA CONCLUSIO : *Intellectus primi intelligit actu semper et necessario et distincte quodcumque intelligibile prius naturaliter quam illud sit in se.*

Prima pars probatur sic : Potest cognoscere quodcumque intelligibile sic, quia hoc est perfectionis in intellectu posse distincte et actu intelligere, immo necessarium ad rationem intellectus, quia omnis intellectus est totius entis communissime sumpti, ut alibi declaravi ; nullam autem intellectionem potest habere nisi eandem sibi – ex proxima ; igitur cuiuslibet intelligibilis habet intelligere actuale et distinctum, et hoc idem sibi.

Arguitur etiam prima pars aliter per hoc, quod artifex perfectus distincte cognoscit omne agendum antequam fiat ; alias non perfecte operaretur, quia cognitio est mensura iuxta quam operatur ; ergo Deus omnium producibilium a se habet notitiam distinctam actualem, vel habitualem saltem, et priorem eis. – Instatur, quia ars universalis sufficit ad singularia producenda.

Secunda pars de prioritate probatur sic : Quidquid est idem sibi, est necesse esse ex se – ex quinta tertii et prima quarti. Sed esse

De même on argumente comme suit : l'intellect du premier a un seul acte, adéquat à lui-même et coéternel, parce que l'acte de se penser est identique à lui ; donc il ne peut en avoir d'autre. – La conséquence n'est pas valable : on peut objecter qu'un bienheureux voit Dieu et (voit) néanmoins autre chose en même temps ; même s'il voit Dieu selon l'ultime (degré) de sa capacité, comme on le pose pour l'âme du Christ, il peut encore voir autre chose.

De même on argumente : par identité cet intellect a en soi la plus grande perfection de penser ; donc (il a également) toute autre (perfection de penser). – Je réponds : (cette conséquence) n'en découle pas ; parce qu'une autre (perfection de penser), qui est moindre, peut être causable et ainsi être différente de l'incausable ; la plus grande ne le peut pas.

66. HUITIÈME CONCLUSION : *L'intellect du premier pense toujours en acte, nécessairement et distinctement tout ce qui est intelligible, par nature avant que cet (intelligible) ne soit en lui-même.*

La première partie (de la conclusion) est prouvée comme suit : (le premier) peut connaître tout intelligible de cette manière, parce que c'est une perfection de l'intellect de pouvoir penser distinctement et en acte ; bien plus, c'est une nécessité pour la nature de l'intellect, parce que tout intellect (s'étend) à la totalité de l'être pris dans le sens le plus général, comme je l'ai expliqué ailleurs [1]. Or (le premier) ne peut avoir aucune intellection si ce n'est celle qui lui est identique, – d'après la dernière (conclusion) [2] ; donc il a pour tout intelligible un acte de penser actuel et distinct, et cet (acte) lui est identique.

On apporte aussi un autre argument pour la première partie (de la conclusion) : l'artisan parfait connaît distinctement tout ce qui doit être fait avant qu'il ne soit fait, autrement il ne travaillerait pas parfaitement, parce que la connaissance est la mesure selon laquelle il travaille. Donc Dieu a une connaissance distincte, actuelle ou au moins habituelle de tout ce qui est productible par lui, et (cette connaissance) est antérieure à tout (productible).

Objection : l'art universel suffit à produire les singuliers. On prouve comme suit la seconde partie (de la conclusion) qui concerne la priorité (de cette connaissance) : tout ce qui est identique au (premier) est un être nécessaire de soi, – d'après la cinquième (conclusion) du troisième (chapitre) [3] et la première (conclusion) du quatrième [4]. Mais l'être des

1. Voir à ce propos *Ord.* I, d. 3, pars 1, q. 3. Traitant du problème : *Utrum Deus sit primum obiectum naturale adaequatum respectu intellectus viatoris*, Scot analyse longuement le problème de l'objet de l'intellect (Ed. Vaticana, t. IV, p. 68-123).

2. Aucun acte de penser ne peut être un accident de la nature première (chap. 4, concl. 7, § 63).

3. Cet incausable est un être nécessaire de soi (chap. 3, concl. 5, § 34).

4. En soi la première nature est simple (chap. 4, concl. 1, § 50).

aliorum a se intelligibilium est non necesse esse – ex sexta tertii; necesse esse ex se est prius naturaliter omni non necessario.

Probatur aliter : quia esse omnis alterius a se dependet ab ipso ut a causa – ex decimanona tertii ; et ut causa est alicuius talis, necessario includitur cognitio eius ex parte causae; igitur illa prior est naturaliter ipso esse cogniti.

[67] O altitudo divitiarum sapientiae et scientiae tuae, deus, qua omne intelligibile comprehendis ! Numquid intellectui meo parvo poteris concludere :

NONA CONCLUSIO : *Te esse infinitum et incomprehensibilem a finito ?*

Tentabo inferre conclusionem valde fecundam, quae si in principio fuisset de te probata, praedictorum quam plurima faciliter patuissent. Infinitatem igitur tuam, si annuas, ex dictis de intellectu tuo primo conabor inferre; deinde alia quaedam adducam, an valeant vel non valeant ad concludendum propositum, inquirendo.

[68] Nonne, domine deus, intelligibilia sunt infinita, et haec actu in intellectu actu omnia intelligente ? Igitur intellectus illa simul actu intelligens est infinitus. Talis est tuus, deus noster, ex septima iam praemissa ; igitur et natura cui intellectus est idem est infinita.

Huius enthymematis ostendo antecedens et consequentiam. Antecedens : Quaecumque sunt infinita in potentia, id est in accipiendo alterum post alterum nullum possunt habere finem, illa omnia, si simul actu sunt, sunt actu infinita. Intelligibilia sunt huiusmodi respectu intellectus creati, sicut patet ; et in tuo sunt simul omnia actu intellecta, quae a creato sunt successive intelligibilia; igitur ibi sunt actu infinita intellecta.

Huius syllogismi probo maiorem, licet satis evidens videatur : quia omnia talia acceptibilia, quando sunt simul existentia, aut sunt actu infinita aut actu finita ; si actu finita, ergo accipiendo alterum post alterum tandem omnia possunt esse accepta; igitur si non possunt esse actu accepta omnia, si actu simul sunt, sunt actu infinita.

intelligibles autres que lui n'est pas de l'être nécessaire, – d'après la sixième (conclusion) du troisième (chapitre) [1], (or) un être nécessaire de soi est par nature antérieur à tout non-nécessaire.

On la prouve différemment : l'être de tout ce qui est autre que le (premier) dépend de lui comme de sa cause, – d'après la dix-neuvième (conclusion) du troisième (chapitre) [2]; et comme il est cause d'un tel (dépendant), il en inclut nécessairement la connaissance du côté de la cause; cette (connaissance) est donc par nature antérieure à l'être même du connu.

67. O profondeur des richesses de ta sagesse et de ta science, Dieu, par laquelle tu comprends tout intelligible ! Puisses-tu conclure à la place de mon chétif intellect :

NEUVIÈME CONCLUSION : *Tu es infini et incompréhensible par ce qui est fini.*

Je vais tenter d'inférer cette conclusion très féconde; si elle avait été prouvée à ton sujet dès le début, combien la plupart des (conclusions) sus-mentionnées auraient été facilement évidentes ! Si tu l'accordes, je m'efforcerai donc tout d'abord d'inférer ton infinité à partir de ce qui a été dit de ton intellect; ensuite j'apporterai au cours de ma recherche certains autres (arguments), qu'ils soient ou non valables pour atteindre (notre) propos.

(PREMIÈRE VOIE)

68. Seigneur Dieu, les intelligibles ne sont-ils pas infinis (en nombre) et ne sont-ils pas (tous) en acte dans un intellect qui comprend tout en acte ? Donc un intellect qui les comprend simultanément en acte est infini. Ton intellect est tel, notre Dieu, d'après la septième (conclusion) déjà présentée [3]; donc la nature, à qui cet intellect est identique, est également infinie.

Je montre l'antécédent et la conséquence de cet enthymème. Antécédent : tout ce qui est infini en puissance – c'est-à-dire ce qui ne peut avoir de fin si on en prend (les membres) l'un après l'autre – est infini en acte, si (tous les membres) sont en acte simultanément. Les intelligibles sont de cette façon (infinis en puissance) par rapport à un intellect créé, c'est évident; mais tout ce qui est intelligible successivement pour un intellect créé est compris en acte simultanément en ton (intellect); donc on y trouve des objets-connus infinis en acte.

1. La nécessité d'être de soi convient à une seule nature (chap. 3, concl. 6, § 35).

2. Une unique nature existante est première dans le triple ordre précité, première par rapport à n'importe quelle autre nature, de sorte que toute autre nature est ainsi triplement postérieure à cette première (chap. 3, concl. 19, § 46).

3. Il s'agit en fait de la huitième conclusion précédente : l'intellect du premier pense toujours en acte tout intelligible (chap. 4, concl. 8, § 66).

Consequentiam enthymematis ita probo: Quando pluralitas requirit vel concludit maiorem perfectionem quam paucitas, infinitas numeralis concludit infinitam perfectionem. Exemplum: Posse ferre decem maiorem perfectionem requirit virtutis motivae quam posse ferre quinque; ideo posse ferre infinita concludit infinitam virtutem motivam. Ergo in proposito, cum posse simul intelligere duo distincte maiorem perfectionem intellectus concludat quam posse unicum intelligere, sequitur propositum. Hoc ultimum probo: quia requiritur applicatio et determinata conversio intellectus ad intelligibile distincte intelligendum; ergo si ad plura potest applicari, ad quodlibet est illimitatum, et ita ad infinita applicabilis est omnino illimitatus.

Similiter probo propositum saltem de intelligere, ex quo sequitur propositum de intellectu. Nam cum intelligere A sit aliqua perfectio, et intelligere B sit similiter aliqua perfectio, numquam idem intelligere est ipsius A et B aeque distincte ut duae essent, nisi perfectiones duorum intelligere includantur; et sic de tribus et ultra.

[69] Dicetur: Quando per eandem rationem intelligendi multa intelliguntur, non concluditur maior perfectio ex pluralitate.

Aliter: quod ratio de intelligere concludit, quando illa plura intelligere nata essent habere perfectiones formales distinctas, quales non sunt intellectiones nisi diversarum specierum. Tales non sunt infinitae intelligibiles, sed individua, quorum plurium intellectiones, quia non alias perfectiones formales dicunt, non concludunt maiorem perfectionem actus, qui est respectu plurium talium.

Contra primum: quia et de ipsa ratione intelligendi arguitur sicut de intellectu et actu, quia maior perfectio concluditur ex pluralitate illorum, quorum est ratio intelligendi, quia oportet quod includat

Je prouve la majeure de ce syllogisme, bien qu'elle semble suffisamment évidente : quand tous (les membres) ainsi recevables (l'un après l'autre) existent simultanément, ou bien ils sont infinis en acte, ou bien (ils sont) finis en acte ; s'ils sont finis en acte, alors, en les prenant l'un après l'autre, tous pourraient finalement être pris ; donc si tous ne peuvent pas être pris en acte, (et) si tous sont simultanément en acte, ils sont infinis en acte.

Je prouve comme suit la conséquence de l'enthymème : quand un plus grand nombre réclame ou conclut à une plus grande perfection qu'un petit nombre, une infinité numérique conclut à une perfection infinie. Exemple : pouvoir porter dix (unités) demande une plus grande perfection de puissance motrice que pouvoir (en) porter cinq ; c'est pourquoi pouvoir (en) porter une infinité conclut à une puissance motrice infinie. Donc pour notre propos : pouvoir comprendre simultanément deux (objets) distinctement conclut à une plus grande perfection de l'intellect que pouvoir n'en comprendre qu'un seul ; notre propos en découle.

Je prouve ce dernier (point) : pour comprendre distinctement un intelligible, il est requis une application et une orientation déterminée de l'intellect ; donc si (un intellect) peut s'appliquer à plusieurs (intelligibles), il n'est limité à aucun (d'entre eux) ; et ainsi (un intellect) qui peut s'appliquer à une infinité (d'intelligibles) est tout à fait illimité.

Pareillement, je prouve (notre) propos, au moins par rapport à l'acte d'intellection, d'où s'ensuivra (notre) propos par rapport à l'intellect. Car si comprendre A est une perfection et si comprendre B est semblablement une perfection, l'acte de comprendre A et B dans le même acte n'est jamais aussi distinct que s'il y avait deux (perfections), sauf si les perfections des deux actes d'intellection sont incluses (en lui) ; et (il en va) ainsi pour trois (actes d'intellection) et plus.

69. On dira : si plusieurs (intelligibles) sont compris par la même raison d'intellection on ne conclut pas une plus grande perfection à partir d'un plus grand nombre.

(On dira) d'une autre manière : l'argument par rapport à l'acte d'intellection serait concluant si ces nombreux actes d'intellection étaient faits pour avoir des perfections formelles distinctes ; de cette sorte il n'y a que les intellections de diverses espèces. Il n'y a pas une infinité d'intelligibles de cette sorte, mais (une infinité) d'individus ; un plus grand nombre de ces intellections (d'individus) – puisqu'elles ne signifient pas d'autres perfections formelles – ne conclut pas à une plus grande perfection de l'acte qui se rapporte à une telle pluralité.

Contre la première (objection) : on argumente pour la raison d'intellection comme pour l'intellect et (son) acte, parce qu'une perfection plus grande se laisse conclure d'un plus grand nombre de ce dont elle est

eminenter perfectiones omnium propriarum rationum intelligendi, quarum quaelibet secundum propriam rationem aliquam perfectionem ponit; igitur infinitae concludunt infinitam.

Contra secundam responsionem : Individua in ratione universalis imperfecte intelliguntur, quia non secundum quidlibet entitatis positivae in eis, sicut in quaestione de individuatione ostendi; ergo intellectus intelligens quidlibet intelligibile secundum omnem rationem intelligibilitatis positivae intelligit distinctas entitates positivas plurium individuorum, quae maiorem perfectionem ponunt in intellectione quam intellectio unius illorum; quia intellectio cuiuscumque entitatis absolutae positivae, ut est illius, est aliqua perfectio; alias illa non existente intellectus non esset minus perfectus, nec intelligere; ergo non oportet illud ponere in intellectu divino, quod excluditur per octavam.

Item : Infinitas intelligibilium specie concluditur ex numeris et figuris; confirmatur per Augustinum 12° *De civ.* cap. 18.

[70] Secundo propositum sic ostendo : Causa prima, cui secundum ultimum suae causalitatis causa secunda aliquid perfectionis addit in causando, non videtur posse sola ita perfecte effectum causare sicut ipsa cum secunda, quia causalitas sola primae diminuta est respectu causalitatis simul ambarum. Igitur si illud, quod natum est esse a causa secunda et prima simul, sit multo perfectius a sola prima, secunda nihil perfectionis addit primae. Sed omni finito aliud additum addit aliquam perfectionem. Ergo talis causa prima est infinita.

raison d'intellection, car il est nécessaire qu'elle inclue au plus haut degré les perfections de toutes les raisons propres d'intellection, dont chacune comporte une perfection selon sa propre raison; donc un nombre infini (de perfections) conclut à (une perfection) infinie.

Contre la seconde objection: les individus sont saisis imparfaitement par la raison d'universel, parce qu'(ils n'y sont pas saisis) selon la totalité de l'entité positive (qui est) en eux, comme je l'ai montré dans la question sur l'individuation; donc un intellect qui saisit tout intelligible d'après chaque raison d'intelligibilité positive saisit les entités positives distinctes de plusieurs individus, (entités) qui confèrent à une intellection une plus grande perfection que l'intellection d'un (seul) individu; parce que l'intellection de toute entité positive absolue – en tant que telle – est une certaine perfection; autrement, si elle n'existait pas, ni l'intellect, ni l'acte d'intellection ne seraient moins parfaits; donc il ne serait pas nécessaire de poser cet (acte de comprendre les individus comme tels) dans l'intellect divin; mais cela est exclu par la huitième (conclusion)[1].

De même: on conclut une infinité d'intelligibles selon l'espèce à partir des nombres et des figures; cela est confirmé par Augustin dans la *Cité de Dieu*, livre 12, chapitre 18[2].

(DEUXIÈME VOIE)

70. Deuxièmement, je montre (notre) propos comme suit: une cause première à qui, selon le maximum de sa causalité, une cause seconde ajoute un peu de perfection dans l'ordre de la causalité, ne semble pas pouvoir causer toute seule un effet aussi parfaitement que (si elle le cause) avec la (cause) seconde, parce que la causalité de la première (cause) seule est moindre par rapport à la causalité des deux ensemble. Donc si ce qui est fait pour être (causé) par la seconde et la première cause ensemble est (produit) bien plus parfaitement par la seule première (cause), la seconde n'ajoute rien à la première en fait de perfection. Mais pour tout fini, quelque chose d'autre qui lui est ajouté ajoute une perfection. Donc une première cause de cette sorte est infinie.

1. L'intellect du premier pense toujours en acte, nécessairement et distinctement tout ce qui est intelligible, par nature avant que cet intelligible ne soit en lui-même (chap. 4, concl. 8, § 66).

2. Augustin, *De Civ. Dei* XII, 19 (Combès, pp. 214-215): «Que (les nombres) soient infinis, c'est absolument certain; car, quelle que soit la somme à laquelle on s'arrête, je n'ai pas à dire que l'addition d'une unité l'augmentera, mais si grande qu'elle soit, si énorme la multitude qu'elle exprime, elle peut en raison de sa nature et grâce à la science des nombres, être doublée et toujours multipliée. Chaque nombre d'ailleurs, ayant ses propriétés qui le limitent, aucun ne peut être égal à un autre. Tous sont donc inégaux et différents, finis en particulier, infinis en général».

Ad propositum : Notitia cuiuscumque nata est gigni ab ipso sicut a causa proxima, et maxime illa quae est visio. Igitur si illa alicui intellectui inest sine actione quacumque talis obiecti, tantummodo ex virtute alterius obiecti prioris quod natum est esse causa superior respectu talis cognitionis, sequitur quod illud obiectum superius est infinitum in cognoscibilitate, quia inferius nihil sibi addit in cognoscibilitate. Tale obiectum superius est natura prima, quia ex sola praesentia eius apud intellectum primi, nullo alio obiecto concausante, est notitia cuiuscumque obiecti in intellectu – ex septima huius – et perfectissima – ex secunda huius. Igitur nullum aliud intelligibile aliquid sibi addit in cognoscibilitate ; igitur est infinitum ; sic igitur et in entitate, quia unumquodque, sicut ad esse, sic ad cognoscibilitatem.

[71] Hic instatur : Igitur nulla causa secunda, quae est finita, potest facere notitiam causati ita perfectam sicut nata est causari ab ipsomet causato ; quod falsum est, quia cognitio per causam est perfectior quam rei ex se sine causa.

Item : Ex hoc quod causa prima aeque perfecte causat sine secunda sicut cum illa, non videtur sequi nisi quod perfectionem secundae habeat perfectius quam ipsa secunda ; hoc non videtur concludere infinitatem, quia finita perfectio potest esse eminentior perfectione causae secundae.

Item : Licet nihil addat in causando primae causanti secundum ultimum potentiae, quomodo probatur quod nihil addit in essendo ? Nam in causando lumen in medio, si iste sol causaret quantum medium posset recipere, alius sol nihil adderet ; tamen in essendo esset additio. Ita in intellectu primi est notitia quanta potest inesse ex praesentia naturae primae ut obiecti ; secunda igitur causa nihil addit in causando, quia non est nata agere in illum intellectum iam summe actuatum, sicut nec alius sol in medium. Unde si ex hoc probatur

Pour (notre) propos : la connaissance de n'importe quel (objet) est engendrée par celui-ci comme par une cause prochaine, et surtout celle qui est vision. Donc si cette (connaissance) est présente à un intellect sans aucune action d'un tel objet, mais seulement en vertu d'un autre objet antérieur qui est fait pour être une cause supérieure par rapport à une telle connaissance, il s'ensuit que cet objet supérieur est infini dans l'ordre de l'intelligibilité, parce qu'un (objet) inférieur ne lui ajoute rien dans l'ordre de l'intelligibilité. La nature première est un tel objet supérieur, parce que, de sa seule présence à l'intellect du premier, (et) sans aucun autre objet concausant, dérive la connaissance de tout objet dans l'intellect, – d'après la septième (conclusion) de ce (chapitre)[1] – et la (connaissance) la plus parfaite, – d'après la seconde (conclusion) de ce (chapitre)[2]. Donc aucun autre intelligible ne lui ajoute quelque chose dans l'ordre de l'intelligibilité ; donc (cet objet) est infini ; donc il (est) également (infini) dans son entité, parce que tout est dans l'ordre de l'intelligibilité comme il est dans l'ordre de l'être.

71. Ici on fait une objection : alors donc aucune cause seconde, qui est finie, ne peut produire une connaissance d'un effet aussi parfaite que si elle est faite pour être causée par l'effet lui-même ; ce qui est faux parce que la connaissance par la cause est plus parfaite que (la connaissance) de la chose à partir d'elle-même, sans la cause.

De même : du fait que la cause première cause aussi parfaitement sans la cause seconde qu'avec elle, il semble seulement en découler qu'elle possède la perfection de la seconde plus parfaitement que la seconde elle-même ; cela ne semble pas conclure à l'infinité, parce qu'une perfection finie peut être plus éminente que la perfection de la cause seconde.

De même : bien que, dans l'ordre de la causalité, il ne s'ajoute rien à la première (cause) qui cause au maximum de sa capacité, comment prouve-t-on qu'il ne s'y ajoute rien dans l'ordre de l'être ? Car lors de la production de la lumière dans un milieu, un autre soleil n'ajouterait rien, si notre soleil produisait autant que (notre) milieu peut en recevoir ; cependant il y aurait une addition dans l'ordre de l'être. Pareillement, dans l'intellect du premier, il y a autant de connaissance qu'il peut y en avoir par la présence de la nature première en tant qu'objet ; donc la cause seconde n'ajoute rien dans sa causalité, parce qu'elle n'est pas faite pour agir sur cet intellect déjà actualisé au plus haut degré, (exactement) comme un autre soleil (n'agirait) pas sur (notre) milieu. Si à partir de cela on prouve qu'il ne s'ajoute rien

1. Aucun acte de penser ne peut être un accident de la nature première (chap. 4, concl. 7, § 63).

2. Tout ce qui est intrinsèque à la nature la plus haute est souverainement tel (chap. 4, concl. 2, § 52).

nihil addere in essendo, videtur a simili argui quod terra nihil addat soli in essendo, quia nihil addit in causando lumen in medio.

[72] Ad ista respondeo : Ad primum quod, quia nihil scientifice concluditur de aliquo nisi in se simpliciter praeconcepto, ideo in scientia nostra, quando causatum scimus per causam, causa non facit notitiam simplicem causati, qualem ipsum causatum natum esset gignere, secundum Augustinum 9° *Trin.* capitulo ultimo : « a cognoscente et cognito paritur notitia », aut si quam simplicem posset facere, sed non illam quae est intuitiva, de qua alibi multum dixi. Unde ultra omnem cognitionem per causam aliqua exspectatur, quae non nisi ab obiecto in se causatur in nobis. Si igitur intellectionem intuitivam habet deus de lapide, ipso nullo modo causante, oportet quod lapis in cognoscibilitate etiam propria nihil addat cognoscibilitati essentiae primi, per quam lapis sic cognoscitur.

Quando igitur infers : 'nulla causa finita facit perfectam notitiam de causato', concedo : 'perfectissimam possibilem etiam nobis'. Cum dicis : 'cognitio per causam est perfectior', dico quod ibi includitur cognitio effectus simplex causata ab ipso. Cognitio complexi causatur simul a cognitionibus causae et causati ; et verum est quod a causa prima et secunda simul est aliquid perfectius quam a secunda sola. – Contra : A sola causa finita prima potest esse perfectior quam a sola secunda, et a sola secunda est eius visio. – Respondeo : A sola prima finita potest esse aliquid perfectius – puta visio eius – quam a sola secunda ; sed non effectus natus causari a secunda, vel ut secunda, vel magis ut prima respectu cuiuscumque alterius causae finitae : quia in causando talem cognitionem videtur accidentaliter ordinata ad causam priorem finitam, quia talis non est

dans l'ordre de l'être, il semble qu'on argumente de façon semblable lorsqu'on dit que la terre n'ajoute rien au soleil dans l'ordre de l'être, parce qu'elle n'ajoute rien lors de la production de la lumière dans (notre) milieu.

72. A ces (objections) je réponds: à la première: rien n'est conclu scientifiquement à propos de quelque chose s'il n'est auparavant conçu absolument en lui-même : c'est pourquoi lorsque, dans notre science, nous connaissons l'effet par la cause, la cause ne (nous) donne pas une connaissance simple de l'effet, (comme) celle que l'effet devrait être à même d'engendrer. – d'après Augustin dans *La Trinité*, livre 9, dernier chapitre[1] : « C'est le connaissant et le connu qui engendrent la connaissance » ; ou bien, si la cause pouvait donner une (connaissance) simple (de l'effet), elle ne (pourrait) cependant pas (donner) cette (connaissance) qui est intuitive, et dont j'ai beaucoup parlé ailleurs[2]. C'est pourquoi au-delà de toute connaissance par la cause, on recherche une (connaissance) qui n'est produite en nous que par l'objet en lui-même. Donc si Dieu a une connaissance intuitive de la pierre, que celle-ci ne cause d'aucune façon, il est nécessaire que la pierre, même dans l'intelligibilité qui lui est propre, n'ajoute rien à l'intelligibilité de l'essence du premier, par laquelle la pierre est connue de la manière (qu'on a dite).

Quand donc tu infères : 'aucune cause finie ne produit une connaissance parfaite d'un effet', je concède: '(aucune cause finie ne produit la connaissance d'un effet qui soit la connaissance) la plus parfaite possible aussi pour nous'. Si tu dis : 'une connaissance par la cause est plus parfaite', je dis qu'est incluse en elle la connaissance simple de l'effet causée par lui-même. La connaissance de ce qui est complexe est produite par les connaissances de la cause et de l'effet ensemble; et il est vrai que ce qui (est) par les causes première et seconde ensemble est quelque chose de plus parfait que (ce qui est) par la seconde seulement. Objection : par la seule première cause finie il peut y avoir un (quelque chose de) plus parfait que par la seule cause seconde; et par la seule (cause) seconde il y a connaissance par vision. – Je réponds : par la seule première cause finie il peut (bien) y avoir quelque chose de plus parfait – par exemple sa connaissance par vision – que par la seule cause seconde; mais pas (dans le cas d')un effet (qui est) fait pour être causé par la (cause) seconde, ou (par une cause) en tant que seconde, ou plutôt (par une cause) en tant que première par rapport à toute autre cause finie; parce que lorsqu'elle produit une telle connaissance, (la cause seconde ne) semble être ordonnée (qu')accidentellement à une cause antérieure finie, parce qu'une telle (connaissance) n'est

1. Augustin, *De Trin.* IX, 12, § 18.

2. Pour la connaissance intuitive cf. *Quodl.*, q. XIII, Vivès, vol. 25, 522b-526a.; 539b-541a.

nata esse per causam finitam priorem ipso viso; esset etiam si visum esset incausatum a tali causa vel esset sine omni causa priore finita et intellectus esset.

[73] Ad secundum : Licet causa prior finita contineret essentialiter perfectionem totam secundae in causando et in hoc excederet secundam, quae tantum formaliter habet illam, tamen ipsa ut eminenter habita et formaliter etiam habita excedit se etiam in causando ut tantum eminenter habita. Et universaliter : Quando ipsa ut formaliter aliquam perfectionem addit sibi ut eminenter, tunc ambo excedunt utrumque divisim. Talis additio est, quando eminens est finitum, quia finitum additum finito facit maius. Alioquin non perfectius esset universum quam prima natura causata; sed illa ponitur a quibusdam omnem perfectionem inferiorum eminenter continere, quod ego supra negavi in ultima secundi.

[74] Ad tertium : Illa perfectio quae, ubi est causabilis, nata est causari a solo aliquo formaliter tali, quod respectu eius habet rationem quasi causae primae ad priores finitas accidentaliter ordinatae, aut solummodo est causabilis ab aliis finitis illo formaliter tali concausante – illa perfectio nusquam potest esse nisi virtute alicuius infiniti, cui illud formaliter tale, si addatur, nihil addit in causando. Sic tenet ratio supra posita, quia si quid adderet, tunc propria ratio causalitatis eius, ut est formaliter tale, deesset, et a tali ut tale dependet vel ab illo cui tale nihil addit in causando. Ulterius : Igitur nec in essendo, quia ista causatio est propria sibi secundum esse formale eius ; igitur si in essendo aliquid adderet primo, <primo> deesset illa propria causalitas quae est eius ut formaliter tale, et ita non haberet ex se illud eminentius, quod natum est a tali, ut tale est, causari.

Patet igitur quod instantia de sole nulla est, quia si huic soli aliquid causare competeret inquantum iste, alius illud non causaret

pas faite pour être (produite) par une cause finie antérieure à ce qui est connu par vision; (cette connaissance) serait même (produite) si ce qui est connu par vision n'était pas causé par une telle cause, ou s'il était sans aucune cause finie antérieure et s'il y avait un intellect.

73. A la seconde (objection): bien qu'une cause antérieure finie contienne essentiellement toute la perfection de la seconde dans sa causalité et que par là elle dépasse la seconde, qui ne possède que formellement cette (perfection), celle-ci néanmoins, en tant que possédée éminemment et possédée aussi formellement, se dépasse aussi (elle-même) dans la causalité en tant que possédée seulement éminemment. Et généralement: quand cette (perfection), en tant que possédée formellement, ajoute à elle-même, en tant que possédée éminemment, une certaine perfection, alors les deux ensemble dépassent chacune prise séparément. Il y a une telle addition quand l'éminent est fini, car un fini ajouté à un fini donne quelque chose de plus grand. Autrement l'univers ne serait pas plus parfait que la première nature causée; mais cette (première nature causée) est posée par certains comme contenant éminemment toute perfection des (natures) inférieures, ce que j'ai nié plus haut dans la dernière (conclusion) du second (chapitre)[1].

74. A la troisième (objection): cette perfection qui, là où elle est causable, (ou bien) est faite pour être causée par un seul (être) formellement tel, qui selon cette (perfection) a comme la raison de la première cause ordonnée accidentellement à des (causes) antérieures finies, ou bien est seulement causable par d'autres (causes) finies quand cet (autre) formellement tel cause avec elles, – cette perfection ne peut jamais être sans la puissance d'un infini à qui cet (autre) formellement tel, s'il est ajouté, n'ajoute rien dans l'ordre de la causalité. Aussi l'argument donné plus haut est-il valable, car s'il ajoutait quelque chose, la raison propre de sa causalité, en tant qu'il est formellement tel, ferait défaut; et (la perfection) dépend d'un tel en tant que tel, ou d'un (autre) à qui un tel n'ajoute rien dans l'ordre de la causalité. Bien plus: il n'(ajoute) alors rien dans l'ordre de l'être, car cette causation lui est propre selon son être formel; si donc dans l'ordre de l'être on ajoutait quelque chose au premier, il manquerait à ce premier cette causalité propre qui lui appartient en tant qu'il (est) formellement tel, et ainsi le (premier) n'aurait pas de soi, de façon éminente, cet (autre) qui est fait pour être causé par un tel en tant qu'il est tel.

Il est donc clair que l'objection du soleil ne vaut rien, car s'il appartenait à ce soleil de causer quelque chose en tant qu'il est ce (soleil), un autre (soleil) ne causerait pas ce quelque chose et il n'aurait pas en lui la

1. Ce renvoi n'est pas clair.

nec in se haberet sine isto. Si iste illi aliquid addit – non curo tunc, ad quod passum compares –, breviter dico : nihil eiusdem rationis cum causabili necessario ab aliquo, ut est tale formaliter – necessario, inquam, ita quod non aliter potest esse causatum vel incausatum perfectius causabili, nisi in virtute alicuius cui hoc ut tale nihil addit in causando nec in essendo.

Instantia de terra nihil valet : lumen non est natum ab ipsa ut a causa aliqua dependere.

[75] Tertio conclusionem nostram sic ostendo : Nulla perfectio finita eiusdem rationis perfectioni accidentali est substantialis; intelligere nostrum est accidens, quia essentialiter qualitas; igitur nullum intelligere finitum est substantia. Sed intelligere primi est substantia – ex quinta et sexta et septima huius.

Probatio maioris : quia quae conveniunt in ratione formali, a qua accipitur differentia, conveniunt in genere, si utraque perfectio formalis sit finita; quia talis differentia finita in quocumque est eiusdem generis contractiva. Secus si differentia in uno sit finita, in alio infinita; tunc enim sunt eiusdem rationis secundum aliquid, quia secundum rationem formalem. Sed illa ubi est finita, contrahit genus; ideo constitutum per ipsam est in genere. Differentia ubi est infinita, nihil potest contrahere; ideo tale non constituitur in genere.

Hoc modo intelligo illud, quod species transfertur ad deum, non genus, quia species dicit perfectionem, genus non. Hoc contradictionem includit si intelligatur de specie tota, quia in eius intellectu essentiali includitur genus. Debet igitur intelligi ratione differentiae, quae perfectionem dicit; non sic genus. Hoc est bene possibile, neutrum enim per se includit aliud. Sed nec transfertur differentia ut differentia – quia sic est finita et constituit in genere necessario –,

(possibilité de le causer) sans ce (premier soleil). (Quant à savoir) si cet (autre soleil) ajoute quelque chose au premier – je ne m'occupe pas à présent du rapport que tu établis entre eux – je dis brièvement : (il n'ajoute) rien de la même raison qu'un (être) nécessairement causable par quelque chose en tant qu'il est formellement tel ; – 'nécessairement', dis-je, de sorte qu'il ne peut pas être causé d'une autre manière, ou être une (chose) incausée plus parfaite que le causable, si ce n'est par la puissance de quelque chose auquel cela comme tel n'ajoute rien dans l'ordre de la causalité ni dans l'ordre de l'être.

L'objection de la terre ne vaut rien : la lumière n'est pas faite pour dépendre d'elle comme d'une cause.

(TROISIÈME VOIE)

75. Troisièmement je montre notre conclusion de cette manière : aucune perfection finie de même raison qu'une perfection accidentelle n'est substantielle ; notre acte d'intellection est un accident, car il est essentiellement une qualité ; donc aucun acte d'intellection fini n'est une substance. Mais l'acte d'intellection du premier est une substance, – d'après les (conclusions) cinq [1], six [2] et sept [3] de ce (chapitre).

Preuve de la majeure : s'il y a convenance dans la raison formelle, d'où est prise la différence, il y a convenance dans le genre si chaque perfection formelle est finie ; parce qu'une telle différence finie dans toute chose est détermination du même genre. (Il en va) autrement si la différence est, dans une (chose), finie, et dans l'autre infinie ; alors en effet elles sont de même raison selon quelque chose, parce que selon la raison formelle. Mais là où elle est finie, elle détermine le genre ; c'est pourquoi ce qui est constitué par elle est dans un genre. Là où la différence est infinie, elle ne peut rien déterminer ; c'est pourquoi un tel constitué n'est pas dans un genre.

C'est de cette manière que je comprends cette (affirmation) que l'espèce est transposée à Dieu, non le genre, car 'espèce' dit perfection, 'genre' ne (le dit) pas. Cela inclut une contradiction si on la comprend comme l'espèce totale, car le genre est inclus dans sa compréhension essentielle. Ainsi il faut la comprendre sous la raison de différence qui dit perfection ; il n'(en est) pas ainsi pour le genre. Cela est bien possible ; en effet aucun des deux n'inclut l'autre par soi. Mais la différence n'est pas transposée comme différence – parce qu'ainsi elle est finie et détermine

1. Le premier causant cause de manière contingente tout ce qu'il cause (chap. 4, concl. 5, § 59).

2. Pour la nature première s'aimer soi-même est identique à la nature première (chap. 4, concl. 6, § 60).

3. Aucun acte de penser ne peut être un accident de la nature première (chap. 4, concl. 7, § 63).

sed absoluta ratio differentiae, quae absolute perfectionem dicit indifferentem ad infinitum et finitum, quae dicunt modos perfectionis illius entitatis, sicut magis et minus in albedine.

Novi quod aliqua hic narrata contradicunt opinionibus aliquorum, sed non hic assumpsi opiniones varias improbare; alibi locus erit.

[76] Iuxta istam tertiam rationem potest fieri quasi similis ratio e converso sic : Nulla substantia finita est eadem perfectioni quae secundum rationem suam esset accidentalis si esset finita; substantia prima est eadem intellectioni, etc. Et ita potest addi maior tertiae rationis : Nulla perfectio eiusdem rationis cum aliqua accidentali est substantialis vel idem substantiae, quia genera sunt primo diversa, et quod uni est accidens, nulli est substantia; ergo intelligere nulli substantiae quae est in genere substantiae est idem; haec, si est finita, est talis ; si non, propositum.

[77] Iuxta hoc propono quartam rationem : Omnis substantia finita est in genere; prima natura non est – ex prima huius; quare, etc. Maior patet, quia in conceptu communi substantiae convenit cum aliis et formaliter distinguitur – patet; ergo distinctivum est idem aliquo modo cum entitate substantiae, non per omnimodam identitatem, quia eorum rationes sunt primo diversae et neutra infinita, ideo neutra omnino includit aliam per identitatem ; igitur est unum ex eis sicut ex contrahente et contracto, actu et potentia ; igitur genus et differentia ; ergo species.

Breviter sic arguitur, et est idem : Omne realiter conveniens et realiter differens convenit et differt realitate non formaliter eadem. Sed nec realitas qua convenit est illa qua differt per identitatem, nisi sit altera infinita; et tunc includens utrumque erit infinitum. Si autem neutra sit altera per identitatem, sequitur compositio. Omne igitur conveniens essentialiter et differens essentialiter aut est compositum ex realitatibus formaliter distinctis aut est infinitum.

nécessairement dans un genre –, mais comme raison absolue de différence, qui, prise absolument, dit perfection indifférente à l'infini et au fini, qui disent des modes de perfection de cette entité, comme le plus et le moins dans la blancheur.

Je sais que certaines de ces (affirmations) contredisent les opinions de certains, mais j'ai choisi de ne pas répliquer ici aux diverses opinions; il y aura lieu (de le faire) ailleurs.

76. A côté de ce troisième argument on en peut trouver un quasiment semblable par l'inverse, comme suit: aucune substance finie n'est identique à une perfection qui selon sa raison serait accidentelle si elle était finie; la substance première est identique à l'intellection, etc. Et ainsi on peut ajouter la majeure du troisième argument: aucune perfection de même raison qu'une (perfection) accidentelle n'est substantielle ou identique à la substance, parce que (ces) genres sont fondamentalement divers, et ce qui est accident de l'un n'est substance d'aucun; donc l'acte d'intellection n'est identique à aucune substance, qui est dans le genre substance; si (la substance) est finie, elle est telle; sinon, (nous tenons notre) propos.

(QUATRIÈME VOIE)

77. A côté de cela, j'avance un quatrième argument: toute substance finie est dans un genre; la nature première ne l'est pas, – d'après la première (conclusion) de ce (chapitre)[1]; c'est pourquoi, etc.

La majeure est claire, parce que dans le concept commun de la substance, (la substance finie) s'accorde avec les autres et s'en distingue formellement; ce qui est clair; donc ce qui distingue est d'une certaine manière identique à l'entité de la substance, (mais) non par une totale identité, parce que leurs raisons sont fondamentalement diverses et aucune n'est infinie, c'est pourquoi aucune n'inclut tout à fait l'autre par identité; donc leur union est comme celle du déterminant et du déterminé, de l'acte et de la puissance; donc (il y a) un genre et une différence; donc une espèce.

On argumente brièvement de cette manière, ce qui revient au même: tout ce qui s'accorde réellement et diffère réellement s'accorde et diffère par une réalité qui n'est pas formellement la même. Mais la réalité par laquelle il s'accorde n'est pas celle par laquelle il diffère par identité, sauf si l'autre est infinie; et alors ce qui inclut l'une et l'autre sera infini. Mais si aucune des deux n'est l'autre par identité, il s'ensuit une composition. Donc tout ce qui s'accorde essentiellement et diffère essentiellement, soit est composé de réalités distinctes formellement, soit est infini.

1. En effet, la simplicité de l'essence du premier principe s'oppose à toute composition, et notamment à celle de genre et différence (cf. chap. 4, concl. 1, § 50).

Omne per se existens convenit sic et differt; quare si est in se omnino simplex, sequitur quod erit etiam infinitum.

His viis quatuor videtur infinitas posse concludi de deo : tribus ex mediis sumptis de intellectu, quarto ex simplicitate in essentia, quae superius est ostensa.

[78] Quinta videtur via eminentiae, secundum quam arguo sic : Eminentissimo incompossibile est esse aliquid perfectius – ex corollario quartae tertii ; finito non est aliquid incompossibile esse perfectius ; quare, etc. Minor probatur, quia infinitum non repugnat entitati ; omni finito maius est infinitum. Aliter arguitur, et est idem : Cui non repugnat infinitas intensive, illud non est summe perfectum nisi sit infinitum ; quia si est finitum, potest excedi, quia infinitas sibi non repugnat. Enti non repugnat infinitas ; igitur perfectissimum est infinitum.

Minor huius, quae in praecedenti argumento accipiebatur, non videtur posse a priori ostendi ; quia sicut contradictoria ex rationibus propriis contradicunt nec potest per aliquid manifestius hoc probari, ita non-repugnantia ex rationibus propriis non repugnant, nec videtur posse ostendi nisi explicando rationes ipsorum. Ens per nihil notius explicatur; infinitum intelligimus per finitum, et hoc vulgariter sic expono : Infinitum est, quod aliquod finitum datum secundum nullam finitam mensuram praecise excedit, sed ultra omnem habitudinem assignabilem adhuc excedit.

Sic tamen propositum suadetur : Sicut quodlibet ponendum est possibile cuius non apparet impossibilitas, ita et compossibile cuius non apparet incompossibilitas. Hic nulla apparet, quia de ratione entis non est finitas, nec apparet ex ratione entis quod finitum sit passio convertibilis cum ente. Alterum eorum requiritur ad repugnantiam praedictam ; passiones primae entis et convertibiles satis videntur notae sibi inesse.

Tout ce qui existe par soi s'accorde et diffère ainsi; c'est pourquoi s'il est tout à fait simple en soi, il s'ensuit qu'il sera aussi infini.

Par ces quatre voies il semble qu'on peut conclure à l'infinité de Dieu : par les trois dont l'intellect est le moyen terme (et) par la quatrième tirée de la simplicité dans l'essence, qui a été montrée plus haut.

(CINQUIÈME VOIE)

78. Il semble (y avoir) une cinquième voie, d'éminence, selon laquelle j'argumente comme suit : il est incompossible avec le plus éminent qu'il y ait quelque chose de plus parfait, – d'après le corollaire de la quatrième (conclusion) du troisième (chapitre)[1]; il n'est pas incompossible avec le fini qu'il y ait quelque chose de plus parfait; c'est pourquoi, etc.

On prouve la mineure : l'infinité ne répugne pas à l'entité; l'infini est plus grand que tout fini.

On argumente autrement, ce qui revient au même : ce à quoi ne répugne pas l'infinité intensive n'est pas parfait au plus haut degré s'il n'est pas infini; parce que s'il est fini, il peut être dépassé, car l'infinité ne lui répugne pas. L'infinité ne répugne pas à l'être; donc le plus parfait est infini.

La mineure de cette (preuve), qui a été acceptée dans l'argument précédent, ne semble pas pouvoir être montrée par une (cause) antérieure, parce que, de même que les contradictoires se contredisent par leurs raisons propres et que cela ne peut pas être prouvé par quelque chose de plus manifeste, de même les non-contradictoires ne se contredisent pas par leurs raisons propres, et il ne semble pas qu'on puisse le montrer si ce n'est en expliquant leurs raisons. L'être n'est expliqué par rien de plus connu; nous comprenons l'infini par le fini; ce que j'expose vulgairement comme suit : l'infini est ce qui dépasse un fini donné non seulement hors de toute mesure précise, finie, mais encore au-delà de toute proportion assignable.

Cependant le propos est défendu comme suit : de même qu'il faut poser comme possible tout ce dont l'impossibilité n'apparaît pas, de même il (faut poser) comme compossible tout ce dont l'incompossibilité n'apparaît pas. Ici il n'en apparaît aucune, parce que la finitude n'appartient pas à la raison de l'être, et il ne ressort pas de la raison de l'être que le fini soit un transcendantal convertible avec l'être. L'un d'eux est requis pour la répugnance précitée; et les transcendantaux premiers et convertibles semblent suffisamment connus comme inhérents à (l'être).

1. Le premier effectif est (...) ce par rapport à quoi être antérieur inclut une contradiction (chap. 3, concl. 4, § 34).

Tertio sic suadetur : Infinitum suo modo non repugnat quantitati, id est in accipiendo partem post partem; ergo nec infinitum suo modo repugnat entitati, illud est in perfecte simul essendo.

Quarto : Si quantitas virtutis est simpliciter perfectior quantitate molis, quare erit possibilis infinitas in mole, non in virtute ? Quod si est possibilis, est in actu – ex quarta tertii.

Quinto sic : quia intellectus, cuius obiectum est ens, nullam invenit repugnantiam intelligendo ens infinitum; immo videtur perfectissimum intelligibile. Mirum est autem, si nulli intellectui talis contradictio patens foret circa primum eius obiectum, cum discordia in sono ita faciliter offendat auditum. Si, inquam, disconveniens statim percipitur et offendit, cur nullus intellectus ab ente infinito naturaliter refugit sicut a non conveniente, ita primum obiectum destruente ?

[79] Per illud potest colorari illa ratio Anselmi de summo cogitabili. Intelligenda est descriptio eius sic : « Deus est quo », cogitato sine contradictione, « maius cogitari non potest » sine contradictione. Nam in cuius cogitatione includitur contradictio, illud dicitur non cogitabile, et ita est; sunt enim tunc duo cogitabilia opposita, nullo modo faciendo unum cogitabile, quia neutrum determinat alterum. Sequitur tale summe cogitabile praedictum esse in re, per quod describitur deus, primo de esse quiditativo : quia in tali cogitabili summo summe quiescit intellectus; igitur est in ipso ratio primi obiecti intellectus, scilicet entis, et in summo. Ultra de esse existentiae : Summum cogitabile non est tantum in intellectu cogitante; quia tunc posset esse, quia cogitabile, et non posset esse, quia rationi eius repugnat esse ab alio – secundum tertiam et quartam tertii. Maius igitur cogitabile est illud quod est in re quam

Troisièmement, j'argumente comme suit : l'infini à sa manière ne répugne pas à la quantité, c'est-à-dire en prenant partie après partie ; donc l'infini à sa manière ne répugne pas à l'entité, car il est dans l'être comme la simultanéité parfaite (des parties).

Quatrièmement : si la quantité de puissance est absolument plus parfaite que la quantité de masse, pourquoi l'infinité serait-elle possible dans la masse et non dans la puissance ? Mais si elle est possible, elle est en acte, – d'après la quatrième (conclusion) du troisième (chapitre) [1].

Cinquièmement : l'intellect dont l'objet est l'être ne trouve aucune répugnance à comprendre l'être infini ; bien plus, (celui-ci) semble être l'intelligible le plus parfait. Aussi est-il étonnant que, si une telle contradiction n'est claire pour aucun intellect à propos de son premier objet, une discordance dans le son choque aussi facilement l'ouie. Si, dis-je, ce qui ne convient pas est aussitôt perçu et choque, pourquoi aucun intellect ne fuit-il naturellement l'être infini, comme (quelque chose) ne lui convenant pas parce que détruisant ainsi (son) premier objet ?

79. Par là, l'argument d'Anselme [2] sur le suprêmement pensable peut être coloré. Il faut comprendre sa 'définition' comme suit : quand il est pensé sans contradiction, « Dieu est ce dont on ne peut rien penser de plus grand » sans contradiction. Car ce dont la pensée inclut une contradiction est dit non-pensable, et il l'est, car il y a alors deux pensables opposés, ne pouvant en aucune manière former un (seul) pensable, car aucun des deux ne détermine l'autre. Il s'ensuit qu'il existe dans la réalité un tel suprêmement pensable, par lequel Dieu est 'défini', (et) cela vaut d'abord pour l'être quidditatif : parce que c'est dans un tel suprêmement pensable que l'intellect trouve pleinement son repos ; donc il y a en lui la raison du premier objet de l'intellect, c'est-à-dire de l'être, et (cela) au plus haut point. (Cela vaut) bien plus s'il s'agit de l'être d'existence : le suprêmement pensable n'est pas seulement dans l'intellect pensant ; parce qu'alors il pourrait être, car il est pensable, et il ne pourrait pas être, parce qu'il répugne à sa raison d'être par un autre, – selon la troisième [3] et la quatrième [4] (conclusions) du troisième (chapitre). Donc ce qui est dans la réalité est

1. Car le parfait est par soi, et ce qui n'est pas par soi ne peut être par soi (chap. 3, concl. 4, § 33).

2. Scot se réfère ici au célèbre argument d'Anselme de Cantorbéry dans le *Proslogion,* chap. 2-4 qui se fonde sur la description de Dieu comme : *aliquid quo nihil maius cogitari possit* (quelque chose dont rien de plus grand ne peut être pensé) pour conclure (Corbin, p. 247) : « Quelque chose dont rien de plus grand ne peut être pensé existe donc, sans le moindre doute, et dans l'intelligence et dans la réalité. » Et dans le chapitre suivant (Corbin, p. 247) Anselme affirme même : « Ainsi donc quelque chose dont plus grand ne peut être pensé est si vraiment qu'on ne puisse penser qu'il ne soit pas ».

3. Cet effectif absolument premier est incausable (…) (chap. 3, concl. 3, § 32).

4. Cet effectif absolument premier est existant en acte (…) (chap. 3, concl. 4, § 33).

quod in intellectu tantum; non sic intelligendo quod idem, si cogitetur, per hoc sit maius cogitabile, si existat, sed omni quod est in intellectu tantum, est maius aliquod cogitabile quod existit.

Vel aliter coloratur sic : Maius cogitabile est, quod existit, id est perfectius cogitabile quia visibile. Quod non existit, nec in se nec in nobiliori cui nihil addit, non est visibile. Visibile est perfectius cognoscibile non visibili, tantummodo intelligibili abstractive. Ergo perfectissime cognoscibile existit.

[80] Sexta via ad propositum ex parte finis est talis : Voluntas nostra potest omni fine finito aliquid maius appetere vel amare, sicut et intellectus intelligere. Et videtur inclinatio naturalis ad summe amandum bonum infinitum; nam inde arguitur inclinatio naturalis in voluntate ad aliquid, quia ex se sine habitu prompte et delectabiliter vult illud voluntas libera. Ita videtur quod experimur in amando bonum infinitum : non videtur in alio perfecte quietari. Quomodo non illud naturaliter odiret, si esset oppositum sui obiecti, sicut naturaliter odit non esse ?

[81] Septima via est ex parte causae efficientis, quam tangit Aristoteles 8° *Physicorum* et 12° *Metaphysicae* : quia movet motu infinito ; ergo habet infinitam potentiam.

Haec ratio coloratur quantum ad antecedens sic : quia aeque concluditur propositum si posset movere per infinitum sicut si movet, quia aeque oportet ipsum esse in actu. Quantum ad consequentiam sic : quia si ex se et non virtute alterius movet infinito motu, igitur non ab alio accipit sic movere, sed in vi sua activa habet totum effectum simul, quia independenter. Quod simul habet virtualiter infinitum effectum, est infinitum ; igitur, etc.

Aliter coloratur ratio : quia primum movens simul habet in virtute sua activa omnes effectus possibiles produci per motum. Illi sunt infiniti, si motus infinitus ; ergo, etc.

plus pensable que ce qui (est) seulement dans l'intellect; on ne comprend pas par là que le même, s'il est pensé, est plus pensable à cause de son existence, mais qu'un pensable qui existe est plus grand que tout ce qui n'est que dans l'intellect.

Ou bien cet (argument) est coloré différemment comme suit: un pensable qui existe est plus grand, c'est-à-dire il est plus parfaitement pensable parce qu'il est visible. Ce qui n'existe ni en soi ni en un plus noble à qui il n'ajoute rien, n'est pas visible. Ce qui est visible est plus parfaitement connaissable que le non-visible, qui n'est compréhensible que par abstraction. Donc le plus parfaitement connaissable existe.

(SIXIÈME VOIE)

80. Voici la sixième voie conduisant à notre propos; elle est (prise) du côté de la fin: notre volonté peut désirer ou aimer quelque chose de plus grand que toute fin finie, comme l'intellect peut intelliger (de même). Et il semble (que ce soit) une inclination naturelle d'aimer au plus haut point le bien infini; car on admet une inclination naturelle dans la volonté vers quelque chose, parce qu'une volonté libre, de soi, sans habitus, veut (le bien infini) spontanément et avec délectation. Il semble qu'en aimant le bien infini nous faisons cette expérience: (la volonté libre) ne semble pas trouver parfaitement son repos dans un autre. Comment ne haïrait-elle pas naturellement (l'infini) s'il était opposé à son objet, comme elle hait naturellement le non-être?

(SEPTIÈME VOIE)

81. La septième voie est prise du côté de la cause efficiente; Aristote l'a abordée dans le huitième livre de la *Physique*[1] et le douzième de la *Métaphysique*[2]: elle meut d'un mouvement infini; donc elle a une puissance infinie.

Cet argument est ainsi coloré quant à l'antécédent: on conclut tout aussi bien pour notre propos si (le premier) peut mouvoir à l'infini que s'il meut (en fait), car il faut également qu'il soit en acte.

Quant à la conséquence: si de soi et non par la puissance d'un autre il meut d'un mouvement infini, alors il ne reçoit pas d'un autre le pouvoir de mouvoir ainsi, mais il a dans sa force active la totalité de l'effet en même temps, puisque indépendamment. Ce qui a en même temps virtuellement un effet infini est infini; donc, etc.

L'argument est coloré différemment: le premier moteur a dans sa puissance active en même temps tous les effets pouvant être produits par le mouvement. Ceux-ci sont infinis, si le mouvement est infini; donc, etc.

1. Aristote, *Phys.* VIII, 10, 266 a 10-24, 266 b 6-20, 267 b 17-26.
2. Aristote, *Mét.* XII, 7, 1073 a 3-13.

[82] Non videtur consequentia bene probari. Non primo modo, quia duratio maior nihil perfectionis addit : non perfectior albedo quia uno anno manet quam si uno die ; igitur motus quantaecumque durationis non est perfectior effectus quam motus unius diei. Igitur ex hoc, quod agens habet in virtute activa et simul, non concluditur maior perfectio hic quam ibi, nisi quod agens diutius movet et ex se ; et ita esset ostendendum quod aeternitas agentis concluderet eius infinitatem, alias ex infinitate motus non potest concludi. Tunc ultima propositio colorationis negatur nisi de infinitate durationis.

Secundus color abluitur : quia non maior perfectio intensiva concluditur ex hoc quod agens quodcumque eiusdem speciei potest producere successive quamdiu manet, quia quod potest in unum tale uno tempore, eadem virtute potest in mille, si mille temporibus maneat. Non est autem possibilis apud philosophos infinitas nisi numeralis effectuum producibilium per motum, scilicet generabilium et corruptibilium, quia in speciebus finitatem ponebant. Si quis alius probet infinitatem specierum possibilem, probando aliquos motus caelestes esse incommensurabiles et ita numquam posse redire ad uniformitatem, etiamsi per infinitum durarent et infinitae coniunctiones specie causare<nt> infinita generabilia specie – de hoc, quidquid sit in se, sed nihil ad intentionem Aristotelis, qui infinitatem specierum negaret.

[83] Obicitur hic ulterius inquirendo : Quomodo in primo argumento nitebaris concludere infinitatem quia essentia divina est causa cognoscendi infinita, et hic negas hoc posse concludi ex hoc quod est causa essendi infinita, quasi maius sit facere aliquod esse cognitum quam ens verum ? – Item : Quomodo in secundo argumento concludere voluisti infinitatem ex hoc solo, quod natura primi est ratio totalis videndi aliquam naturam aliam, et non concluditur hic, si est ratio totalis essendi respectu eius ? Nam saltem proximae naturae sibi est totalis causa essendi.

[84] Ad primum : Quidquid potest aliqua multa simul, quorum quidlibet requirit aliquam perfectionem propriam, illud concluditur

82. Il ne semble pas que la conséquence soit bien prouvée. Pas de la première manière parce qu'une plus grande durée n'ajoute rien en fait de perfection : la blancheur n'est pas plus parfaite si elle demeure une année que si elle (demeure) un jour ; donc un mouvement d'une quelconque durée n'est pas un effet plus parfait que le mouvement d'un jour. Donc, du fait qu'un agent a (tous les effets) dans (sa) puissance active et en même temps, il n'en découle pas une plus grande perfection ici que (dans le cas de la couleur), si ce n'est que l'agent meut plus longtemps et de soi ; et ainsi il devrait être montré que de l'éternité de l'agent on conclurait son infinité, (qui), autrement, ne peut être conclue de l'infinité du mouvement. Alors la dernière proposition de la coloration est niée, sauf au sujet de l'infinité de la durée.

La seconde coloration est détruite : on ne conclut pas une plus grande perfection intensive du fait qu'un agent peut produire tout (effet) de la même espèce successivement tant qu'il demeure, parce que ce qu'il peut sur un tel (effet) en un (seul) moment, par la même puissance, il le peut sur mille, s'il demeure mille moments. Aussi selon les philosophes une infinité n'est-elle pas possible, si ce n'est une (infinité) numérique d'effets productibles par le mouvement, c'est-à-dire générables et corruptibles, parce qu'ils posaient la finitude dans les espèces. Si quelqu'un d'autre prouvait que l'infinité des espèces est possible, en prouvant que certains mouvements célestes sont incommensurables et qu'ainsi ils ne peuvent jamais revenir à l'uniformité, même s'ils duraient à l'infini et que des conjonctions infinies dans l'espèce causaient des générables infinis dans l'espèce, – cet (argument), quelle que soit sa valeur, n'a rien (à voir) avec l'intention d'Aristote qui nierait l'infinité des espèces.

83. On objecte ensuite en posant cette question : comment dans le premier argument[1] t'es-tu efforcé de conclure l'infinité du fait que l'essence divine est la cause de la connaissance d'une infinité (d'objets), alors qu'ici tu nies qu'on puisse la conclure du fait qu'elle est la cause dans l'être d'une infinité (d'effets), comme s'il était plus grand de produire la connaissance de quelque chose que (de produire) un être véritable ?

De même : comment dans le second argument[2] veux-tu conclure l'infinité du seul fait que la nature du premier est la raison totale de voir quelque autre nature, (alors que l'infinité) n'est pas conclue ici, où (la nature du premier principe) est la raison totale de l'être par rapport à elle ? Car elle est au moins la cause totale d'être de la nature la plus proche d'elle.

84. A la première (objection) : tout ce qui peut (faire) plusieurs (choses) en même temps, dont chacune requiert une perfection propre, se révèle plus

1. La première voie, § 68-69.
2. La deuxième voie, § 70 *sq.*

perfectius ex pluralitate talium. Ita est de intelligere infinita simul; et ita concederem, si probares, quod posset causare simul infinita, quod esset virtus infinita; non ita, si successive.

Contra : Simul habet; etiam, quantum est ex se, simul posset; sed natura effectus non permittit, sicut potens causare album et nigrum non est minus perfectum quia ista non sunt simul causabilia. Hoc enim est ex repugnantia ipsorum, non ex defectu agentis.

Respondeo : Non est probatum quod primum est tota causa istorum infinitorum et quod simul habet totaliter illa, quia non est probatum ex causalitate efficientiae, quin causa secunda sit necessaria propter aliquam causalitatem correspondentem suae propriae formalitati.

Contra : Hoc bene probatur, quod habet eminenter omnem causalitatem causae secundae, etiam propriam illi, licet non sit probatum quod illa ut formaliter nihil addat sibi ut eminenter; habet igitur simul eminenter omnem causalitatem respectu omnis effectibilis, etiam infinitorum, licet ista fiant successive.

Respondeo : Hoc est ultimum quod colorat dictam consequentiam Aristotelis, quantum video, et ex isto probo infinitatem sic : Si primum haberet omnem causalitatem formaliter et simul, licet non possent causabilia simul poni in esse, esset infinitum, quia simul, quantum est ex se, posset infinita; et posse plura simul concludit maiorem potentiam intensive. Igitur si habet perfectius quam si haberet omnem causalitatem formaliter, magis sequitur infinitas intensiva; sed habet omnem secundum totum, quod est in ipsa, eminentius quam sit in ipsa formaliter; igitur est infinitae potentiae intensive.

[85] Licet igitur omnipotentiam proprie dictam, secundum intellectum Catholicorum, usque ad tractatum de creditis distulerim, tamen illa non probata infinita potentia probatur quae simul ex se habet eminenter omnem causalitatem, quae simul, quantum ex se, si esset formaliter, posset in infinita, si essent simul factibilia. Si obicitur : « Primum non potest ex se simul in infinita, quia non est probatum quod sit totalis causa infinitorum », hoc nihil obstat. Si

parfait du fait de la pluralité de telles (choses). Ainsi en est-il de l'acte d'en intelliger en même temps une infinité; et ainsi, si tu prouvais qu'il peut en causer en même temps une infinité, je concéderais qu'il serait une puissance infinie; il n'en est pas ainsi s'(il cause) successivement.

Contre (cette réponse) : il a (cette puissance de causer) en même temps (une infinité de choses); et, pour autant qu'il est de soi, il peut (causer) en même temps (une infinité d'effets); mais la nature de l'effet ne le permet pas, comme ce qui peut causer le blanc et le noir n'est pas moins parfait parce que ceux-ci ne sont pas causables en même temps; en effet cela provient de leur répugnance, non d'un défaut de l'agent.

Je réponds : il n'est pas prouvé que le premier est la cause totale de ces (effets) infinis et qu'il les a totalement en même temps, parce qu'il n'est pas prouvé à partir de la causalité efficiente qu'une cause seconde ne soit pas nécessaire pour une causalité correspondant à sa propre formalité.

Contre (cette réponse): il est bien prouvé qu'il possède éminemment toute la causalité d'une cause seconde, (et) même la (causalité) propre de celle-ci, bien qu'il ne soit pas prouvé que cette (causalité prise) formellement n'ajoute rien à (cette) même (causalité prise) éminemment; donc il possède en même temps, éminemment, toute causalité concernant tout effectible, et (concernant) même les (effets) infinis, bien que ceux-ci soient produits successivement.

Je réponds: voici le dernier (argument) qui colore la conséquence mentionnée d'Aristote, pour autant que je sache, et j'en tire ainsi la preuve de l'infinité: si le premier possédait toute causalité formellement et en même temps, bien que les causables ne puissent pas être posés en même temps dans l'être, il serait infini, parce que, pour autant qu'il est de soi, il pourrait (produire) en même temps des infinis; et pouvoir (produire) plusieurs en même temps implique une plus grande puissance intensive. Donc s'il possède (quelque chose) plus parfaitement que s'il possédait formellement toute causalité, il s'ensuit d'autant plus une infinité intensive; mais il possède toute (causalité) selon la totalité qui est en elle, plus éminemment qu'elle ne l'est formellement en elle-même; donc il est intensivement d'une puissance infinie.

85. Bien que je renvoie (l'étude de) la toute-puissance proprement dite, selon la compréhension des catholiques, à un traité sur les articles de foi, sans prouver celle-ci, on prouve néanmoins la puissance infinie, qui de soi possède en même temps toute causalité de façon éminente, (et) qui, pour autant qu'(elle est) de soi, si elle était formellement, pourrait (produire) simultanément à l'infini, si les (objets) étaient susceptibles d'être produits simultanément. Si l'on objecte: 'Le premier ne peut pas de soi (produire) simultanément à l'infini, parce qu'il n'est pas prouvé qu'il soit la cause

enim haberet simul unde esset totalis, nihil perfectius esset quam nunc sit [sic] quando habet unde sit prima : tum quia illae duae non requiruntur propter perfectionem addendam in causando, quia tunc remotius esset perfectius, quia perfectiorem causam requireret – sed si requireretur secundum philosophos, hoc est propter imperfectionem, ut primum cum aliqua causa imperfecta possit causare imperfectum, quod secundum ipsos non posset immediate causare; tum quia perfectiones totae secundum Aristotelem eminentius sunt in primo quam si ipsae formalitates earum inessent, si possent inesse. Sic videtur posse concludere ratio Aristotelis de potentia infinita.

Ad secundum obiectum supra dico quod quia essentia divina sola est ratio videndi lapidem perfecte, sequitur quod lapis nihil perfectionis addat illi essentiae. Non sequitur hoc, si est ratio causandi lapidem immediate, etiam ut tota causa; nam respectu supremae naturae prima causa est totalis causa, <quae tamen, cum sit finita, non concludit infinitatem primae causae respectu ipsius; non est autem probatum quod respectu aliorum sit totalis causa; ideo etc.>

[86] Iuxta istam viam efficientiae arguitur : quia creat; inter creationis extrema est distantia infinita.

De hoc antecedens ponitur creditum, et verum est, ut non esse quasi duratione praecedat esse, ut tamen quasi natura secundum viam Avicennae. Antecedens ostenditur ex decimanona tertii, quia saltem prima natura post deum est ab ipso et non a se nec accipit esse aliquo praesupposito; et, ut iam dictum est, effici non requirit mutari, sed sic accipiendo prius natura non esse quam esse, non sunt ibi extrema mutationis quam causaret illa virtus. Sed quidquid sit de antecedente, consequentia non probatur; quia quando inter extrema nulla est distantia, sed ipsa dicuntur distare praecise ratione extremorum in se, tanta est distantia quantum est maius extremum. Exemplum : Deus distat in infinitum a creatura.

totale des infinis', cela ne nous arrête pas. En effet, s'il possédait simultanément ce par quoi il serait (cause) totale, il ne serait pas plus parfait que ce qu'il est maintenant quand il possède ce par quoi il est (cause) première : – d'abord, parce que ces deux (causes) ne sont pas requises pour ajouter une perfection dans la causation, puisqu'alors (l'effet) du plus éloigné serait plus parfait, parce qu'il requerrait une cause plus parfaite – mais si elle était requise selon les philosophes, c'est pour (expliquer) l'imperfection (de l'effet), afin que le premier, avec quelque cause imparfaite, puisse causer un (effet) imparfait que, selon eux, il ne pourrait causer immédiatement; – ensuite parce que les perfections totales, selon Aristote, sont plus éminemment dans le premier que si leurs formalités (lui) étaient inhérentes, si elles pouvaient (lui) être inhérentes. Ainsi l'argument d'Aristote semble pouvoir conclure à propos de la puissance infinie.

A la seconde objection ci-dessus [1] je dis : puisque la seule essence divine est la raison de voir parfaitement la pierre, il s'ensuit que la pierre n'ajoute aucune perfection à cette essence. Cette (conséquence) ne s'ensuit pas si elle est la raison de causer immédiatement la pierre, même comme cause totale; car par rapport à la plus haute nature (causée), la première cause est cause totale; puisque (la plus haute nature) est finie, on ne peut conclure l'infinité de la première par rapport à elle; il n'est pas non plus prouvé que par rapport aux autres elle soit cause totale; c'est pourquoi, etc.

86. A côté de cette voie d'efficience on argumente : il y a création; entre les extrêmes de la création, la distance est infinie [2].

On en pose l'antécédent par la foi, et il est vrai que le non-être précède l'être comme d'une durée, ou néanmoins comme d'une nature selon la voie d'Avicenne. On montre l'antécédent à partir de la dix-neuvième (conclusion) du troisième (chapitre) [3] : en effet, la première nature après Dieu est à partir de lui et non à partir d'elle-même et elle ne reçoit pas l'être de quelque chose de présupposé; et, comme on l'a déjà dit, être effectué ne requiert pas d'être-changé, mais en recevant ainsi par nature le non-être avant l'être, ce ne sont pas là les extrêmes d'un changement que causerait cette force. Mais quoi qu'il en soit de l'antécédent, la conséquence n'est pas prouvée; en effet, lorsque entre les extrêmes il n'y a aucune distance, mais qu'on les dit précisément distants par leur raison propre d'extrêmes, la distance est d'autant plus grande qu'un extrême est plus grand. Exemple : Dieu est distant infiniment de la créature.

1. Cf. § 83, « De même… ».
2. Cf. Thomas d'Aquin, *Somme théologique* I, 45, 5 ad 3.
3. Une nature unique existante est première dans le triple ordre précité, première par rapport à n'importe quelle autre nature, de sorte que toute autre nature est ainsi triplement postérieure à cette première (chap. 3, concl. 19, § 46).

[87] Ultimo ostenditur propositum ex negatione causae intrinsecae : quia forma finitur per materiam; igitur quae non est nata esse in materia, est infinita.

Hoc reputo nihil valere, quia secundum ipsos angelus immaterialis non est infinitus. Numquam esse, posterius essentia secundum ipsos, essentiam finitabit. Unde quaelibet entitas habet intrinsecum gradum perfectionis, non per aliud ens. Et si « forma finitur ad materiam, igitur si non ad illam, non finitur » : fallacia est consequentis. « Corpus finitur ad corpus; igitur si non ad corpus, est infinitum » – ultimum caelum erit infinitum : Sophisma est tertii Physicorum, quia corpus prius in se finitur. Ita forma finita prius in se est finita, quia scilicet prius est talis natura in entibus quam finiatur per materiam. Nam secunda finitas praesupponit primam, non causat eam. In aliquo igitur signo naturae est essentia finita; igitur non finibilis per esse; ergo in secundo signo non finitur per esse.

[88] DECIMA CONCLUSIO : *Ex infinitate sequitur omnimoda simplicitas.*

Prima intrinseca in essentia : quia aut componeretur ex finitis in se aut ex infinitis in se; si primum, igitur finitum; si secundum, igitur pars <non> minor toto.

Secundo, quod non componitur ex partibus quantitativis : quia infinita perfectio non est in magnitudine, quia illa, si finita est, in maiore esset maior; infinita magnitudo esse non potest. Haec ratio Aristotelis 8° *Physicorum* et 12° *Metaphysicae*.

87. Enfin, on montre notre propos par la négation de la cause intrinsèque : la forme est finie du fait de la matière; donc celle qui n'est pas faite pour être dans une matière, est infinie [1].

Je pense que cela ne vaut rien, car selon eux, l'ange, immatériel, n'est pas infini. Jamais l'être, (qui) selon eux (est) postérieur à l'essence, ne limitera l'essence. D'où le fait que toute entité possède un degré intrinsèque de perfection sans l'intermédiaire d'un autre être.

Et si (l'on dit) : 'La forme est finie par sa relation à la matière, donc si elle n'est pas en relation avec celle-ci, elle n'est pas finie', il y a erreur dans le conséquent. 'Le corps est fini par sa relation au corps; donc, s'il n'(est) pas en relation à un corps, il est infini', – le dernier ciel sera (alors) infini : c'est le sophisme du troisième livre de la *Physique* [2], car le corps est d'abord fini en soi. Ainsi la forme finie est finie d'abord en soi, car il y a dans les êtres une telle nature, avant qu'elle soit finie par la matière. Car la seconde finitude présuppose la première (et) ne la cause pas. Donc c'est par une marque de sa nature que l'essence est finie; il n'est donc pas possible qu'elle soit finie par l'être; donc elle n'est pas finie par l'être selon une seconde marque.

88. DIXIÈME CONCLUSION : *De l'infinité découle la simplicité sous toutes ses formes.*

La première (forme de simplicité est) intrinsèque à l'essence : elle se composerait ou de finis en soi ou d'infinis en soi; si (c'était) le premier (cas), (on aurait) donc du fini; si (c'était) le second, la partie (ne serait) donc (pas) moindre que le tout.

Deuxièmement, elle n'est pas composée de parties quantitatives : l'infinie perfection ne (l')est pas dans une grandeur, car, si elle était finie, elle serait plus grande dans une plus grande; il ne peut pas y avoir de grandeur infinie. C'(est) l'argument d'Aristote au huitième livre de la *Physique* [3] et au douzième livre de la *Métaphysique* [4].

1. Cf. Thomas d'Aquin, *Somme théologique* I, 7, 1 et I, 7, 1 ad 2.

2. Aristote, *Phys.* III, 4, 203 b 20-22 (Carteron, t. I, p. 97) : « En outre de ce que le limité est limité à une autre chose, de sorte que rien ne sera limite, s'il faut que toujours la limitation se fasse entre deux termes. »

3. Aristote, *Phys.* VIII, 10, 266 a 24-266 b 6 (Carteron, t. II, p. 139). : « Maintenant, d'une manière générale, dans une grandeur finie ne peut résider une force infinie (...). »

4. Aristote, *Mét.* XII, 7, 1073 a 3-11 (Tricot, p 685-686) : « Que donc il existe une substance éternelle, immobile et séparée des êtres sensibles, c'est ce qui résulte manifestement de ce que nous venons de dire. Nous avons démontré aussi que cette substance ne peut avoir aucune étendue, mais qu'elle est impartageable et indivisible : elle meut, en effet, durant un temps infini, alors que rien de fini n'a une puissance infinie; et, tandis que toute étendue ne pourrait être qu'infinie ou finie, cette substance ne saurait, pour la raison qui précède, avoir une étendue finie; elle ne peut avoir non plus une étendue infinie, parce qu'il n'existe absolument pas d'étendue infinie. Mais nous avons montré aussi qu'elle est impassible et inaltérable, car tous les autres mouvements sont postérieurs au mouvement local. »

Sed instatur, quia perfectio infinita in magnitudine esset eiusdem rationis in toto et in parte et ideo non in maiori maior, sicut modo anima intellectiva est perfectissima forma, et ita perfecta est in modico corpore sicut in magno et in parte corporis sicut in toto; quod si ipsam secundum essentiam suam consequeretur infinita potentia, scilicet intelligendi infinita intelligibilia, ita sequeretur eam in magnitudine modica; quod si maior poneretur, non esset maior potentia. Haec ergo negatur : Omnis potentia in magnitudine maior est in maiori magnitudine.

Ratio Aristotelis coloratur, quod probat perfectionem infinitam non esse in magnitudine sic quod extendatur per accidens, quod scilicet pars sit in parte; quia tunc maior esset in toto quam in parte quantum ad efficientiam in operando, licet non secundum intensionem in se, sicut de igne magno et parte eius; et ita sequitur quod in magnitudine finita non sit potentia infinita secundum efficientiam, et hoc extensa; ergo nec secundum intensionem in se infinita.

Haec secunda consequentia patet, quia non concluditur infinita in se nisi ex infinitate in efficientia. Sed quod primum sequitur, ostenditur dupliciter : Primo, quia in qualibet parte aliquota magnitudinis finitae est potentia finita secundum efficientiam; alias non minor tota; igitur et in tota est finita, quia compositum ex finitis in se et finities sumptis est finitum. Secundo, quia intelligatur magnitudo crescere, crescet potentia sic secundum efficientiam; ergo prius fuit finita et semper erit, quamdiu intelligitur posse crescere, quod semper est, dum est in magnitudine finita. Ergo numquam intelligitur impossibilis crescere nisi sit in magnitudine infinita, et ita nec alias est infinita secundum efficientiam; ergo nec secundum intensionem.

Sed quid ad propositum, quod potentia infinita intensive non extenditur per accidens ita quod pars sit in parte magnitudinis? Quomodo hinc sequetur quod omnino non sit in magnitudine? Suppletur ratio ultima sic : Extensio aliquid extendit quod est subiectum, et non illam perfectionem infinitam nec materiam, cuius illa sit forma sicut intellectiva est corporis; quia illa perfectio non est

Mais on objecte : la perfection infinie dans une grandeur serait de même raison dans le tout et dans la partie et c'est pourquoi (elle) ne (serait) pas plus grande dans un plus grand, à la façon justement dont l'âme intellective est la forme la plus parfaite, et elle est aussi parfaite dans un corps de petite taille que dans (un corps) de grande taille et dans une partie du corps que dans (sa) totalité; et si une puissance infinie suivait (l'âme intellective) selon son essence, c'est-à-dire (une puissance) de comprendre une infinité d'intelligibles, elle la suivrait ainsi dans une petite grandeur; et si on (en) posait une plus grande, elle ne serait pas une puissance plus grande. Donc on nie que toute puissance dans une grandeur soit plus grande dans une grandeur plus grande.

L'argument d'Aristote est coloré : il prouve que la perfection infinie n'est pas dans une grandeur de telle manière qu'elle s'étende par accident, c'est-à-dire qu'une partie soit dans la partie ; car alors elle serait plus grande dans le tout que dans la partie quant à l'efficience de ses opérations, même si (ce) n'(était) pas selon l'intension en soi, comme pour un grand feu et sa partie; et ainsi il s'ensuit que dans une grandeur finie il n'y a pas de puissance infinie selon l'efficience et (qui serait) alors étendue; donc (il) n'(y en a) pas non plus d'infinie selon l'intension en soi.

Cette seconde conséquence est claire, car on ne conclut pas (une puissance) infinie en soi si ce n'est d'une infinité dans l'efficience.

Mais que la première (conséquence) s'ensuive, on le montre doublement : premièrement, dans toute partie quelconque de grandeur finie, il y a une puissance finie selon l'efficience ; autrement elle ne (serait) pas plus petite que (la grandeur) totale; donc elle est également finie dans le tout, parce qu'un composé de finis pris en soi et un nombre fini de fois, est fini. Deuxièmement, si on comprend la grandeur comme croissante, la puissance croîtra de même selon l'efficience ; elle a donc d'abord été finie et elle (le) sera toujours, aussi longtemps qu'on la comprendra comme capable de croître, ce qui est toujours (le cas), pour autant qu'elle est dans une grandeur finie. Donc on ne comprend jamais une (puissance) comme incapable de croître si ce n'est dans une grandeur infinie, et c'est ainsi et pas autrement qu'elle est infinie selon l'efficience; donc (ce) n'(est) pas (autrement qu'elle l'est) selon l'intension.

Mais que sert-il à notre propos, que la puissance infinie intensivement ne s'étende pas par accident de telle façon qu'une partie soit dans une partie de la grandeur ? Comment de là s'ensuivra-t-il qu'en aucun cas elle ne sera dans une grandeur ? On ajoute ainsi un dernier argument : l'extension étend quelque chose, qui est (son) sujet, et non cette perfection infinie, ni la matière, dont elle serait la forme comme l'(âme) intellective est (forme) du

in materia – ex prima huius; ergo etc. Ita et Philosophus ante istam probationem probavit non inesse materiam, 12° *Metaphysicae*, et virtute illius conclusionis prioris et istius sequitur propositum sufficienter.

Propositum brevius sic probatur: Intelligere non est subiectum extensionis; prima natura est intelligere – ex sexta huius; et non receptum in materia, quae possit dici quanta – ex prima huius.

[89] Tertio concluditur quod non est componibilis alicui accidenti: quia omne perfectibile caret secundum se entitate perfectionis, alias non esset in potentia ad ipsam; ideo perfectio additur perfectibili, et totum est aliquid perfectius altero unitorum. Infinito nihil deest, nihil perfectionem addit, quod sit ei unibile; tunc enim infinito aliquid maius esset. – Secundo, quia accidentia materialia sibi inesse non possunt, quia non est quantus. Accidentia immaterialia pertinentia ad intellectum et voluntatem non sunt in ipso, quia quae videntur ibi maxime esse accidentia, sunt idem sibi sicut intelligere et velle – ex sexta huius.

Aliter arguitur ad hoc, quia in primo nihil est per accidens, quia 'per se' ante omne 'per accidens'; in primo nihil est causatum; in primo nulla est potentia.

Hoc ostendit quod accidens non sit de essentia primi, non autem quod non insit accidentaliter. Primum non, quia in essentia primi, quae prima est, nihil esset per accidens, licet aliquid aliud ab ipsa accidentaliter sibi inesset; et ideo illo 'per accidens' esset aliquod 'per se' prius, quia essentia prima prior esset illa unione accidentis ad se. Secundum non, quia essentia prima esset incausata, licet aliquod causatum ipsam accidentaliter informaret; quaelibet essentia substantiae causatae est non causa sui, licet aliqua sit causa

corps; car cette perfection n'est pas dans la matière, – d'après la première (conclusion) de ce (chapitre)[1]; donc, etc. C'est ainsi que le Philosophe avant cette preuve a prouvé qu'elle n'était pas dans la matière, au douzième livre de la *Métaphysique*[2], et en vertu de cette conclusion antérieure et de l'autre, notre propos suit suffisamment.

On prouve plus brièvement notre propos : l'acte d'intellection n'est pas un sujet d'extension; la première nature est intellection, – d'après la sixième (conclusion) de ce (chapitre)[3]; et elle n'(est) pas reçue dans la matière, qui peut être dite quantitative, – d'après la première (conclusion) de ce (chapitre)[4].

89. Troisièmement on conclut qu'elle n'est pas composable avec un accident: tout perfectible manque selon soi de l'entité d'une perfection, autrement il ne serait pas en puissance par rapport à elle; c'est pourquoi la perfection s'ajoute au perfectible, et le tout est quelque chose de plus parfait que l'un des composants. Il ne manque rien à l'infini; rien qui puisse lui être uni ne (lui) ajoute une perfection; il y aurait alors quelque chose de plus grand que l'infini. – En second lieu, les accidents matériels ne peuvent lui être inhérents car il n'est pas une quantité. Les accidents immatériels convenant à l'intellect et à la volonté ne sont pas en lui, car ce qui semble ici surtout être des accidents, est identique à lui, comme intelliger et vouloir, – d'après la sixième (conclusion) de ce (chapitre)[5].

On argumente autrement à ce sujet: dans le premier, rien n'est par accident, car ce (qui est) 'par soi' précède tout ce (qui est) 'par accident'; dans le premier rien n'est causé; dans le premier il n'est aucune puissance.

Cela montre que l'accident n'est pas de l'essence du premier, mais pas qu'il ne lui est pas inhérent accidentellement. Le premier (argument) ne (le prouve) pas, car dans l'essence du premier, qui est première, rien ne serait par accident, même si quelque chose d'autre qu'elle se trouvait accidentellement en elle; et c'est pourquoi un 'par soi' serait antérieur à ce 'par accident', parce que l'essence première serait antérieure à cette union de l'accident avec elle-même. Le deuxième (argument) ne (le prouve) pas: l'essence première serait incausée, bien qu'un effet l'informât accidentellement; toute essence d'une substance causée n'est pas cause de soi, bien

1. En soi la première nature est simple (chap. 4, concl. 1, § 50).

2. Aristote, *Mét.* XII, 6, 1071 b 19-22 (Tricot, p. 667) : « (...) les substances en question doivent être immatérielles, car il faut qu'elles soient éternelles ».

3. Pour la première nature s'aimer soi-même est identique à la nature première (chap. 4, concl. 6, § 60).

4. En soi la première nature est simple (chap. 4, concl. 1, § 50).

5. Pour la première nature s'aimer soi-même est identique à la nature première (chap. 4, concl. 6, § 60).

sui accidentis. Tertium non, quia potentia ad accidens est potentia secundum quid; unde ostenditur, quod non possit esse in aliquo, quod in essentia sua est tantum actus?

[90] Aliter arguitur: quod nihil est in primo nisi perfectio simpliciter – ex secunda huius; quaelibet talis est idem essentiae illi, alias illa non esset optima ex se vel plura simpliciter optima.

Non concludit, quia – sicut patet per illud quod dictum est in quarta huius, probatione sexta – non repugnat rationi perfectionis simpliciter quod sint multae perfectiones simpliciter et quaelibet summa in suo gradu, ut tamen unum summum melius alio et omnibus illis summis, et quolibet eorum melius sit essentia primi, licet nulla earum sit eadem sibi, sed inhaerens tantum; quia non sequitur: « Est denominativum melius quocumque sibi incompossibili, et est secundum suam rationem in summo, igitur est simpliciter optimum », sed tantum sequitur: « Igitur est optimum totius illius generis, in quo est ipsum et denominativa sibi incompossibilia. »

Sed: « Si omnes perfectiones quae dicuntur simpliciter includerent se per identitatem, quidquid haberet unam perfectius aliquo, et aliam sic haberet. » – Consequens falsum : Materia enim magis est necessaria quam forma, tamen minus est actus; accidens dependens ad substantiam, tamen est simplicius ipsa; <similiter> caelum incorruptibilius est mixto, tamen nostrum corpus animatum nobilius est inquantum animatum. Ideo sequitur quod differunt perfectiones simpliciter – nisi aliquae, quae sunt passiones entis – et inter se et a subiecto forte; et una intense habetur, alia non intense vel omnino non habetur.

Sed nec prima propositio huius rationis est ostensa; nam illa secunda quae allegatur non probat de accidente inhaerente, sed de intrinseco naturae summae.

qu'il y ait une cause de son accident. Le troisième (argument) ne (le prouve) pas : la puissance à l'égard d'un accident est une puissance relative ; comment montre-t-on qu'elle ne peut être en quelque chose, qui dans son essence est seulement acte ?

90. On argumente différemment : rien n'est dans le premier sinon la perfection absolue, – d'après la deuxième (conclusion) de ce (chapitre)[1], n'importe quelle (perfection qui est) telle est identique à cette essence, autrement elle ne serait pas de soi la meilleure ou il y en aurait plusieurs absolument meilleures.

Ce n'est pas concluant : comme il est clair par ce qui a été dit dans la quatrième (conclusion) de ce (chapitre), à la sixième preuve[2], il ne répugne pas à la raison de perfection absolue qu'il y ait plusieurs perfections absolues, et que n'importe laquelle (soit) la plus haute à son degré, de telle sorte cependant qu'un seul souverain (soit) meilleur qu'un autre et que tous ces souverains, et que ce qui est meilleur que n'importe lequel d'entre eux soit l'essence du premier, bien qu'aucune de ces (perfections)-ci ne lui soit identique, mais seulement inhérente ; car on ne peut faire suivre : 'il y a un dénominatif meilleur que tout ce qui lui est incompossible, et il est selon sa raison au plus haut degré, donc il est absolument le meilleur', mais on peut seulement faire suivre : 'donc il est le meilleur de tout ce genre, dans lequel il est lui-même ainsi que les dénominatifs incompossibles avec lui'.

Mais : 'Si toutes les perfections qui sont dites absolues s'incluaient par identité, tout ce qui en posséderait une seule plus parfaitement qu'un autre, (en) posséderait également une autre de cette manière'. – Le conséquent (est) faux : la matière en effet est plus nécessaire que la forme, cependant elle est moins acte ; l'accident (est) dépendant à l'égard de la substance, cependant il est plus simple qu'elle ; semblablement, le ciel est plus incorruptible que le mixte, cependant notre corps animé est plus noble en tant qu'(il est) animé. C'est pourquoi il s'ensuit que les perfections absolues – sauf celles qui sont des transcendantaux – diffèrent à la fois entre elles et peut-être par rapport au sujet ; et (si) l'une est intensément possédée, une autre n'est pas intensément ou pas du tout possédée.

Mais on n'a pas non plus montré la première proposition de cet argument ; car la deuxième (conclusion)[3] qui est alléguée n'apporte pas de preuve pour l'accident inhérent, mais pour ce qui est intrinsèque à la nature suprême.

1. Tout ce qui est intrinsèque à la nature la plus haute est souverainement tel (chap. 4, concl. 2, § 52).

2. Il s'agit de l'impossibilité d'une preuve de l'intellection dans la première nature, à partir des perfections absolues (cf. chap. 4, concl. 4, § 58).

3. Tout ce qui est intrinsèque à la nature la plus haute est souverainement tel (chap. 4, concl. 2, § 52).

Si autem accidens poneretur in primo ab aliquo protervo, difficile esset contra ipsum ostendere illud esse perfectionem simpliciter, quia quandoque nobiliores naturae denominantur a denominativo minus nobili, et minus nobiles a nobiliori quod dicitur perfectio simpliciter. Exemplum : Materia prima est simplex, homo non est simplex ; simplicitas est tale denominativum.

Immo difficile esset ex istis quatuor mediis ultimis, et forte impossibile, probare quod in primo non sit accidens per accidens contingenter inhaerens et secundum quod possit per accidens mutari, sive a se sive ab aliquo posteriori ; quia voluntas nostra ponitur ex se mutari ad velle, licet prima causa ponatur respectu actuum nostrorum.

Si bene esset probata in primo simplicitas accidenti repugnans, fecunda conclusio esset valde. Si cui duae primae probationes hic positae non placeant, afferat meliores.

[91] Domine deus noster, plures perfectiones a philosophis de te notas possunt Catholici utcumque concludere ex praedictis. Tu primum efficiens, tu finis ultimus, tu supremus in perfectione, cuncta transcendis. Tu penitus incausatus, ideo ingenerabilis et incorruptibilis ; immo omnino impossibilis non esse, quia ex te necesse esse ; ideoque aeternus, quia interminabilitatem durationis simul habens sine potentia ad successionem ; quia nulla successio esse potest nisi in continue causato aut saltem in essendo ab alio dependente, quae dependentia longe est a necessario ex se in essendo.

Tu vivus vita nobilissima, quia intelligens et volens. Tu beatus, immo essentialiter beatitudo, quia tu es comprehensio tui ipsius. Tu visio tui clara et dilectio iucundissima ; et licet in te solo beatus tibi summe sufficias, tu tamen omne intelligibile simul actu intelligis. Tu omne causabile simul contingenter et libere potes velle et volendo causare ; verissime igitur es potentiae infinitae. Tu incomprehensibilis, infinitus ; nam nihil omnisciens est finitum, nullum infinitae potentiae est finitum, nec supremum in entibus nec finis ultimus est finitus, nec per se existens simplex penitus est finitum.

Tu es in fine simplicitatis, nullas partes habens re distinctas, nullas realitates in essentia tua habens realiter non easdem. In te nulla quantitas, nullum potest accidens inveniri ; et ideo es

Mais si un adversaire impudent posait un accident dans le premier, il serait difficile de montrer contre lui que cet (accident) est une perfection absolue, car parfois les plus nobles natures sont dénommées par un dénominatif moins noble, et de moins nobles par un (dénominatif) plus noble qui est appelé perfection absolue. Exemple : la matière première est simple, l'homme n'est pas simple; la simplicité est un tel dénominatif.

Il serait bien plus difficile à partir de ces quatre derniers moyens, et peut-être impossible, de prouver que dans le premier il n'y a pas d'accident inhérent par accident de façon contingente et selon lequel il pourrait être changé par accident, soit par lui-même, soit par quelque chose de postérieur; car notre volonté est posée comme prenant d'elle-même l'initiative de vouloir, bien qu'on pose une première cause par rapport à nos actes.

Si l'on avait bien prouvé dans le premier une simplicité répugnant à l'accident, la conclusion serait très féconde. Si les deux premières preuves posées ici ne plaisaient pas à quelqu'un, qu'il (en) apporte de meilleures.

91. Seigneur notre Dieu, les catholiques peuvent de toute manière conclure de ce qui a été dit précédemment plusieurs perfections que les philosophes ont connues de toi. Tu (es) le premier efficient, tu (es) la fin ultime, tu (es) le plus élevé en perfection, tu transcendes tout. Tu (es) entièrement incausé, et pour cette raison au-delà de la génération et de la corruption ; de plus tu (es) tout à fait incapable de ne pas être, étant un être nécessaire de soi; et donc tu (es) éternel, parce que possédant simultanément l'interminabilité de la durée sans puissance de succession ; car il ne peut y avoir aucune succession sauf dans ce (qui est) continuellement causé ou du moins dans ce qui dépend d'un autre dans son être, et une telle dépendance est bien éloignée d'une (nature) nécessaire de soi dans son être.

Tu (es) vivant de la vie la plus noble, parce que tu intelliges et tu veux. Tu (es) bienheureux, ou plutôt essentiellement béatitude, parce que tu es compréhension de toi-même. Tu (es) claire vision de toi et amour rempli de toute joie ; et bien que pleinement heureux en toi seul tu te suffises souverainement, néanmoins tu intelliges simultanément en acte tout intelligible. Tu peux vouloir de façon contingente et libre tout causable simultanément et (le) voulant (tu peux le) causer; il (est) donc bien vrai que tu es d'une puissance infinie. Tu (es) incompréhensible, infini ; car rien d'omniscient n'est fini, rien (qui soit) d'une puissance infinie n'est fini, ni le plus élevé dans les êtres, ni la fin ultime ne sont finis, ni l'existant par soi entièrement simple n'est fini.

Tu es à l'extrême de la simplicité, n'ayant aucune partie réellement distincte, n'ayant pas de réalités dans ton essence (qui) ne (seraient) pas réellement identiques. En toi (il n'est) aucune quantité, (en toi) on ne peut trouver aucun accident; et c'est pourquoi tu ne peux pas changer selon les

secundum accidentia non mutabilis, sicut te in essentia esse immutabilem superius iam expressi

Tu solus simpliciter es perfectus; non perfectus angelus aut corpus, sed perfectum ens, cui nihil deest entitatis possibilis alicui inesse. Non potest omnis entitas alicui formaliter inesse; sed potest in aliquo formaliter vel eminenter haberi, quomodo tu deus habes, qui es supremus entium, immo solus in entibus infinitus.

[92] Tu bonus sine termino, bonitatis tuae radios liberalissime communicans, ad quem amabilissimum singula suo modo recurrunt ut ad ultimum suum finem.

Tu solus es veritas prima : quippe quod non est quod apparet, falsum est; igitur est aliud sibi ratio apparendi, quia si sola eius natura esset sibi ratio apparendi, appareret esse quod est. Tibi nihil aliud est ratio apparendi, quia in tua essentia tibi primitus apparente; ac per hoc tibi nihil posterius est ratio apparendi.

In illa, inquam, essentia omne intelligibile sub perfectissima ratione intelligibilis est intellectui tuo praesens. Tu es ergo intelligibilis veritas praeclarissima et veritas infallibilis et veritatem omnem intelligibilem certitudinaliter comprehendens. Non enim alia, quae in te apparent, ideo tibi inesse apparent ut te fallant, quia in te apparent; quia haec ratio apparendi non prohibet propriam rationem ostensi per ipsam tuo intellectui apparere. Sicut noster visus fallitur, quando extranei apparentia prohibet illud quod est apparere, non ita est in tuo intellectu; immo tua essentia apparente quidlibet in ipsa relucens ex eius perfectissima claritate tibi secundum propriam rationem apparet.

De veritate tua et ideis in te non est opus amplius pertractare propter meum propositum exsequendum. Multa de ideis dicuntur quibus numquam dictis, immo nec ideis nominatis, non minus de tua perfectione scietur. Hoc constat, quia tua essentia est perfecta ratio cognoscendi quodcumque cognoscibile sub ratione quacumque cognoscibilis; appellet ideam, qui vult : hic non intendo circa Graecum illud et Platonicum vocabulum immorari.

[93] Praeter praedicta, de te a philosophis praedicata, saepe Catholici te laudant omnipotentem, immensum, ubique praesentem, iustum et misericordem, cunctis creaturis et specialiter intellectualibus providentem, quae ad tractatum proximum differuntur.

accidents, comme je l'ai déjà dit plus haut, (en disant) que tu étais immuable dans ton essence.

Toi seul es absolument parfait; pas un ange parfait ou un corps, mais un être parfait, à qui ne manque aucune entité capable de se trouver dans quelque chose. Toute entité ne peut pas se trouver formellement dans quelque chose; mais elle peut être contenue en quelque chose formellement, ou bien éminemment comme toi, ô Dieu, tu la contiens, toi qui es le plus élevé des êtres, bien plus, toi qui es parmi les êtres le seul infini.

92. Tu (es) bon sans limite, communiquant de la façon la plus généreuse les rayons de ta bonté, (toi) le plus aimable à qui les êtres particuliers, chacun à sa manière, retournent comme à leur fin ultime.

Toi seul es la vérité première : en effet, ce qui n'est pas ce qu'il apparaît est faux; donc sa raison d'apparaître est quelque chose d'autre, car si sa nature seule était sa raison d'apparaître, il apparaîtrait être ce qu'il est. Rien d'autre (que toi) n'est ta raison d'apparaître, car (rien n'apparaît) dans ton essence qui ne t'apparaisse d'abord à toi; et de ce fait rien de postérieur à toi n'est ta raison d'apparaître.

En cette essence, dis-je, tout intelligible sous la plus parfaite raison d'intelligible est présent à ton intellect. Tu es donc la vérité intelligible la plus lumineuse et la vérité infaillible, et tu comprends toute vérité intelligible avec certitude. En effet les (choses) qui t'apparaissent ne sont pas autres (qu'elles ne t'apparaissent); c'est pourquoi elles n'apparaissent pas en toi pour te tromper, du fait qu'elles apparaissent en toi; car cette raison d'apparaître n'empêche pas la raison propre de ce qu'elles montrent d'apparaître par elle-même à ton intellect. Notre vue est trompée, quand l'apparence de ce qui est extérieur empêche ce qui est d'apparaître; il n'en va pas ainsi dans ton intellect : quand ton essence apparaît, tout ce (qui est) en elle brille de sa plus parfaite clarté et ainsi t'apparaît selon sa raison propre.

Il n'est pas besoin de traiter plus longuement de ta vérité et des idées en toi pour mener à terme mon propos. On dit beaucoup de choses sur les idées; si on n'en avait jamais rien dit, et même si les idées n'avaient (jamais) été nommées, on n'en saurait pas moins au sujet de ta perfection. Ce qui est bien établi, car ton essence est la parfaite raison de connaître tout connaissable sous toute raison de connaissable; (l')appelle 'idée' qui veut; ici je n'entends pas m'attarder à ce mot grec et platonicien.

93. Outre ce qui a été dit précédemment (et) qui a été affirmé de toi par les philosophes, souvent les catholiques te louent comme tout-puissant, incommensurable, partout présent, juste et miséricordieux, pourvoyant à toutes les créatures et spécialement aux (créatures) intellectuelles, tout cela

In hoc quippe tractatu primo tentavi videre qualiter metaphysica de te dicta ratione naturali aliqualiter concludantur. In sequenti ponentur credibilia, in quibus ratio captivatur, quae tamen eo sunt Catholicis certiora, quo non intellectui nostro caecutienti et in pluribus vacillanti, sed tuae solidissimae veritati firmiter innituntur.

[94] Unum tamen est, quod hic pono et in quo hoc opusculum consummabo :

Undecima conclusio : *Quod scilicet unus Deus sis, extra quem non est alter, sicut per Prophetam dixisti*, ad quod ostendendum non puto deficere rationem.

Ad hanc conclusionem propositiones quinque propono, quarum quaelibet probata infert propositum principale.

Prima est : Unicus tantum numero est infinitus intellectus.

Secunda : Una numero tantum est infinita voluntas.

Tertia : Una numero tantum est infinita potentia.

Quarta : Unum numero tantum est necesse esse.

Quinta : Unica sola est bonitas infinita.

Quod ex qualibet harum sequatur propositum, satis patet. Probantur per ordinem.

[95] Primo prima : Infinitus intellectus quidlibet perfectissime intelligit, hoc est, quantum ipsum est intelligibile ; et in intelligendo a nullo alio dependet, quia tunc non esset infinitus. Si duo sint intellectus infiniti – sint A et B –, in utroque deficiet perfecta intellectio independens. Nam A, si intelligat B per B, dependet in intelligendo B ab ipso B sicut actus ab obiecto, quando non est idem. Si autem A per se intelligit B et non per B, non intelligit B ita perfecte sicut B est intelligibile ; quia nihil est perfectissime praesens, nisi vel in se vel in aliquo eminentissime continente ; ipsum A non continet B. Si dicas quod est simile – Contra : cognitio per simile est tantum cognitio in universali, inquantum assimilantur ; per hoc non cognoscerentur propria, in quibus distinguuntur. Haec etiam cognitio in universali non est intuitiva, sed abstractiva, et intuitiva est perfectior. Item : Idem actus non habet duo obiecta adaequata ; A adaequatur sibi ; igitur non intelligit B.

[96] Secundo probatur propositio de voluntate infinita : Ipsa summe amat summe amabile ; sed A non summe amat B : tum quia

est renvoyé à un prochain traité. Dans ce premier traité en effet, j'ai tenté de voir comment, par la raison naturelle, on conclut d'une certaine manière des propositions métaphysiques à ton sujet. Dans le suivant, on posera les articles de foi, devant lesquels la raison est enchaînée, mais qui sont d'autant plus certains aux catholiques qu'(ils) ne (le sont pas) pour notre intellect qui voit trouble et qui chancelle fréquemment, mais (qui) s'appuient fermement sur ta vérité très solide.

94. Il y a cependant une (chose) que j'affirme ici et sur laquelle j'achèverai cet opuscule :

ONZIÈME CONCLUSION : *Que tu es un seul Dieu, hors duquel il n'en est pas un autre, comme tu l'as dit par le Prophète*, et je ne pense pas que la raison soit incapable de le montrer.

Pour cette conclusion, j'avance cinq propositions, et la preuve de chacune d'elles conduit au propos principal.

La première est : il n'est qu'un unique intellect infini.

La deuxième : il n'est qu'une seule volonté infinie.

La troisième : il n'est qu'une seule puissance infinie.

La quatrième : il n'est qu'un seul être nécessaire.

La cinquième : il est une seule et unique bonté infinie.

Il est assez clair que le propos suive chacune de celles-ci. Prouvons-les par ordre.

95. D'abord la première : l'intellect infini intellige tout de la façon la plus parfaite, c'est-à-dire pour autant que ce (tout) est intelligible ; et dans son intellection, il ne dépend d'aucun autre, car alors il ne serait pas infini. S'il y a deux intellects infinis – soit A et B –, dans les deux cas manquera l'intellection indépendante parfaite. Car A, s'il intellige B par B, dépend pour intelliger B de ce même B, comme l'acte (dépend) de l'objet, quand il ne (lui) est pas identique. Mais si A intellige B par soi et non par B, il n'intellige pas B aussi parfaitement que B est intelligible ; car rien n'est présent de la façon la plus parfaite, si ce n'est ou bien en soi ou bien en quelque (réalité le) contenant de la façon la plus éminente ; (or) A ne contient pas B. Si tu dis qu'il (lui) est semblable, je m'oppose : la connaissance par le semblable n'est qu'une connaissance universelle, en tant que les (semblables) sont assimilés ; de ce fait, on ne connaît pas ce qui leur est propre et qui les distingue. Et cette connaissance universelle n'est pas intuitive, mais abstractive ; et la (connaissance) intuitive est plus parfaite.

De même : le même acte n'a pas deux objets adéquats ; A est adéquat à lui-même ; donc il n'intellige pas B.

96. Deuxièmement on prouve la proposition sur la volonté infinie : elle aime au plus haut degré (ce qui est) aimable au plus haut degré ; mais A

naturaliter magis amat se, igitur similiter voluntate libera et recta sic amat; tum quia beatus esset in B, quo tamen destructo, nihil minus esset beatus. Ideo impossibile est idem in duobus posse beatificari, quod sequitur ex datis; nam ipso B non utitur A; ergo fruitur; ergo in ipso est A beatus.

[97] Tertia propositio sic probatur de potentia infinita: Si essent duae potentiae infinitae, utraque esset prima respectu eorundem, quia dependentia essentialis est ad naturam et aeque ad quodlibet in natura. Ad duo prima non possunt eadem dependere – ex sextadecima tertii. Non bona ergo pluralitas principatuum, quia aut impossibilis aut uterque princeps erit diminutus et partialiter principans; et tunc est quaerere virtute cuius unius coniunguntur in principiando.

Quarta propositio sic probatur de necesse esse: Species multiplicabilis est ex se multiplicabilis in infinita; ergo si necesse potest multiplicari, possunt esse talia infinita; ergo et sunt, quia quodcumque necessarium, nisi sit, non potest esse.

Quinta de bono sic ostenditur: Plura bona sunt meliora uno, quando unum alteri addit bonitatem; infinito bono nihil melius. Iuxta hoc sic arguitur: Quaecumque voluntas omnino in bono uno infinito quietatur; sed si esset aliud, posset recte magis velle ambo esse quam unicum; ergo non omnino quietatur in unico summo bono.

Possent alia media adduci, sed ad praesens praedicta sufficiant.

[98] Domine deus noster, tu es unus naturaliter, tu es unus numeraliter; vere dixisti quod extra te non est deus. Nam etsi sint dii multi nuncupative vel putative, sed tu es unicus naturaliter, deus verus, ex quo omnia, in quo omnia, per quem omnia, qui est benedictus in saecula. Amen.

Explicit tractatus de primo principio Ioannis Scoti.

n'aime pas B au plus haut degré : d'abord parce que naturellement il s'aime davantage lui-même, donc semblablement il aime de cette façon d'une volonté libre et droite; ensuite, parce que, s'il était heureux en B, même après sa destruction, il ne serait en rien moins heureux. C'est pourquoi il est impossible que le même puisse être rendu heureux en deux (objets), ce qui découle des hypothèses; car A ne se sert pas de B; donc il (en) jouit; donc A est heureux en lui, (c'est-à-dire B).

97. On prouve comme suit la troisième proposition sur la puissance infinie : s'il y avait deux puissance infinies, les deux seraient premières à l'égard du même, car il y a dépendance essentielle à l'égard de la nature et pareillement pour chaque (individu) de la nature. Le même ne peut dépendre de deux premiers, – d'après la seizième (conclusion) du troisième (chapitre)[1]. La pluralité des commandements n'est donc pas bonne[2], car ou bien elle (sera) impossible ou bien chacun des princes sera diminué et commandera partiellement; et alors il faut chercher par la vertu de quel (prince) unique ils sont réunis pour commander.

On prouve comme suit la quatrième proposition sur l'être nécessaire : une espèce multipliable est de soi multipliable à l'infini; donc si l'être nécessaire peut être multiplié, il peut y avoir un nombre infini de tels (êtres); et donc il y (en) a, car tout nécessaire, s'il n'est pas, ne peut pas être.

On montre comme suit la cinquième (proposition) sur le bien : plusieurs biens sont meilleurs qu'un seul, quand l'un ajoute à l'autre de la bonté; (il n'y a) rien de meilleur que le bien infini. En plus, on argumente comme suit : toute volonté se repose pleinement dans un seul bien infini; mais s'il en était un autre, elle pourrait d'une façon droite vouloir que les deux soient plutôt qu'un seul; donc elle ne se reposerait pas pleinement dans un unique souverain bien.

On pourrait avoir recours à d'autres moyens, mais pour l'instant ce qui précède est suffisant.

98. Seigneur notre Dieu, tu es un naturellement, tu es un numériquement; tu as dit en vérité que hors de toi il n'est pas de Dieu. Car bien qu'on nomme et qu'on pense des dieux nombreux, tu es pourtant unique par nature, (tu es) le vrai Dieu, de qui, en qui, par qui tout (existe), (toi) qui es béni dans les siècles. Amen.

Ici s'achève le traité du premier principe de Jean Scot.

1. Il est impossible que le même dépende essentiellement de deux natures, toutes deux en qui sa dépendance trouve totalement son terme (chap. 3, concl. 16, § 42).

2. Aristote, *Mét.* XII, 10, 1076 a 5 (Tricot, p. 714) : « Le commandement de plusieurs n'est pas bon, qu'il n'y ait qu'un seul chef ». Il s'agit d'une citation d'Homère : *Iliade* II, 204.

BIBLIOGRAPHIE

RÉPERTOIRES BIBLIOGRAPHIQUES

W. Kluxen, *Johannes Duns Scotus*, dans : *Contemporary Philosophy*, 6, 1, éd. G. Fløistad, La Haye 1990, p. 387-397.

D. A. Cress, *Toward a Bibliography on Duns Scotus on the Existence of God*, dans : *Franciscan Studies* 35 (1975), p. 45-65.

S. Gieben, *Bibliographia scotistica recentior (1953-1965)*, dans : *Laurentianum* 6 (1965), p. 492-522.

O. Schäfer, *Johannes Duns Scotus*, dans : *Bibliographische Einführungen in das Studium der Philosophie*, Berne 1953.

OUVRAGES COLLECTIFS

Jean Duns Scot et la métaphysique classique, dans : *Revue des sciences philosophiques et théologiques* 83 (1999), p. 4-134.

[Jean Duns Scot], dans : *Philosophie* 61 (1999), p. 1-88.

John Duns Scotus. Renewal of Philosophy. Acts of the Third Symposium Organized by the Dutch Society for Medieval Philosophy Medium Aevum (May 23 and 24, 1996), éd. E. P. Bos, Amsterdam-Atlanta 1998.

John Duns Scotus. Metaphysics and Ethics, éd. L. Honnefelder, R. Wood, M. Dreyer, Leiden-New York-Köln 1996.

Via Scoti. Methodologica ad mentem Joannis Duns Scoti. Atti del congresso scotistico internazionale, Roma 9-11 marzo 1993, ed. L. Sileo, 2 vol., Rome 1995.

Giovanni Duns Scoto : filosofia e teologia, éd. A. Ghisalberti, Milan 1995.

Scienza, filosofia et teologia, éd. G. Lauriola, Bari 1993.

Giovanni Duns Scoto, éd. G. Lauriola, Bari 1992.

Homo et mundus. Acta quinti congressus scotistici internationalis, Salmanticae 21-26 septembris 1981 celebrati, éd. C. Bérubé, Rome 1984.

Regnum hominis et regnum Dei. Acta quarti congressus scotistici internationalis, Patavii 24-29 septembris 1976 celebrati, éd. C. Bérubé, Rome 1978.

Deus et homo ad mentem I. Duns Scoti. Acta tertii congressus scotistici internationalis, Vindobonae, 28 sept.-2 oct. 1970 celebrati, Rome 1972.

De doctrina Ioannis Duns Scoti. Acta congressus scotistici internationalis Oxonii et Edimburgi 11-17 sept. 1966 celebrati, 4 vol., Rome 1968.

John Duns Scotus: 1265-1965, éd. J. K. Ryan – B. M. Bonansea, Washington 1965.

ÉTUDES D'ENSEMBLE ET MONOGRAPHIES

R. Cross, *Duns Scotus*, Oxford 1999.

O. Boulnois, *Duns Scot. La rigueur de la charité*, Paris 1998.

O. Todisco, *Giovanni Duns Scoto, filosofo della libertà*, Padoue 1996.

A. Vos, *Johannes Duns Scotus*, Leiden 1994.

A. B. Wolter, *The Philosophical Theology of John Duns Scotus*, éd. M. McCord Adams, Ithaca-Londres 1990.

L. Veuthey, *Jean Duns Scot. Pensée théologique*, Paris 1967.

A. B. Wolter, *Duns Scotus, John*, dans: *The Encyclopedia of Philosophy*, ed. P. Edwards, vol. 2, New York 1967, p. 427-436.

E. Bettoni, *Duns Scoto filosofo*, Milan 1966.

E. Gilson, *Jean Duns Scot. Introduction à ses positions fondamentales*, Paris 1952.

E. Bettoni, *Duns Scoto*, Brescia 1946 [traduction anglaise: *Duns Scotus: The Basic Principles of his Philosophy*, Westport 1979].

C. Harris, *Duns Scotus*, 2 vol., Oxford 1927.

E. Longpré, *La philosophie du B. Duns Scot*, Paris 1924.

ÉTUDES ET LIVRES DE PORTÉE GÉNÉRALE

O. Boulnois, *Être et représentation. Une généalogie de la métaphysique moderne à l'époque de Duns Scot (XIIIe-XIVe siècle)*, Paris 1999.

M. Bürger, *Personalität im Horizont absoluter Prädestination. Untersuchungen zur Christologie des Johannes Duns Scotus und ihrer Rezeption in modernen theologischen Ansätzen*, Münster 1994.

L. Honnefelder, *Scientia transcendens. Die formale Bestimmung der Seiendheit und Realität in der Metaphysik des Mittelalters und der Neuzeit (Duns Scotus – Suárez – Wolff – Kant – Peirce)*, Hamburg 1990.

C. Bérubé, *De l'homme à Dieu selon Duns Scot, Henri de Gand et Olivi*, Rome 1983.

L. Honnefelder, *Ens inquantum ens. Der Begriff des Seienden als solchen nach der Lehre des Johannes Duns Scotus*, Münster 1979.

H.-J. Werner, *Die Ermöglichung des endlichen Seins nach Johannes Duns Scotus*, Berne 1974.

ÉTUDES CONCERNANT LE *DE PRIMO PRINCIPIO*

J. C. Flores, *Accidental and Essential Causality in John Duns Scotus' Treatise 'On the First Principle'*, dans : *Recherches de Théologie et Philosophie médiévales* 67 (2000), p. 96-113.

A. Krause, *Der traditionell Johannes Duns Scotus zugeschriebene Tractatus de primo principio. Die Entwicklung seiner metaphysischen Theoreme aus dem ordo essentialis*, Halle-Saale 1997.

F. Alluntis, *Introduccion*, dans : *Juan Duns Escoto, Tratado acerca del Primer Principio*, Madrid 1989, p. 3-43.

F.-X. Putallaz, *Efficience et finalité dans le 'Traité du premier principe' de Jean Duns Scot*, dans : *Revue de théologie et de philosophie* 116 (1984), p. 131-146.

P. Vignaux, *Métaphysique de l'Exode, philosophie de la religion (à partir du* De primo principio *selon Duns Scot)*, dans : *Rivista di filosofia neo-scolastica* 70 (1978), p. 135-148.

W. Kluxen, *Kommentar*, dans : *Johannes Duns Scotus, Abhandlung über das erste Prinzip*, Darmstadt 1974, p. 135-257 (réimpressions).

R. P. Prentice, *Scotus' Rejection of Pure Perfections as Means for Proving the Divine Intelligence and Volition according to the* De primo principio, *chapter 4, conclusion 4, proof 6*, dans : *Antonianum* 49 (1974), p. 47-71.

W. Kluxen, *Welterfahrung und Gottesbeweis. Eine Studie zum 'Tractatus de primo principio' des Johannes Duns Scotus*, dans : *Deus et homo ad mentem I. Duns Scoti*, Rome 1972, p. 47-59.

R. P. Prentice, *The Basic Quidditative Metaphysics of John Duns Scotus as Seen in his 'De Primo Principio'*, Rome 1970.

R. P. Prentice, *The 'De primo principio' of John Duns Scotus as a Thirteenth Century 'Proslogion'*, dans *Antonianum* 39 (1964), p. 77-109.

R. P. Prentice, *Some Aspects of the Significance of the First Chapter of the 'De primo principio' of John Duns Scotus*, dans : *Antonianum* 36 (1961), p. 225-237.

F. Alluntis, *El 'Tratado del primer principio' de Escoto*, dans : *Verdad y Vida* 18 (1960), p. 549-561.

ÉTUDES PORTANT SUR LES PREUVES DE L'EXISTENCE DE DIEU

O. Boulnois, *Preuve de Dieu et structure de la métaphysique selon Duns Scot*, dans : *Jean Duns Scot et la métaphysique classique*, dans : *Revue des sciences philosophiques et théologiques* 83 (1999), p. 35-52.

T. O'Connor, *From First Efficient Cause to God. Scotus on the Identification Stage of the Cosmological Argument*, dans : *John Duns Scotus. Metaphysics and Ethics* (1996), p. 435-454.

E. P. Bos, *A Scotistic Discussion of 'Deus est' as a* propositio per se nota. *Edition with an Introduction*, dans : *Vivarium* 23 (1995), p. 197-234.

T. O'Connor, *Scotus's Argument for the Existence of a First Efficient Cause*, dans : *International Journal for Philosophy of Religion* 33 (1993), p. 17-32.

F. J. Catania, *John Scotus on 'Ens Infinitum'*, dans : *American Catholic Philosophical Quartely* 67 (1993), p. 37-54.

A. B. Wolter, *Duns Scotus and the Existence and Nature of God*, dans : *The Philosophical Theology of John Duns Scotus* (1990), p. 255-277.

R. Wood, *Scotus's Argument for the Existence of God*, dans : *Franciscan Studies* 47 (1987), p. 257-277.

I. Zelinski, *Möglichkeit und Grenzen der natürlichen Erkenntnis Gottes bei Johannes Duns Scotus*, dans : *Wissenschaft und Weisheit* 48 (1985), p. 17-32.

S. D. Dumont, *The Question 'si est' and the Metaphysical Proof for the Existence of God According to Henry of Ghent and John Duns Scotus*, dans : *Franziskanische Studien* 66 (1984), p. 335-367.

B. M. Bonansea, *Scotus and Aquinas on the Human Mind's Ability to know God*, dans : *Homo et mundus* (1984), p. 229-238.

B. M. Bonansea, *Man and his Approach to God in John Duns Scotus*, New York – London 1983.

J. P. Doyle, *Some Thoughts on Duns Scotus and the Ontological Argument*, dans : *The New Scholasticism* 53 (1979), p. 234-241.

A. P. Martinich, *Scotus and Anselm on the Existence of God*, dans : *Franciscan Studies* 37 (1977), p. 139-152.

C. Bérubé, *Dynamisme psychologique et existence de Dieu chez Jean Duns Scot, J. Maréchal et B. Lonergan*, dans : *Antonianum* 48 (1973), p. 5-45.

O. Todisco, *Dio 'ut ens infinitum' et 'ut haec essentia' oggetto primo della teologia scotista*, dans : *Deus et homo ad mentem I. Duns Scoti*, Rome 1972, p. 609-625.

E. W. Platzeck, *Versuch eines modernen Ansatzes zum scotischen Gottesbeweis*, dans : *Deus et homo ad mentem I. Duns Scoti*, Rome 1972, p. 89-107.

W. Keilbach, *Überlegungen zum ontologischen Gottesbeweis bei Johannes Duns Scotus*, dans : *Deus et homo ad mentem I. Duns Scoti*, Rome 1972, p. 73-79.

C. Bérubé, *Pour une histoire des preuves de l'existence de Dieu chez Duns Scot*, dans : *Deus et homo ad mentem I. Duns Scoti*, Rome 1972, p. 17-46.

T. Barth, *Die Notwendigkeit Gottes und seine Begründung bei Duns Scotus*, dans : *De doctrina Ioannis Duns Scoti*, vol. 2 (1968), p. 409-425.

R. P. Prentice, *The Evolution of Scotus' Doctrine on the Unity and Unicity of the Supreme Nature*, dans : *De doctrina Ioannis Duns Scoti*, vol. 2 (1968), p. 377-408.

R. Effler, *John Duns Scotus and the Physical Approach to God*, dans : *John Duns Scotus : 1265-1965* (1965), p. 171-190.

F. Alluntis, *Demonstrability and Demonstration of the Existence of God*, dans : *John Duns Scotus : 1265-1965* (1965), p. 133-170.

G. Scheltens, *Der Gottesbeweis des J. Duns Scotus*, dans : *Wissenschaft und Weisheit* 27 (1964), p. 229-245.

J. Owens, *The Special Characteristic of the Scotistic Proof that God Exists*, dans : *Analecta Gregoriana* 67 (1954), p. 311-327.

P. Migliore, *Apriorismo nella dimostrazione scotistica dell'esistenza di Dio*, dans : *Miscellanea francisana* 52 (1952), p. 336-378.

ÉTUDES DIVERSES

T. Noone, *Scotus on Divine Ideas : Rep. Par. I-A, d. 36*, dans : *Medioevo* 24 (1998), p. 359-453.

G. Sondag, *Commentaire continu au Prologue de la 'Lectura'*, dans : Duns Scot, *La théologie comme science pratique*, Paris 1996, p. 25-130.

T. Kobusch, *Das Seiende als transzendentaler oder supertranszendentaler Begriff. Deutungen der Univozität des Begriffs bei Scotus und den Scotisten*, dans : *John Duns Scotus. Metaphysics and Ethics* (1996), p. 345-366.

H. Möhle, *Ethik als scientia practica nach Johannes Duns Scotus. Eine philosophische Grundlegung*, Münster 1995.

I. Biffi, *Figure medievali della teologia : la teologia in Duns Scoto. Il desiderio tra la fede e la 'ratio'*, dans : *Teologia* 19 (1994), p. 48-61.

A. B. Wolter, *Reflections on the Life and Works of Scotus*, dans : *American Catholic Philosophical Quarterly* 67 (1993), p. 1-36.

B. Bonansea, *L'uomo e Dio nel pensiero di Duns Scoto*, Milan 1991.

A. de Muralt, *L'enjeu de la philosophie médiévale. Études thomistes, scotistes, occamiennes et grégoriennes*, Leiden-New York-København-Köln 1991.

V. Richter, *Duns Scotus Texte zur Theologie als praktische Wissenschaft*, dans : *Collectanea franciscana* 60 (1990), p. 459-475.

M. E. Ingham, *Ethics and Freedom. An Historical-Critical Examination of Scotist Ethical Thought*, New York 1989.

S. D. Dumont, *Theology as a Science and Duns Scotus's Distinction Between Intuitive and Abstractive Cognition*, dans : *Speculum* 64 (1989), p. 579-599.

P. Vignaux, *Lire Duns Scot aujourd'hui*, dans : *Regnum hominis et regnum Dei*, Rome 1978, p. 33-46 (repris dans : *Philosophie au Moyen Âge, précédé d'une* Introduction nouvelle *et suivi de* Lire Duns Scot aujourd'hui, Albeuve (CH) 1987, p. 241-265).

W. Kluxen, *Die Originalität der skotischen Metaphysik. Eine typologische Betrachtung*, dans : *Regnum hominis et regnum Dei*, Rome 1978, p. 303-313.

O. Todisco, *La ragione nella fede secondo Duns Scoto. Riflessi nella filosofia contemporanea*, Rome 1978.

R. G. Wengert, *The Logic of Essentialy Ordered Causes*, dans : *Notre Dame Journal of Formal Logic* 12 (1971), p. 406-422.

C. Bérubé, *Interprétations virtualisantes de la thèse scotiste de l'objet de l'intellect*, dans : *Laurentianum* 8 (1967), p. 234-250, 380-401.

P. Scapin, *Contingenza e libertà divina in Giovanni Duns Scoto*, Rome 1964.

W. Hoeres, *Der Wille als reine Volkommenheit nach Duns Scotus*, München 1962.

M. Grajewski, *The Formal Distinction of John Duns Scotus. A Study in the Metaphysics of Duns Scotus*, Washington 1946.

A. B. Wolter, *The Transcendentals and their Function in the Metaphysics of Duns Scotus*, Washington 1946.

INDEX RERUM

(Les chiffres renvoient aux numéros des paragraphes)

INDEX NOMINUM

Auteurs cités par Duns Scot
(Les chiffres renvoient aux numéros des paragraphes)

Auteurs cités dans l'introduction et dans les notes de la traduction
(Les chiffres renvoient aux pages)

TABLES DES MATIÈRES

DUNS SCOT

TRAITÉ DU PREMIER PRINCIPE

TEXTE ET TRADUCTION

ACHEVÉ D'IMPRIMER
EN FÉVRIER 2001
PAR L'IMPRIMERIE
DE LA MANUTENTION
A MAYENNE
N° 30-01

Dépôt légal : 1er trimestre 2001